Ratgeber Online-Recht

Ratgeber Online-Recht

Von Stefan Ricke (Hg.)

Unter Mitarbeit der Autoren:
Sebastian Biere, Michael Jacker, Thomas Nuthmann,
Christian Schulz, Karen Sokoll, Torsten Walter

humboldt

Information & Wissen

humboldt-Paperback 997

Die Autoren:
Sebastian Biere ist Gründungsmitglied der Abteilung Online-Recht der Internet-Akademie.
Michael Jacker befaßt sich mit Rechtsfragen der neuen Medien.
Thomas Nuthmann redigiert die online-rechtlichen Kurse der Internet-Akademie.
Dr. Stefan Ricke ist promovierter Volljurist und Diplom-Designer.
Christian Schulz betreut die online-rechtliche Link-Sammlung der Internet-Akademie.
Karen Sokoll, LL.M., ist Rechtsanwältin in Berlin.
Dr. Torsten Walter ist Rechtsanwalt in Berlin.

Bearbeiter der Fragen:
Kapitel »1. Der Domain-Name«: 1–26 (Thomas Nuthmann)

Kapitel »2. Internet-Zugang und Webhosting«: 27–37 (Michael Jacker/Stefan Ricke)

Kapitel »3. Einrichten und Betreiben der Web-Site«: 38–64, 68–69, 87–88 (Stefan Ricke); 65–67, 78–79 (Christian Schulz); 70–75, 80–86 (Torsten Walter); 76–77 (Sebastian Biere)

Kapitel »4. Marketing im Internet«: 89–100, 106–109, 128–129, 131, 136, 140–142 (Stefan Ricke); 101–102 (Michael Jacker/Stefan Ricke); 103–105, 137–139 (Sebastian Biere); 110, 120–127, 130, 132–135 (Torsten Walter); 111–119 (Karen Sokoll)

Kapitel »5. Electronic Commerce«: 143–173 (Michael Jacker/Stefan Ricke); 174–180 (Sebastian Biere)

Kapitel »6. Datenschutz«: 181–197 (Stefan Ricke)

Kapitel »7. Rechtsstreit«: 198–201, 209, 212 (Michael Jacker/Stefan Ricke); 202–207, 210 (Thomas Nuthmann); 208, 211 (Stefan Ricke)

Leitsätze: Sebastian Biere

Umwelthinweis: gedruckt auf chlorfrei gebleichtem Papier

Umschlaggestaltung: Wolf Brannasky, München
Umschlagfoto: Image Bank; Fotograf: Pierre-Yves Goavec
Abbildungen im Innenteil: Eckhard M. Jäger

akademie.de <die internet-akademie> ist ein Telelearning-Projekt im Internet, das vom Bundesministerium für Arbeit und Sozialordnung und der Europäischen Union über den Europäischen Sozialfonds gefördert wird. Projektträger von akademie.de ist die HRP GmbH. © **HRP – von Hase, Rosdale & Partner** Unternehmensberatung **GmbH, Berlin.**

Druck: Ebner, Ulm
Printed in Germany
ISBN 3-581-66997-8

1 * 98

Inhalt

Vorwort

Rund 130 Millionen Menschen nutzen weltweit das Internet. Während in Deutschland bislang überwiegend Private und große Unternehmen mit einer Web-Site im Internet präsent waren, ziehen inzwischen auch kleinere und mittelständische Unternehmen sowie Freiberufler nach. Mit der exponentiellen Zunahme der Internet-Surfer wird der eigene Web-Auftritt zu einem wichtigen Marketing-Instrument. Gegenwärtig werden verschiedene technische Verfahren für den Electronic Commerce wie Electronic Cash und digitale Signaturen entwickelt. Schon bald ist der überregionale und der grenzüberschreitende Warenverkehr auch für kleinere Firmen keine Zukunftsmusik mehr.

Der Ratgeber Online-Recht soll kleineren und mittelständischen Unternehmen sowie freiberuflich Tätigen helfen, rechtliche Fallstricke beim Aufbau und Betrieb ihrer Web-Präsenz zu vermeiden. Ohne Anspruch auf Vollständigkeit zu erheben, bietet er zu vielen praxisrelevanten Fragen rechtliche Erörterungen und Hinweise. Häufig ist es jedoch nicht möglich, eindeutige Ratschläge zu erteilen, da die Rechtslage bei vielen Fragen noch unsicher bzw. einem ständigen Wechsel unterworfen ist: Der Gesetzgeber hat zwar auf die technischen Neuerungen mit dem Erlaß neuer Vorschriften reagiert, doch Bedeutung und Tragweite der einzelnen Bestimmungen sind nicht abzusehen. Auch haben die Gerichte zu vielen Fragen noch keine Stellung bezogen. Die Autoren haben sich nach bestem Wissen um die inhaltliche Richtigkeit ihrer Beiträge bemüht. Gleichwohl besteht die Möglichkeit der einen oder anderen Fehlinformation, weil der Bereich der Informations- und Kommunikationstechnik und mit ihm das Online-Recht einer sehr dynamischen Entwicklung unterworfen ist. Fassen Sie daher die Erörterungen als persönliche Einschätzungen der Rechtslage auf. Es versteht sich von selbst, daß für die Richtigkeit der Stellungnahmen und Ratschläge keinerlei Gewähr übernommen werden kann.

Weiterführende Informationen, beispielsweise zu den Themen »Basiswissen Internet« oder »Recherche im Internet«, finden Sie in anderen Büchern dieser Reihe (humboldt-Paperbacks 995 und 996). Auch das online verfügbare Schulungsangebot von akademie.de unter *http://www.akademie.de* ist eine gute Quelle für Informationen über das Internet und angrenzende Sachgebiete. Gegenwärtig nehmen bereits mehr als 5000 Mitarbeiter aus rund 4000 deutschen Unternehmen an den kostenlosen Online-Kursen und Workshops teil. Damit ist akademie.de <die internet-akademie> eines der größten Telelearning-Projekte Europas. Das Ziel ist, den Mitarbeitern kleiner und mittlerer Unternehmen zu zeigen, wie sie das Internet für die geschäftliche Kommunikation erfolgreich nutzen können. Das Projekt wird vom Bundesministerium für Arbeit und Sozialordnung aus Mitteln des Europäischen Sozialfonds gefördert. Für diese Unterstützung möchten wir uns an dieser Stelle nochmals besonders bedanken.

Unser Dank gilt auch Gudrun Altfeld für die redaktionelle Betreuung, Dirk de Pol, Jens Meyer und Werner Pluta für das Lektorat und natürlich den vielen anderen Mitarbeitern, die das Buch mit ihrem Wissen unterstützt oder mitgeholfen haben, es zu ermöglichen. Besonderer Dank gilt jedoch den Teilnehmern der Mailing-Liste Online-Recht, die viele der in diesem Buch behandelten Fragen aufgeworfen, diskutiert und Lösungen aktueller Rechtsfragen des Internet aufgezeigt haben.

Die Autoren der akademie. de <die internet-akademie>

Einleitung

Der Ratgeber Online-Recht behandelt praxisbezogen die rechtlichen Fragen, die sich den Unternehmen sowie den Angehörigen freier Berufe stellen, wenn sie eine Internet-Präsenz planen, aufbauen oder betreiben. Warum eine Web-Site mit eigener Internet-Adresse für Sie wichtig ist und worauf Sie bei der Namenswahl für Ihre Adresse achten sollten, erfahren Sie im Kapitel »Der Domain-Name«. Was Sie bei der Wahl eines Internet-Service-Provider beachten und wie Sie sich verhalten sollten, wenn Sie mit Leistungen unzufrieden sind, erläutert das Kapitel »Internet-Zugang und Webhosting«. Das Kapitel »Einrichten und Betreiben einer Web-Site« behandelt viele Aspekte, die für Anbieter im Internet wichtig sind, wie Urheberrechte und Rechteerwerb an Gestaltungselementen und Inhalten, Haftung für Links, eigene und fremde Inhalte und Äußerungen. Worauf Sie beim »Marketing im Internet« achten müssen, wird im gleichnamigen Kapitel erläutert. Neben den rechtlichen Aspekten gängiger Geschäftspraktiken im Internet wird hier auch auf die Besonderheiten eines Web-Auftritts von Angehörigen der freien Berufe eingegangen. Im Kapitel »Electronic Commerce« lernen Sie schließlich die Rechtsregeln für den Vertragsabschluß im Internet kennen. Datenschutzrechtliche Probleme des Electronic Commerce werden im anschließenden Kapitel behandelt. Sollten Sie trotz aller Vorsorge die Abmahnung eines Konkurrenten erhalten, gibt Ihnen das Kapitel »Rechtsstreit« Hinweise, wie Sie reagieren sollten.

Der Ratgeber ist im Stil der aus dem Internet bekannten FAQs (»Frequently Asked Questions« = »häufig gestellte Fragen«) aufgebaut. In den Kapiteln finden Sie jeweils die wichtigsten Fragen mit den entsprechenden Antworten. Viele der erörterten Fragen hängen thematisch unmittelbar zusammen. Dies ist durch Querverweise kenntlich gemacht.

Wenn Sie zum ersten Mal den Vertrag eines Internet-Service-Provider in Händen halten, der mit technischen Ausdrücken gespickt ist, kann Ihnen das Glossar im Anhang helfen, das viele Grundbegriffe des neuen Mediums erklärt. Im Anhang finden Sie außerdem Leitsätze zu den wichtigsten Gerichtsentscheidungen, die zu den verschiedenen Fragestellungen ergangen sind.

Ergänzend zum Ratgeber stehen Ihnen unter der Web-Adresse *http://www.online-recht.de* weitere Informationen zur Verfügung. Alle in diesem Buch zitierten Urteile können Sie in der ständig aktualisierten Entscheidungssammlung Online-Recht im Volltext nachlesen. Sie ist mit mehr als 240 Urteilen, Beschlüssen und Einstweiligen Verfügungen deutscher Gerichte sowie über

170 redaktionellen Leitsätzen die größte auf ihrem Gebiet. Darüber hinaus bietet Ihnen die Mailing-Liste *online-recht@liste.akademie.de* ein Forum für die Diskussion der rechtlichen Aspekte und Probleme von Computernetzen. Dabei stehen naturgemäß die Probleme des Internet im Mittelpunkt. Die Link-Sammlung Online-Recht dient schließlich als Ausgangspunkt für Ihre weitergehende Informationssuche im WWW.

1. Der Domain-Name

Immer mehr Unternehmen wollen sich im Internet präsentieren. Der eigenen Internet-Adresse kommt dabei, besonders wenn sie einprägsam ist, eine große wirtschaftliche Bedeutung zu, denn sie erleichtert den Internet-Nutzern, ein bestimmtes Angebot zu finden. Doch immer wieder stellen viele Unternehmen fest, daß die von ihnen gewünschte Internet-Adresse, der sogenannte Domain-Name, bereits vergeben ist. Andere Unternehmen hingegen, die ihr Angebot bereits unter einem bestimmten Domain-Namen präsentieren, erhalten Abmahnungen, in denen sie aufgefordert werden, eine weitere Verwendung dieses Domain-Namens zu unterlassen und ihn freizugeben.

Wem steht in solchen Fällen der umstrittene Domain-Name zu? Die Rechtsprechung hat inzwischen in einer Vielzahl von Entscheidungen zu diesem Thema Stellung genommen. Die ersten Urteile waren mitunter widersprüchlich, da die von den verschiedenen Parteien vorgebrachten Argumente von den Gerichten höchst unterschiedlich gewichtet wurden. Inzwischen hat sich jedoch eine einheitlichere Linie in der Rechtsprechung herauskristallisiert, die in den folgenden Kapiteln im einzelnen vorgestellt wird.

1.1 Domain-Namen und ihre Bedeutung

(1) Was ist ein Domain-Name?

Damit Daten, die im Internet übertragen werden, ihren Bestimmungsort erreichen, müssen sie eindeutig adressierbar sein. Um dies zu ermöglichen, besitzt jeder an das Internet angeschlossene Computer eine sogenannte Internet-Protokoll-Adresse, auch IP-Adresse genannt. Die IP-Adresse besteht aus einer Nummernfolge, z. B. 195.37.36.3. Da es sehr schwierig ist, sich solche Nummernfolgen als Adreßangaben einzuprägen, besitzt jeder Rechner zusätzlich zu seiner IP-Adresse noch einen Namen, den Domain-Namen. Der Domain-Name für die Mailing-Liste und Entscheidungssammlung Online-Recht ist z. B.: *http://www.online-recht.de*. Die IP-Adresse und der Domain-Name sorgen dafür, daß jeder Rechner unter einer eindeutigen Adresse erreichbar ist, so daß E-Mails ankommen und Web-Seiten aufgerufen werden können. Rechner, die Web-Seiten bereithalten, werden Web-Server oder einfach Server genannt.

Domain-Namen werden in Datenbanken abgelegt, die festhalten, welche IP-Adresse zu welchem Domain-Namen gehört. Dieser für den Benutzer unsichtbare Dienst wird vom sogenannten »Domain Name System« (DNS) geleistet. Das »Domain Name System« erlaubt, daß verschiedene Domain-Namen einer einzigen IP-Adresse zugeordnet werden. Umgekehrt ist dies jedoch nicht möglich. Einem einzigen Domain-Namen können nicht mehrere IP-Adressen zugeordnet werden, da dann ein angewählter Server nicht mehr eindeutig identifizierbar wäre. Wie jede Adresse muß auch eine Internet-Adresse eindeutig und einmalig sein.

Ein Domain-Name wie etwa *http://www.online-recht.de* besteht aus mehreren Teilen, die nach bestimmten Regeln zusammengesetzt sind. Das Kürzel »de« hinter dem letzten Punkt steht für Deutschland, das man als »Top-Level-Domain« (TLD) bezeichnet. Es gibt zwei verschiedene Arten von Top-Level-Domains, die generischen (generic) und die Länder-(»country code«)-Top-Level-Domains. Fast alle Länder der Erde haben inzwischen eine Länder-Domain (ccTLD). In den USA, wo das Internet aufgebaut wurde, sind die generischen Domains (gTLD) weit verbreitet. Die gebräuchlichste ist ».com«, die für vorwiegend kommerzielle Angebote steht, ».edu« bezeichnet Angebote von Universitäten, ».gov« die von Regierungsorganisationen. Vor der Top-Level-Domain befindet sich die sogenannte »Second-Level-Domain«, hier »online-recht«, welche zur Kennzeichnung des betreffenden Web-Server dient. Das Kürzel »www« beschreibt, um welchen Internet-Dienst es sich handelt, hier das World Wide Web.

(2) Welche wirtschaftliche Bedeutung hat ein eigener Domain-Name?

Gerade wenn Sie Ihr Internet-Angebot für kommerzielle Zwecke nutzen wollen, sollten Sie die Vorzüge eines einprägsamen Domain-Namens nicht unterschätzen. Web-Server werden in der Regel nur anhand ihres Namens und kaum über ihre unhandliche IP-Adresse angewählt. Eine einprägsame Adresse erleichtert also die Auffindbarkeit Ihres Web-Angebotes. Viele Internet-Nutzer gelangen zwar über die Suchdienste zu gewünschten Inhalten, doch viele probieren einfach wahrscheinliche und naheliegende Domain-Namen aus, was häufig zu einem ebenso schnellen Erfolg führt.

Versucht etwa ein Anwender gezielt das Angebot Ihrer Firma anzuwählen und kennt Ihre Internet-Adresse nicht, so wird er es zunächst mit der Eingabe Ihres Firmennamen als Domain-Namen versuchen, also »www.IhreFirma.de«. Hat er damit keinen Erfolg, probiert er wahrscheinlich »www.IhreFirma.com« aus. Viele Firmen, die international aktiv sind, aber auch deutsche Unternehmen haben häufig eine ».com«-Domain. Wenn diese Versuche, Ihr Angebot zu finden, fehlschlagen, befragt der Internet-Nutzer einen der Suchdienste.

Die Ergebnisse solcher Suchabfragen hängen jedoch davon ab, ob Sie Ihr Angebot bei den verschiedenen Suchdiensten angemeldet haben und wieviele ähnlich lautende konkurrierende Angebote existieren. Deshalb ist es für Ihr Unternehmen von großer Bedeutung, unter einer prägnanten Adresse im Internet erreichbar zu sein. Ihr Firmenname oder bekannte Marken, die Sie eingetragen und geschützt haben, eignen sich gut als Domain-Name.

1.2 Das Registrierungsverfahren

(3) Wie erhalte ich einen Domain-Namen?

In der Regel ist Ihnen der Internet-Provider bei der Registrierung, d. h. der Beantragung, der Einrichtung und der Unterhaltung Ihres Domain-Namens behilflich. Oft sind die Kosten dafür bereits in einem Komplettangebot enthalten. Sie können aber auch selbst Ihren Domain-Namen bei der zuständigen Registrierungsstelle beantragen. Für alle Domains mit der Top-Level-Domain ».de« ist das Deutsche Network Information Center (DE-NIC) zuständig.

Falls Sie eine generische Top-Level-Domain für Ihr Angebot gewählt haben, müssen Sie sich an das InterNIC wenden, das für die Verwaltung dieser Domains zuständig ist. Die verschiedenen Länder-Domains werden meist von nationalen Network Information Center (NIC) verwaltet, deren Internet-Adresse meist NIC und die entsprechende Länder-Domain lautet, im Falle des deutschen NIC also z. B. *http://www.nic.de*. In letzter Zeit versuchen immer mehr Unternehmen, auch der Top-Level-Domain eine Kennzeichnungskraft abzugewinnen, indem sie ihre Domains etwa in Antigua (».ag«) oder Turkmenistan (».tm«) beantragen. Dadurch entstehen einprägsame Domain-Namen wie z. B. *http://www.volkswagen.ag* oder *http://www.cocacola.tm*. Das Kürzel »tm« soll dabei als bekannte Abkürzung für »Trademark« »miß«-verstanden werden.

Falls Sie planen, eine Domain in einem anderen Staat zu beantragen, sollten Sie aber einen genauen Blick auf die Registrierungsbestimmungen werfen. Einige Staaten lassen nämlich ausschließlich die eigenen Staatsangehörigen als Antragsteller zu.

(4) Wie kann ich ermitteln, ob ein gewünschter Domain-Name noch frei ist?

Um herauszufinden, ob ein gewünschter Domain-Name noch frei ist, können Sie direkt beim DE-NIC recherchieren. Auf den Internet-Seiten des DE-NIC, die Sie unter der Internet-Adresse *http://www.nic.de* erreichen, finden Sie eine Eingabemaske. Hier tragen Sie den gesuchten Domain-Namen ohne »www« ein. So erfahren Sie, ob der gewünschte Name bereits vergeben ist.

Für Domain-Namen mit den generischen Toplevel-Domains ».com«, ».net«, ».org« und ».edu« können Sie eine entsprechende Recherche auf der Web-Seite des InterNIC unter *http://www.internic.net* durchführen.

(5) Kann man sich einen Domain-Namen reservieren lassen?

Vor einiger Zeit war es noch möglich, sich einen interessanten Domain-Namen beim DE-NIC erst einmal reservieren zu lassen. Dadurch war der Domain-Name für andere Interessenten gesperrt. Die Reservierung war möglich, ohne daß der Domain-Name auf einen Server im Internet verwies. Durch das Auftreten zahlreicher sogenannter Domain-Grabber sah sich das DE-NIC veranlaßt, diese Praxis zu ändern. Einige Leute hatten auf ihren Namen zahlreiche Unternehmensnamen und bekannte Marken als Domains reservieren lassen, um diese später den betreffenden Unternehmen für viel Geld anzubieten. Um diese Praktiken zu erschweren, läßt das DE-NIC seit dem 1. Februar 1997 keine reinen Reservierungen mehr zu. Es muß auch die sogenannte Konnektierung erfolgen: Ein registrierter Domain-Name muß sofort einer existierenden IP-Adresse zugewiesen werden. Es besteht aber kein Benutzungszwang. Sie müssen nicht sofort Inhalte unter der registrierten Domain bereitstellen.

(6) Nach welchen Richtlinien vergibt das DE-NIC Domain-Namen?

Das wichtigste Kriterium, nach dem das DE-NIC beantragte Domain-Namen vergibt, ist die Priorität. Es gilt der Grundsatz »first come, first served« (»Wer zuerst kommt, mahlt zuerst!«).

1.3 Domain-Namen und fremde Rechte

(7) Warum ist es wichtig, daß ich vor der Beantragung überprüfe, ob mein gewählter Domain-Name mit den Rechten Dritter kollidiert?

Domain-Namen können mit den Rechten Dritter kollidieren. So kann die Benutzung eines Domain-Namens Namensrechte, Markenrechte oder die Rechte an geschäftlichen Bezeichnungen anderer verletzen. Liegt eine solche Verletzung vor, stehen dem Rechteinhaber Unterlassungs- und gegebenenfalls auch Schadensersatzansprüche zu, die er Ihnen gegenüber geltend machen kann. Im schlimmsten Fall können Sie also gezwungen sein, Ihren Domain-Namen aufzugeben und dem Rechteinhaber eventuelle Schäden zu ersetzen.

Die Änderung Ihres Domain-Namens hätte zur Folge, daß Ihre Visitenkarten, Briefbögen und Werbeprospekte unrichtige Angaben enthielten. Auch bereits angelaufene Werbemaßnahmen, die auf Ihr Internet-Angebot hinweisen, würden wirkungslos verpuffen.

Daneben entstehen Kosten für den Rechtsstreit, wobei zumindest die Kosten anfallen, die der Gegenseite für die Abmahnung entstanden sind. Auch die Gebühren für die Einrichtung und Pflege des Domain-Namens hätten Sie umsonst entrichtet.

(8) Welche Rechte können denn einem Domain-Namen entgegenstehen?

Wichtigstes Instrument im Kampf um Domain-Namen sind die verschiedenen Kennzeichenrechte. Dazu zählen Namen, Marken und geschäftliche Bezeichnungen. Letztere umfassen wiederum Unternehmenskennzeichen und Werktitel.

Die Rechtsprechung hat inzwischen in einer Vielzahl von Entscheidungen anerkannt, daß den Domain-Namen eine kennzeichnende

Funktion zukommt, die allerdings auf die Second-Level-Domain beschränkt wird, also zum Beispiel auf »sony« in dem Domain-Namen »sony.com«. Damit liegt immer dann eine Verletzung bestehender Kennzeichenrechte Dritter vor, wenn eine geschützte Bezeichnung als Second-Level-Domain genutzt wird. Auch die Verwendung eines Domain-Namens, der der geschützten Bezeichnung lediglich ähnlich ist, kann zu einer Kennzeichenkollision führen. Z. B. klingt »d-online.de« fast genau wie »t-online.de«.

Grundvoraussetzung für jeden Konfliktfall ist immer eine Verwechslungsgefahr. Es muß also eine gewisse Wahrscheinlichkeit bestehen, daß der angesprochene Kundenkreis die Kennzeichen falsch zuordnet. Bei einer identischen Verwendung der geschützten Bezeichnung als Domain-Name besteht diese Gefahr einer Verwechslung stets, da für einen Nutzer nicht ohne weiteres erkennbar ist, wessen Angebot sich hinter der gewählten Internet-Adresse tatsächlich verbirgt.

Neben den Kennzeichenrechten kann die Nutzung eines Domain-Namens auch gegen das Wettbewerbsrecht verstoßen, vgl. dazu Fragen (13) und (14).

(9) Wann verletze ich durch die Benutzung eines Domain-Namens die Rechte eines anderen an dessen Werktitel?

Unter Werktiteln sind die Namen oder besonderen Bezeichnungen von Druckschriften, Film-, Ton- und Bühnenwerken sowie sonstigen vergleichbaren Werken zu verstehen. Sie gehören zu den nach § 5, Abs. 3 Markengesetz geschützten geschäftlichen Bezeichnungen. Wie alle Kennzeichenrechte können auch sie der Benutzung eines Domain-Namens durch andere entgegenstehen. Oft handelt es sich bei den so geschützten Titeln aber um allgemein beschreibende Angaben oder Gattungsbezeichnungen. Für diese Kennzeichnungen kann ein Schutz nur unter sehr engen Voraussetzungen gewährt werden.

Für den Bereich der Domain-Streitigkeiten hat das Landgericht Hamburg sowohl im Fall

»bike.de« als auch im Fall »emergency.de« bereits dargelegt, daß eine Schutzrechtsverletzung durch identische Domain-Namen nur dann vorliegen kann, wenn der Titel bei den angesprochenen Verkehrskreisen so bekannt ist, daß die Verwendung der Internet-Adresse für diese Kreise einen Hinweis auf das Werk des Schutzrechtsinhabers darstellt. Besteht eine solche Verkehrsdurchsetzung nicht, ist der Schutzbereich für den Titel derart begrenzt, daß nur ein Schutz vor identischer Verwendung der Bezeichnung für gleichartige Werke gegeben ist.

(10) Wie finde ich heraus, ob mein gewünschter Domain-Name Schutzrechte Dritter verletzt?

Mit absoluter Sicherheit läßt sich nicht ausschließen, daß ein gewählter Domain-Name die Schutzrechte anderer verletzt. Eine sorgfältige Recherche kann jedoch dabei helfen, dieses Risiko zu minimieren. Neben der Suche nach identischen Kennzeichen sollte immer auch nach ähnlichen Namen, Marken und geschäftlichen Bezeichnungen geforscht werden, um Kollisionen zu vermeiden.

Erforderlich ist eine möglichst umfassende Recherche zur Ermittlung bereits bestehender Rechte. Die Nachforschungen sollten sich daher auf den gesamten Markt erstrecken. Sollen mit dem geplanten Angebot auch Zielgruppen im Ausland angesprochen werden, drohen auch Kennzeichenrechtsverletzungen, die nach den dortigen Rechtsordnungen verfolgt werden können. Daher kann auch eine Recherche notwendig sein, die sich auf die betreffenden Länder erstreckt.

Eine Recherche nach identischen oder verwechslungsfähigen deutschen und europäischen Marken ist beim Deutschen Patentamt in München oder bei der Außenstelle in Berlin möglich.

Bei der Suche nach Unternehmensnamen helfen die Handelsregister weiter.

Auch die Befragung einer Telefon-CD-ROM oder der Gelben Seiten auf CD-ROM oder im

Internet kann bereits Konfliktträchtiges aufdecken. Und natürlich geben auch die zahlreichen Suchmaschinen im Internet einigen Aufschluß über mögliche Schutzrechte Dritter. Gehen Sie die von den Suchdiensten nachgewiesenen Internet-Seiten durch und prüfen Sie, ob hier Namen von Unternehmen oder deren Produkten bzw. Dienstleistungen erscheinen, die eine Kennzeichenkollision in Deutschland nahelegen.

Sie können auch kommerzielle Recherchedienste mit den Nachforschungen beauftragen, die schnell und effizient Ergebnisse liefern. Eine Liste mit solchen Recherchediensten finden Sie auf den Web-Seiten des Deutschen Patentamtes unter *http://www.deutsches-patentamt.de.*

(11) Sollte ich auch eine Schutzrechtsrecherche durchführen, wenn ich eine eigene Marke oder meinen eigenen Unternehmensnamen als Domain-Namen verwenden möchte?

Selbst wenn Sie eine eigene Marke oder den eigenen Unternehmensnamen als Internet-Adresse verwenden wollen, sollten Sie sich die Mühe einer umfassenden Recherche machen. Markenschutz ist in der Regel auf bestimmte Waren- und Dienstleistungsklassen beschränkt, die bei der Markenanmeldung angegeben wurden. Daher können identische oder verwechslungsfähige Marken existieren, die bisher wegen der Verwendung für ganz andere Waren oder Dienstleistungen mit Ihrer Marke nicht kollidierten. Da aufgrund der Einmaligkeit von Domain-Namen eine solche Unterscheidung im Internet nicht möglich ist, können diese Marken nun in Kollision geraten.

Bei den Namen von Unternehmen stellt sich ein ähnliches Problem. Der namensrechtliche Schutz nach § 12 des Bürgerlichen Gesetzbuches (BGB) ist in der Regel nicht nur auf einzelne Branchen beschränkt, sondern auch regional begrenzt. Daher können gleichnamige Unternehmen kollisionsfrei existieren, die möglicherweise sogar in der gleichen Branche tätig sind. Auch wenn dies im herkömmlichen Wirtschaftsleben problemlos funktioniert, können gleichnamige Unternehmen im Internet aneinandergeraten.

(12) Kontrolliert nicht bereits das DE-NIC, ob der von mir gewählte Domain-Name die Rechte Dritter verletzt?

Nach den Registrierungsbedingungen des DE-NIC verpflichtet sich der Antragsteller, die als Domain-Namen zu registrierende Zeichenfolge auf ihre Vereinbarkeit mit den Rechten Dritter sowie mit den allgemeinen Gesetzen zu überprüfen. Der Antragsteller muß versichern, daß er dieser Prüfung nachgekommen ist und daß sich dabei keine Anhaltspunkte für die Verletzung der Rechte Dritter oder sonstiger Rechtsvorschriften ergeben haben.

Das DE-NIC selbst führt also keine Überprüfungen durch.

(13) Gibt es wettbewerbsrechtliche Beschränkungen bei der Wahl eines Domain-Namens?

Neben einer Verletzung von Kennzeichenrechten kann die Benutzung eines Domain-Namens auch gegen das Wettbewerbsrecht verstoßen. Möglich ist dies etwa, wenn ein Konkurrent eine potentiell für einen Mitbewerber interessante Domain durch bloße Registrierung »besetzt«. Hier erfolgt eine Registrierung nur mit der Intention, den Konkurrenten bei seiner Präsentation im Geschäftsverkehr zu behindern. Ein solches Gebaren ist stets sittenwidrig im Sinne des § 1 des Gesetzes gegen den unlauteren Wettbewerb (UWG). Dies hat die Rechtsprechung bereits mehrfach bestätigt.

(14) Ist die Verwendung von rein beschreibenden Angaben oder Gattungsbezeichnungen als Domain-Namen wettbewerbsrechtlich bedenklich?

Alle Anbieter, die eine beschreibende Angabe oder Gattungsbezeichnung als Domain-Namen verwenden, genießen einen unbestreitbaren Wettbewerbsvorteil. Potentiellen Interessenten wird das Auffinden der Seiten im Internet erheblich erleichtert, und auch die Werbewirksamkeit des Angebots steigert sich erheblich. Aber es werden auch Nutzer angelockt, die auf der Suche nach allgemeinen Informationen zu einer bestimmten Branche sind. Stellen Sie sich vor, die Volkswagen AG wäre unter *http://www.auto.de* erreichbar. Jeder Nutzer, der sich unter dieser Domain Informationen zum Thema Auto erhoffte, würde direkt zum Wolfsburger Konzern gelangen.

Problematisch ist hierbei, daß anderen Anbietern der gleichen Branche diese Vorteile versagt bleiben. Zur Vermeidung derartiger Probleme gibt es im herkömmlichen Geschäftsverkehr Vorschriften, die eine Monopolisierung von Allgemeinbegriffen verhindern. So sind solche Angaben gemäß § 8 Markengesetz (MarkenG) nicht als Marke eintragungsfähig. Es stellt sich daher die Frage, ob diese Grundsätze nicht auch auf die Registrierung von Domain-Namen Anwendung finden müssen.

Das Oberlandesgericht Frankfurt am Main und das Landgericht München I vertraten in den Fällen »wirtschaft-online.de« bzw. »sat-shop.com« die Ansicht, daß die Wahl eines Domain-Namens zwar durch die Generalklauseln des Wettbewerbsrechts begrenzt ist, eine Übertragung der Eintragungsregelungen etwa aus dem Markenrecht aber nicht in Betracht kommen soll, vgl. [Leitsatz 14], [Leitsatz 19].

Damit steht das Wettbewerbsrecht der Verwendung von Gattungsbezeichnungen oder beschreibenden Angaben als Bestandteilen von Domain-Namen nicht entgegen.

1.4 Domain-Streitigkeiten

(15) Was kann ich tun, wenn mein Domain-Name bereits zugunsten eines anderen registriert ist?

Wenn Ihr Wunsch-Domain-Name bereits vergeben ist, müssen Sie überprüfen, ob der Inhaber der Domain bessere Kennzeichenrechte an der in dem Domain-Namen verwendeten Zeichenfolge hat als Sie. Unter »besser« ist in diesem Zusammenhang »prioritätsälter« zu verstehen.

Grundsätzlich sind alle Kennzeichenrechte, also Namens- und Markenrechte sowie die Rechte an geschäftlichen Bezeichnungen, gleichwertig. Es gibt also keine Rangfolge, nach der Markenrechte stets den Vorrang vor

Namensrechten hätten. Treffen zwei kollidierende Kennzeichen aufeinander, entscheidet daher immer die Priorität. Derjenige, der das Kennzeichen schon länger benutzt, soll dies auch in Zukunft tun dürfen.

Stellen Sie fest, daß der Inhaber der beanspruchten Domain keine oder jüngere Rechte an der benutzten Bezeichnung hat, sollten Sie ihn darauf hinweisen, daß er mit der Benutzung des Domain-Namens Ihre Kennzeichenrechte verletzt und um die Überlassung der Domain bitten. Reagiert der Inhaber nicht, ist es ratsam, einen Anwalt einzuschalten. Dieser wird den Domain-Inhaber zunächst förmlich abmahnen und notfalls die Domain einklagen.

Bitte vergessen Sie nicht, sich so schnell wie möglich auf die Warteliste für Ihre Wunsch-Domain setzen zu lassen. Eine solche Liste wird beim DE-NIC für jeden bereits registrierten Domain-Namen geführt. Gibt der momentane Inhaber des Domain-Namens diesen frei oder wird er hierzu verurteilt, rückt derjenige in dessen Position nach, der den obersten Rang innehat. Erwirken Sie also die Freigabe des Domain-Namens, befinden sich aber nicht an erster Stelle auf der Warteliste, wird möglicherweise zunächst ein anderer Inhaber »Ihres« Domain-Namens. Einen über die Freigabe hinausgehenden Anspruch auf Übertragung des Domain-Namens haben Sie nämlich in der Regel nicht, vgl. Frage (22).

(16) Wie erfahre ich, wer der Inhaber einer bestimmten Domain ist?

Wenn Ihr Wunsch-Domain-Name bereits vergeben ist, Sie diesen jedoch notfalls gerichtlich einfordern wollen, müssen Sie natürlich zunächst in Erfahrung bringen, zu wessen Gunsten die Domain registriert worden ist. Dazu reicht eine einfache »Whois«-Abfrage des Bestandes der sogenannten RIPE-Datenbank aus, die ohne Probleme per Eingabemaske auf der Web-Site des DE-NIC vorgenommen werden kann. Das DE-NIC-Angebot erreichen Sie unter *http://www.nic.de*.

(17) Gilt auch bei Personen oder Unternehmen mit gleichem Namen immer der Prioritätsgrundsatz?

Auch bei Gleichnamigen spielt die Priorität eine Rolle. Allerdings muß im Namensrecht der Umstand Berücksichtigung finden, daß vielfach Namen für Personen oder Unternehmen durch gesetzliche Bestimmungen festgelegt sind. Dies gilt etwa für den Nachnamen von natürlichen Personen oder für Unternehmen, die dem Firmenrecht des Handelsgesetzbuchs (HGB) unterliegen. Kollidieren solche Namen, führt es nicht immer zu gerechten Ergebnissen, wenn stets dem älteren Recht Vorrang eingeräumt wird. Der Inhaber des prioritätsjüngeren Rechts konnte sich schließlich seinen Namen nicht aussuchen. Um zu einer gerechten Lösung zu gelangen, werden die verschiedenen Interessen der Gleichnamigen gegeneinander abgewogen. Im Rahmen dieser Abwägung kann neben einer etwaigen Verkehrsgeltung allerdings auch berücksichtigt werden, wie lange der Name von den streitenden Parteien bereits genutzt wird. Die Priorität bleibt also nicht völlig unbeachtet.

Läßt sich im Ergebnis der Abwägung kein überwiegendes Interesse von einem der Gleichnamigen feststellen, bieten sich zwei Lösungsmöglichkeiten an. Entweder es bleibt derjenige Inhaber des Domain-Namens, der als erster die Registrierung beim DE-NIC erwirkt hat, oder beide Parteien werden verpflichtet, diesem Domain-Namen einen jeweils unterscheidungskräftigen Zusatz beizufügen.

(18) Gelten die Grenzen des Markenschutzes auch im Fall der Kollision mit Domain-Namen?

Marken genießen grundsätzlich nur für diejenigen Waren- und Dienstleistungsklassen Schutz, für die sie beim Patentamt registriert sind. Der Markenschutz findet in der Regel außerhalb der eingetragenen Branchen seine Grenzen. Würde man diese im Markengesetz geregelten Grundsätze auch auf die Kollision von Marken mit Domain-Namen anwenden, müßte bei der Frage nach einer etwaigen Schutzrechtsverletzung immer auch der Inhalt der unter der umstrittenen Domain angebotenen Web-Site Beachtung finden.

In der Rechtsprechung hat sich hierzu noch keine einheitliche Meinung herausgebildet. Das Landgericht Düsseldorf hat im Fall »epson.de« entschieden, daß es nicht auf die Waren und Inhalte ankomme, die auf der Homepage angeboten werden, vgl. [Leitsatz 15]. Die verwechslungsfähige Ware bzw. Dienstleistung sei die unter dem umstrittenen Domain-Namen abrufbare Homepage selbst.

Demgegenüber vertrat das Landgericht München im Rechtsstreit um die Domain »freundin.de« die Ansicht, daß eine Verwechslungsgefahr mit der eingetragenen Marke nur dann in Betracht komme, wenn die unter der Domain angebotenen Waren oder Dienstleistungen mit denen, für die die Marke eingetragen worden ist, ähnlich sind, vgl. [Leitsatz 12].

Für beide Ansichten sprechen gute Gründe. Der Konzeption des deutschen Markenrechts würde aber die in der »freundin.de«-Entscheidung dargelegte Ansicht des Landgerichts München am ehesten entsprechen. Träfen die Inhaber gleicher Marken aufeinander, die jeweils für nicht verwechslungsfähige Waren oder Dienstleistungen eingetragen sind, käme wohl der Prioritätsgrundsatz zur Anwendung. Derjenige, der die Domain zuerst für sich registrieren ließ, darf sie auch in Zukunft benutzen.

Denkbar ist allerdings auch, daß beide Markeninhaber verpflichtet werden, die Domain nur mit einem unterscheidungskräftigen Zusatz zu verwenden.

(19) Was geschieht, wenn niemand Kennzeichenrechte an der verwendeten Bezeichnung hat?

Es gibt zahlreiche Domain-Namen wie etwa *http://www.auto.de* oder *http://www.musik.de*, die als Second-Level-Domain rein beschreibende Angaben oder Gattungsbezeichnungen enthalten. An solchen Bezeichnungen können normalerweise keine Kennzeichenrechte erworben werden. Dem steht das Interesse an der allgemeinen Verwendbarkeit entgegen. Sonst könnte etwa der Inhaber der Rechte an einer Marke »Auto« anderen die Benutzung dieser Bezeichnung verbieten.

Für die Domain-Namen mit derartigen Zeichenfolgen gilt meist uneingeschränkt der Prioritätsgrundsatz. Wer zuerst den Antrag beim DE-NIC gestellt hat, darf die Domain auch nutzen. Der Inhaber war einfach schneller.

Von diesen Grundsätzen gibt es allerdings Ausnahmen. Auch allgemeine Begriffe können, sofern sie als Hinweis auf ein bestimmtes Unternehmen Verkehrsgeltung erlangen, Schutz genießen. Aus diesem Grund bekam z. B. die Deutsche Bahn AG in einem Rechtsstreit den Domain-Namen »bahnhof.de« zugesprochen, vgl. [Leitsatz 6]. Von einer Verkehrsgeltung ist jedoch erst dann auszugehen, wenn das Kennzeichen innerhalb der beteiligten Verkehrskreise eine beachtliche Geltung errungen hat. Ob dies der Fall ist, muß gegebenenfalls durch teure Gutachten und Meinungsumfragen nachgewiesen werden.

(20) Kann die Reservierung des Domain-Namens bereits eine Rechtsverletzung darstellen?

Um ein bestehendes Kennzeichenrecht zu verletzen, muß die betreffende Bezeichnung erst einmal benutzt werden, da eine Verwechslungsgefahr, die in der Regel Voraussetzung für die Schutzrechtsverletzung ist, nur dann überhaupt in Frage kommt. Als eine reine Reservierung von Domain-Namen noch möglich war, war die Frage nach einer dadurch bereits möglichen Rechtsverletzung von großer Brisanz. Das Problem der fehlenden Benutzung spielte damals bei gerichtlichen Entscheidungen mehrfach eine Rolle. Die Urteile fielen jedoch recht widersprüchlich aus. Im Fall »deta.com« war das Landgericht Braunschweig der Ansicht, daß bereits die Reservierung einer Domain eine Benutzung des darin enthaltenen Kennzeichens darstelle, vgl. [Leitsatz 11]. Das Landgericht Düsseldorf entschied dagegen im Rechtsstreit um die Domain »epson.de«, daß die bloße Reservierung eines Domain-Namens für die erforderliche Gefahr einer Rechtsverletzung noch nicht ausreichend sei, vgl. [Leitsatz 15]. Vielmehr müsse sich auch aus den subjektiven Verhaltensweisen des Domain-Inhabers eine solche Gefahr ergeben.

Mit dem eingeführten Zwang, innerhalb einer kurzen Frist nach der Registrierung auch für die Konnektierung der betreffenden Domain zu sorgen, spielt das Problem keine große Rolle mehr. Die Vornahme der Konnektierung dürfte bereits als Benutzung des Kennzeichens zu werten sein.

Verletzt ein Unternehmen das Wettbewerbsrecht, indem es z. B. den Firmennamen eines Wettbewerbers als Domain-Namen registrieren läßt und diesen somit besetzt, stellt ohnehin nicht erst deren Benutzung eine Rechtsverletzung dar. Die Sittenwidrigkeit des Handelns liegt bereits in der erzielten Sperrwirkung, durch die eine Nutzung der Domain durch den betroffenen Wettbewerber unmöglich gemacht wird, vgl. dazu auch Frage (13).

(21) Mein Familienname ist mit dem Namen eines bekannten Unternehmens identisch. Kann das Unternehmen von mir die Freigabe meiner Domain verlangen, wenn ich darin diesen Namen verwende?

Ein solcher Fall ist bereits vom Oberlandesgericht Hamm entschieden worden, vgl. [Leitsatz 4]. Hier hatte der weltbekannte Krupp-Konzern gegen einen gleichnamigen Kaufmann geklagt, der die Domain »krupp.de« benutzte.

Im Bemühen, eine interessengerechte Lösung für die gleichnamigen Parteien zu finden, entschied das Gericht zugunsten des Stahlgiganten, da dessen Firmenname »Krupp« wegen seiner überragenden Verkehrsgeltung ein besonders großer Schutz zugesprochen wurde.

(22) Wenn ich mit meinem Domain-Namen Kennzeichenrechte Dritter verletzt habe, muß ich einer Übertragung der Domain auf diesen Dritten zustimmen?

Dem Inhaber von Kennzeichenrechten, also Namen, Marken oder geschäftlichen Bezeichnungen, stehen gegen einen Verletzer dieser Rechte hauptsächlich Unterlassungs- und Schadenersatzansprüche zu. Sie als Domain-Inhaber sind daher lediglich verpflichtet, alles Erforderliche zu tun, um die Rechte des Rechtsinhabers nicht länger zu verletzen. Es genügt, wenn Sie Ihre durch Registrierung und Nutzung des Domain-Namens erlangte Sperrposition aufgeben. Darüber hinaus sind Sie nicht verpflichtet, dafür zu sorgen, daß der Rechteinhaber nunmehr den umstrittenen Domain-Namen erhält.

Dies sah auch das Oberlandesgericht Hamm im Fall »krupp.de« so, vgl. [Leitsatz 4]. Doch der Krupp-Konzern hatte es versäumt, sich auf die Warteliste setzen zu lassen, die vom DE-NIC für jeden Domain-Namen geführt wird. Da nach den Registrierungsbedingungen jedoch bei der Freigabe einer Domain derjenige nachrückt, der zuoberst auf der Warteliste rangiert, kam der Konzern nicht zum Zuge. Es hatte bereits ein Dritter Interesse an der Domain angemeldet.

In einigen anderen Fällen wurde im Gegensatz zur Ansicht des Oberlandesgerichts Hamm auch eine Verpflichtung zur Übertragung der umstrittenen Domain festgestellt. So hat etwa das Landgericht Hamburg im Rechtsstreit um den Domain-Namen »eltern.de« einen entsprechenden Anspruch zumindest für den Bereich der Markenrechtsverletzungen bestätigt, da der Verletzer nach Ansicht des Gerichts auch dazu verpflichtet ist, die rechtswidrige Einwirkung in das fremde Markenrecht durch geeignete Maßnahmen für die Zukunft zu beseitigen, vgl. [Leitsatz 3]. Im Ergebnis macht dies für den verurteilten Domain-Inhaber kaum einen Unterschied, er darf den Domain-Namen in jedem Fall nicht weiter nutzen.

(23) Kann ich, wenn ein Domain-Name von mir eingefordert wurde, den gleichen Begriff unter einer anderen Top-Level-Domain anmelden?

Sofern Rechte Dritter an der für den Domain-Namen genutzten Zeichenfolge bestehen, läßt sich dieses Hindernis nicht dadurch umgehen, daß Sie einfach auf eine andere Top-Level-Domain wie das beliebte ».com« ausweichen. Da stets die Second-Level-Domain für die Beurteilung der Schutzrechtsverletzung herangezogen wird, ist auch in einem solchen Fall von einer Rechtsverletzung auszugehen. Das Landgericht Berlin hat im Fall »concert-concept.de/concert-concept.com« klargestellt, daß auch dann, wenn die Registrierung der umstrittenen Domain im Ausland erfolgt, zumindest deutsches Recht zur Anwendung kommt, vgl. [Leitsatz 97].

Bei Domain-Namen, die schutzunfähige Zeichen, also etwa allgemein beschreibende Begriffe oder Gattungsbezeichnungen beinhalten, besteht dieses Problem hingegen nicht. Hier ist ein Ausweichen auf andere Top-Level-Domains möglich.

1.5 Domain-Grabbing

(24) Ist der Handel mit Domain-Namen zulässig?

Der Handel mit Domain-Namen, besser bekannt als das sogenannte Domain-Grabbing, hat in den Anfängen des World Wide Web eine zweifelhafte Beliebtheit erlangt. Domain-Grabber ließen sich reihenweise Namen reservieren, die für bekannte Unternehmen potentiell interessant waren, um sie dann später den Betreffenden für viel Geld anzubieten.

Diese Praxis fand jedoch ein rasches Ende, als die Gerichte begannen, den Domain-Namen eine kennzeichnende Funktion zuzusprechen. Nunmehr konnten die Unternehmen ihre Domain-Namen unter Berufung auf bestehende Kennzeichenrechte relativ problemlos einklagen.

Heute ist der Handel mit Domain-Namen nur noch in einem Teilbereich anzutreffen. Gehandelt wird dabei ausschließlich mit Domain-Namen, die nicht schutzfähige Bezeichnungen enthalten. Diese Domains können für Unternehmen wegen des mit ihrer Nutzung verbundenen Wettbewerbsvorteils von großem Interesse sein, vgl. Frage (14). Da der Verwendung solcher Domains keine Kennzeichenrechte entgegenstehen, können sie nicht eingeklagt werden. Gelegentlich finden sich Interessenten, die die geforderten »Ablösegebühren« zahlen. Da bei dieser Art von Domain-Handel keine Rechte Dritter verletzt werden, muß er hingenommen werden. Es ist also durchaus zulässig, wenn Domain-Namen wie z. B. »reisen.de« oder »buch.de« meistbietend an entsprechende Interessenten versteigert werden.

1.6 Domain-Namen und ihre Absicherung

(25) Wie kann ich meinen Domain-Namen möglichst weitgehend schützen?

Stehen hinter Ihrem Domain-Namen bereits Kennzeichenrechte, etwa wenn Sie Ihren Unternehmensnamen oder eine eingetragene Marke für die Bezeichnung Ihrer Domain verwenden, ist diese bereits dadurch geschützt. Die Domain wird dann vom Schutzumfang der Kennzeichenrechte mitumfaßt. In solchen Fällen ist es in der Regel also nicht erforderlich, für eine weitere Absicherung des Domain-Namens zu sorgen.

Dienen schutzunfähige Bezeichnungen wie rein beschreibende Angaben oder Gattungsbezeichnungen als Domain-Namen, ist der Erwerb eines gesetzlich verbrieften Schutzrechts nicht möglich. Deshalb drohen in diesen Fällen aber auch kaum Freigabeforderungen durch Dritte.

Einige wenige Ausnahmefälle sind allerdings denkbar, in denen eine Bezeichnung gewählt werden könnte, die schutzfähig wäre, für die aber noch keine eigenen und fremden Schutzrechte existieren. Hier besteht prinzipiell die Gefahr, daß ein Dritter noch nachträglich die Bezeichnung etwa als Marke anmeldet und dann unter Berufung auf sein neu erworbenes Schutzrecht die Freigabe der Domain verlangt. Inhaber entsprechender Domain-Namen sollten sich daher überlegen, ob sie die Bezeichnung nicht vorsichtshalber selbst als Marke beim Patentamt registrieren lassen. Ob dies möglich und auch sinnvoll ist, bleibt jedoch Frage des Einzelfalls. Dabei sollten auch wirtschaftliche Aspekte berücksichtigt werden, da der Markenschutz nicht kostenfrei gewährt wird.

Informationen darüber, wie Sie eine Marke anmelden können und was dabei alles zu beachten ist, erhalten Sie beim Deutschen Patentamt in München oder in dessen Außenstelle Berlin. Hier erhalten Sie kostenlose Unterlagen, die neben den Informationen auch die notwendigen Anmeldeformulare enthalten. Das Deutsche Patentamt ist auch im Internet unter *http://www.deutsches-patentamt.de* mit einem umfangreichen Informationsangebot vertreten. Hier stehen die Unterlagen und Formulare auch als Text-Dateien zum Download bereit.

Für alle, die ihre Waren oder Dienstleistungen auf dem europäischen Markt anbieten, liegt eine Anmeldung des Kennzeichens als sogenannte Gemeinschaftsmarke nahe. Hier kann mit einer einzigen Anmeldung ein Schutz für alle Mitgliedstaaten der Europäischen Gemeinschaft erlangt werden. Zuständig für die Registrierung und Verwaltung von Gemeinschaftsmarken ist das Harmonisierungsamt für den Binnenmarkt mit Sitz im spanischen Alicante. Entsprechende Anträge nimmt jedoch auch das Deutsche Patentamt entgegen.

(26) Kann ich durch die Benutzung eines Domain-Namens Kennzeichenrechte an der darin verwendeten Bezeichnung erwerben?

Besonders wenn es darum geht, einen Domain-Namen gegen ein Freigabeverlangen zu verteidigen, stellt sich die Frage, ob man mit einer möglicherweise langjährigen Benutzung nicht auch irgendwelche Rechte an diesem Domain-Namen erworben hat.

In Betracht käme hierbei eigentlich nur ein Schutz als Name (§ 12 Bürgerliches Gesetzbuch; BGB) oder geschäftliche Bezeichnung (§ 5 Markengesetz; MarkenG). Auch ein Markenschutz kann zwar ohne Eintragung der Bezeichnung entstehen, jedoch ist dafür gemäß § 4 Nr. 2 MarkenG die Verkehrsgeltung des Kennzeichens erforderlich – eine Anforderung, die äußerst schwer zu erreichen und zu belegen ist.

Grundsätzlich können unterscheidungskräftige Bezeichnungen mit der Ingebrauchnahme Schutz als Name oder geschäftliche Bezeichnung erlangen. Bei den Domain-Namen gilt dies jedoch nicht so ohne weiteres.

Den Domain-Namen kommt neben ihrer Adreßfunktion auch eine kennzeichnende

Wirkung und Identifizierungsfunktion zu. Im Rahmen der umfangreichen Rechtsprechung zu Fällen, in denen Konflikte zwischen Domain-Namen und fremden Kennzeichenrechten entschieden worden sind, ist dies immer wieder bestätigt worden. Diese Funktion wird jedoch allein nicht ausreichen, um Schutzrechte zu begründen, die auch außerhalb des Internet Bestand haben. Die bloße Wahl und Nutzung eines Domain-Namens zur Programmadressierung im Internet, ohne daß die darin verwendete Bezeichnung auch sonst im Geschäftsverkehr als Bezeichnung des Unternehmens geführt wird, rechtfertigt noch keinen Erwerb eines prioritätsbegründenden Kennzeichenrechts. Eine richterliche Entscheidung dieser Problematik steht allerdings noch aus.

Gleiches gilt auch für den Erwerb eines Werktitelschutzes. Zwar wird angenommen, daß bestimmten Internet-Angeboten durchaus ein solcher Kennzeichenschutz zukommen kann, doch wird dies nicht der Fall sein, wenn sich die Nutzung der Bezeichnung lediglich auf den Domain-Namen erstreckt. Hier muß wohl verlangt werden, daß der Titel auch auf der Homepage selber und in sonstigen Darstellungen Verwendung findet.

2. Internet-Zugang und Webhosting

Den Zugang zum Internet verschafft Ihnen ein Internet-Service-Provider (ISP). Sie haben in Deutschland inzwischen die Wahl zwischen sehr vielen verschiedenen Anbietern. Ziel dieses Kapitels ist es, die praktischen und rechtlichen Aspekte bei Abschluß, Ausführung und Kündigung eines Vertrags mit einem Internet-Service-Provider darzustellen.

2.1 Abschluß des Provider-Vertrages

(27) Welche Aspekte sind bei der Wahl eines Internet-Service-Provider zu beachten?

Die Wahl Ihres Provider sollte sich an folgenden Fragen orientieren: Welche Leistungen benötige ich? Wer bietet das beste Preis-Leistungs-Verhältnis an, d. h. welcher Provider bietet einen schnellen und zuverlässigen Zugang zum Internet und ist dennoch preisgünstig? Unter welchen Bedingungen kann ich mich vom Vertrag lösen, z. B. bei Unzuverlässigkeit des Provider?

Internet-Service-Provider bieten unterschiedliche Leistungen an. Die meisten Provider bieten die Standarddienste des Internet, also World Wide Web (WWW), Electronic Mail (E-Mail), File Transfer Protocoll (FTP) sowie Newsgroups an. Reine Access-Provider stellen Ihnen jedoch nur einen Zugang zum Internet zur Verfügung. Wollen Sie einen eigenen Web-Auftritt realisieren, reicht ein Access-Provider nicht aus; Sie benötigen dann einen Provider, der auch Webhosting anbietet. Auch bei einem solchen Provider sind speziellere Leistungen nicht in jedem Fall erhältlich, wie z. B. sogenannte CGIs (Common Gateway Interface) zum Erstellen und Verarbeiten von Formularen auf einer Web-Seite. Daher sollten Sie vor der Wahl eines Provider die technischen Anforderungen Ihres Web-Auftritts kennen.

Achten Sie darauf, daß der Provider Ihnen mehr als eine E-Mail-Adresse zur Verfügung stellt. E-Mail vereinfacht und beschleunigt die Kommunikation mit Geschäftspartnern und Kunden. Dieser Vorteil geht jedoch verloren, wenn die eingehenden Nachrichten zentral verwaltet und weitergeleitet werden müssen. Deshalb sollte jede Abteilung Ihres Unternehmens mindestens eine E-Mail-Adresse bekommen.

Da der Standort des Rechners, auf dem Ihr Web-Angebot liegt, entscheidende Auswirkungen auf die Geschwindigkeit hat, mit der Besucher Ihr Web-Angebot abrufen können, ist ein Provider zu bevorzugen, dessen Rechner nicht im fernen Ausland stehen. Die Ladezeiten für deutsche Nutzer können beispielsweise deutlicher länger sein, wenn Ihr Web-Server in den USA und nicht in Deutschland steht. Der Standort des Server ist jedoch nur bedingt an der Top-Level-Domain (TLD) seiner Internet-Adresse zu erkennen. Eine ».de«- oder ».us«-TLD ist nur ein Indiz für den Standort. Lassen Sie sich daher den Standort des Server, auf dem Ihre Site abgelegt wird, vertraglich zusichern.

Die Leitungen von Providern mit günstigen Tarifen können wegen der Vielzahl ihrer Nutzer häufig überlastet sein, was die Ladezeiten ebenfalls verlängert. Um die Leistungsfähigkeit eines Provider in der Praxis zu überprüfen, ist es empfehlenswert, sich nach einem Probe-Account zu erkundigen – viele Provider bieten inzwischen einen solchen Service an.

Informieren Sie sich auch über die Länge der Kündigungsfristen. Einige Provider sehen in ihren Verträgen Kündigungsfristen von einem Jahr vor. Haben Sie Ihren Vertrag zu solchen Bedingungen abgeschlossen, sind Sie mindestens ein Jahr an diesen einen Provider gebunden, auch wenn sich dessen Leistungen als nicht zufriedenstellend erweisen sollten. Es sei denn, die Leistungen des Provider sind so schlecht oder fehlerhaft, daß Sie eine fristlose Kündigung aus wichtigem Grund begründen.

Unter den folgenden Internet-Adressen finden Sie Verzeichnisse mit Provider-Übersichten:

ZDNet: *http://www.zdnet.de/internet/isp/*
Focus: *http://www.netguide.de*
C't – Heise-Verlag: *http://www.heise.de/ct/provider/*

(28) Welche Klauseln in den Allgemeinen Geschäftsbedingungen der Provider sind problematisch?

Grundsätzlich sind Klauseln in Allgemeinen Geschäftsbedingungen (AGB) dann unwirksam, wenn sie Rechte des Kunden in unzumutbarer Weise beeinträchtigen, überraschend sind oder gegen die guten Sitten verstoßen.

Die AGB mancher Provider enthalten zuweilen inhaltlich unwirksame Klauseln wie z. B. die, daß der Provider das Leistungsangebot jederzeit einschränken darf, ohne den Kunden zu informieren. Unwirksam sind auch einseitige Preiserhöhungen oder übermäßig lange Kündigungsfristen. Auch daß Provider sich die Nutzungsrechte an Beiträgen ihres Kunden abtreten lassen, ist nach deutschem Recht nicht zulässig. Oft sehen die AGB auch unwirksame Haftungsbeschränkungen vor. Ein Provider darf die Haftung für Schäden nicht pauschal ausschließen. Ein Haftungsausschluß für vorsätzlich oder grob fahrlässig vom Provider verursachte Schäden ist unzulässig.

Sofern eine Klausel Bestandteile enthält, die nach dem Gesetz über Allgemeine Geschäftsbedingungen (AGBG) nicht zulässig sind, ist die ganze Klausel unwirksam. An die Stelle der unwirksamen vertraglichen Regelung tritt dann die gesetzliche Regelung, also die Vorschriften des Bürgerlichen Gesetzbuchs.

Sie sollten auch darauf achten, ob die AGB Ihres Vertragspartners eine fremde Rechtsordnung für anwendbar erklären. Die Rechtsprechung hält solche Klauseln für wirksam. Die Vereinbarung einer fremden Rechtsordnung kann für Sie weitreichende Auswirkungen haben. Kommt es zum Rechtsstreit, sind Sie mit einer Ihnen unbekannten Rechtsordnung konfrontiert. Es wird schwierig, im Inland einen Rechtsanwalt zu finden, der sich in dieser Rechtsordnung auskennt. Überdies enthält diese ausländische Rechtsordnung möglicherweise für Sie nachteilige Regelungen. Zur Einbeziehung von AGB in den Provider-Vertrag vergleichen Sie bitte auch Frage (152).

2.2 Einrichten einer Domain

(29) Wie beantrage ich eine eigene Domain?

Zuständig für die Vergabe einer Domain unter der Top-Level-Domain ».de« ist das Deutsche Network Information Center (DE-NIC) in Karlsruhe. Zwar können Sie Ihre Domain direkt beim DE-NIC beantragen, doch wesentlich kostengünstiger ist die Antragstellung über Ihren Internet-Service-Provider. Sollte die von Ihnen gewünschte Domain noch frei sein, erhält der Provider vom DE-NIC binnen fünf Werktagen eine Bestätigung. Für die Vergabe der sogenannten generischen Domain-Namen (gTLD), wie ».com«, ».net«, ».edu«, ».org« ist das International Network Information Center (InterNIC) in den USA zuständig, für die Länder-Domains (ccTLD) das jeweilige nationale Network Information Center.

2.3 Technische Störungen und Zugangssperre

(30) Habe ich Schadensersatzansprüche gegen meinen Provider, wenn meine Web-Site aus technischen Gründen nicht erreichbar ist?

Ob der Provider haftbar gemacht werden kann, wenn Ihre Web-Site aus technischen Gründen nicht erreichbar ist, hängt von übernommenen vertraglichen Pflichten ab. Die Rechtsnatur des Provider-Vertrags ist nicht leicht zu bestimmen, da er sowohl dienst- als auch werkvertragliche Elemente enthält. Während Dienstverträge dadurch gekennzeichnet sind, daß lediglich ein Bemühen und kein Erfolg geschuldet wird, ist beim Werkvertrag der Erfolg geschuldet. Die Frage, ob der Provider vertraglich lediglich verpflichtet ist, sich zu bemühen, Ihre Web-Site für Dritte zugänglich zu machen oder ob er den Zugang als Erfolg schuldet, stellt sich nicht, wenn der Provider in seinen Allgemeinen Geschäftsbedingungen eine 90prozentige Erreichbarkeit garantiert. Dann haftet er für die Schäden, die bei Unterschreiten dieser Schwelle entstehen. Hier wird nochmals deutlich, daß oft erst der Blick in die

Allgemeinen Geschäftsbedingungen eine Einordnung des Leistungsangebotes möglich macht. Ob eine 80prozentige oder 95prozentige Erreichbarkeit zugesichert wird, ist ein erheblicher Unterschied.

Darüber hinaus haben Sie bei wiederholten technischen Schwierigkeiten ein außerordentliches Kündigungsrecht, so daß Sie sich von Ihrem Provider ohne Einhaltung der vereinbarten Fristen lösen können, vgl. Frage (36).

(31) Habe ich Schadensersatzansprüche gegen meinen Provider, wenn mir durch dessen Verschulden wichtige Nachrichten (E-Mail) verlorengehen?

Für die Übermittlung von E-Mails gelten nach überwiegender Auffassung die Regeln des Vertragstyps »Werkvertrag«. Bei einem Werkvertrag wird nicht nur ein Bemühen, sondern auch ein Erfolg geschuldet. Wird eine E-Mail durch ein Verschulden des Provider nicht übermittelt und entsteht Ihnen hierdurch ein nachweisbarer Schaden, haben Sie einen Schadensersatzanspruch gegenüber Ihrem Provider, es sei denn, es liegt ein wirksamer Haftungsausschluß (zum Beispiel in den Allgemeinen Geschäftsbedingungen des Provider) vor.

Doch abgesehen vom jeweiligen Vertragstyp dürfte es Ihnen schwerfallen, hier das Verschulden des Provider im einzelnen nachzuweisen.

(32) Darf der Provider meinen Internet-Zugang sperren?

Der Provider-Vertrag ist ein Dauerschuldverhältnis. Dauerschuldverhältnisse können von beiden Vertragsparteien fristlos gekündigt werden, wenn ein wichtiger Grund vorliegt. Ein wichtiger Grund kann z. B. vorliegen, wenn der Datentransfer des Nutzers die im Vertrag festgelegte Menge bei weitem übersteigt, das Netz des Anbieters durch den Nutzer gestört wird oder wenn es Anlaß zu der Vermutung gibt, daß der Nutzer die über seinen Account entstehenden Kosten nicht bezahlen kann – etwa, wenn diese exorbitante Höhen erreicht haben. In diesen Fällen kann der Provider den Zugang auch ohne Einhaltung einer Kündigungsfrist sperren. Eine mögliche Klausel in den Allgemeinen Geschäftsbedingungen

(AGB) des Provider, nach der eine fristlose Kündigung auch ohne Vorliegen eines wichtigen Grundes möglich sein soll, ist in jedem Fall unwirksam.

Teilweise enthalten die AGB von Providern die Klausel, daß z. B. Ihr Account gesperrt werden darf, wenn Sie gewisse Beträge nicht rechtzeitig gezahlt haben. Grundsätzlich ist eine solche Klausel nur dann wirksam, wenn sie vorsieht, daß die Sperre vorher angekündigt wird und daß zwischen Ankündigung und Sperre eine Wartefrist von mindestens zwei Wochen eingehalten werden muß.

2.4 Mißbrauch meines Accounts und unrichtige Provider-Rechnungen

(33) Muß ich die Kosten tragen, wenn ein Dritter unberechtigt meinen Internet-Zugang nutzt?

Wenn ein Dritter Ihr Paßwort in Erfahrung bringt und damit Dienste Ihres Provider nutzt, darf dieser grundsätzlich davon ausgehen, daß der Dritte das Paßwort mit Ihrer Genehmigung verwendet hat. Denn der Provider kann bei der Benutzung Ihres Account mit korrektem Paßwort nicht ersehen, ob die Nutzung berechtigt oder unberechtigt erfolgt. Nach den Grundsätzen der Anscheins- und Duldungsvollmacht müssen Sie sich das Verhalten des unbefugten Dritten zurechnen lassen. Nur wenn Sie nachweisen können, daß Ihnen das Paßwort ohne Ihr Verschulden abhanden gekommen ist oder ausgespäht wurde, können Sie einer Zahlungspflicht entgehen. Daher sollten Sie Ihr Paßwort sorgfältig verwahren und regelmäßig austauschen.

Der Glaube an die Sicherheit von Paßwörtern ist schwer erschüttert, seitdem im Frühjahr 1998 die Paßwörter der Kunden eines großen Online-Dienstes durch zwei Jugendliche erfolgreich geknackt wurden. So hat das Amtsgericht Pinneberg aufgrund dieser Vorkommnisse – entgegen der bisherigen Rechtsprechung – die Auflistung von über Btx abgerufenen Leistungen auf der Telefonrechnung nicht als Beweis dafür ausreichen lassen, daß diese Leistungen auch tatsächlich in Anspruch genommen wurden – und dies trotz des paßwortgeschützten Btx-Zugangs, vgl. [Leitsatz 28]. Es bleibt jedoch abzuwarten, ob diese Rechtsprechung von anderen Gerichten bestätigt wird.

(34) Wie kann ich beweisen, daß die Provider-Rechnung unrichtig ist?

Ist davon auszugehen, daß die für die Verbindungen berechnete Entgeltforderung unrichtig ist, ohne daß ihre korrekte Höhe feststellbar ist, so gilt nach der Telekommunikations-Kundenschutzverordnung (TKV), die auch auf Provider anwendbar ist, folgende Regelung: Für die Abrechnung wird die durchschnittliche Entgeltforderung aus den sechs zurückliegenden Abrechnungszeiträumen zugrundegelegt. Dem Kunden bleibt der Nachweis vorbehalten, daß er den Internet-Zugang in dem entsprechenden Abrechnungszeitraum nicht genutzt hat. Auch wenn sich diese Regelung im Einzelfall auf den Kunden negativ auswirken kann, so hat doch das Inkrafttreten dieser Verordnung am 1. Januar 1998 die Beweissituation für den Kunden entscheidend verbessert. Früher galten die Rechnungen der Telekommunikationsunternehmen aufgrund des Anscheins als Beweis ihrer eigenen Richtigkeit.

(35) Kann ich mich gegen Viren und Hacker versichern?

Die üblichen Computerversicherungen umfassen nur Sachbeschädigungen durch körperliche Einwirkung auf die Hardware. Mit einer speziellen Computer- und Datenversicherung kann man sich aber auch gegen Datenverlust und Hardware-Beschädigung versichern, die durch Viren-Befall sowie durch unsachgemäße oder böswillige Behandlung durch Angestellte oder Dritte entstehen. Allerdings ist ein so umfangreicher Versicherungsschutz teuer.

Auch wenn der Versicherer die Kosten für die Wiederherstellung von Software und Daten übernimmt, werden sich die meisten Daten nicht wiederherstellen lassen. Daher ist eine

umfassende Datensicherung sinnvoll. Sie sollten von Ihren Daten regelmäßig Sicherungskopien erstellen, eine Firewall aufbauen, um eine Beeinträchtigung Ihrer Daten von außen zu verhindern, und Ihren Mitarbeitern durch Paßwortschutz nur eingeschränkten Zugang zu den Daten gewähren.
Spezielle Computer- und Datenschutz-Versicherungen bieten folgende Versicherer an:
Württembergische und Badische Versicherungs AG:
http://www.wueba.de
Gerling-Konzern Versicherungs-Aktiengesellschaften:
http://www.gerling-konzern.de

2.5 Wechsel des Provider

(36) Wie kann ich meinen Vertrag kündigen?

Vielleicht sind Sie unzufrieden mit der Zuverlässigkeit Ihres Provider oder seinem Leistungsangebot; vielleicht bietet ein anderer Provider eine neue technische Entwicklung früher an als Ihr Vertragspartner. Daher ist die Frage, wie man seinen Provider-Vertrag kündigen kann, von großer Bedeutung.

Der normale Weg, sich von einem Vertrag zu lösen, ist die ordentliche Kündigung. An die vertraglich vereinbarte Kündigungsfrist muß sich nicht nur der Kunde, sondern auch der Provider halten. Allerdings kann der Vertrag auch ohne Einhaltung der vereinbarten Frist gekündigt werden, wenn ein wichtiger Grund vorliegt. Ein wichtiger Grund liegt vor, wenn es für eine Vertragspartei unzumutbar ist, das Vertragsverhältnis fortzusetzen. So ist es beispielsweise für den Kunden unzumutbar, daß seine Web-Site wiederholt aus technischen Gründen nicht erreichbar ist. Allerdings muß der Kunde den Provider vor der außerordentlichen Kündigung auf den Mangel hingewiesen haben. Da kein Provider eine hundertprozentige Verfügbarkeit garantieren kann, wird in den Allgemeinen Geschäftsbedingungen

(AGB) häufig eine durchschnittliche Verfügbarkeit von ca. 95-97 Prozent im Jahr vereinbart. Eine solche AGB-Klausel dürfte wirksam sein. Ein wichtiger Grund für die Kündigung entsteht daher erst bei Unterschreiten der vereinbarten Verfügbarkeit.

Ein wichtiger Kündigungsgrund dürfte auch vorliegen, wenn Ihre E-Mails wiederholt verspätet oder fehlerhaft übermittelt wurden oder sogar verlorengingen.

(37) Wer ist für die Ausfallzeiten beweispflichtig?

Wenn es zum Streit kommt, muß der Nutzer den beanstandeten Ausfall beweisen. Dies dürfte häufig schwierig sein. Als Beweismittel können neben einem Zeugen auch die digitalen Spuren dienen, die Einwählversuche ins Internet oder versuchte Zugriffe auf einen Server hinterlassen – im Fall des ausgefallenen Server in den Log-Files des Provider, im Fall des nicht erreichbaren allgemeinen Zugangs in der Software des Nutzers. Allerdings sind letztlich auch diese technischen Daten fälschbar, so daß sie nicht mehr als Indizien darstellen. Doch bei solchen Unterstellungen ist Vorsicht geboten. Wer in einer gerichtlichen Auseinandersetzung behauptet, daß der Gegner hier Verfälschungen vorgenommen hat, sieht sich schnell selbst staatsanwaltlichen Ermittlungen – zum Beispiel wegen Verleumdung – ausgesetzt.

3. Einrichten und Betreiben der Web-Site

Wenn Sie einen Web-Auftritt planen, wird dieser um so erfolgversprechender sein, je stärker Sie die Möglichkeiten des neuen Mediums nutzen. Sie haben im Internet eine große Konkurrenz. Millionen anderer Web-Sites buhlen um die Aufmerksamkeit der Net-Surfer.

Wollen Sie im Internet geschäftlich erfolgreich sein, so muß es Ihr primäres Ziel sein, möglichst viele Besucher zu Ihrer Web-Site zu leiten. Wesentlicher Vorteil des Internet ist die Möglichkeit, Informationen miteinander zu verknüpfen, die auf weltweit verstreuten Computern liegen. Von dieser Möglichkeit sollten Sie intensiven Gebrauch machen. Ihre Site wird im übrigen nur dann ihre Zielgruppe finden, wenn sie über die verschiedenen Suchdienste auffindbar ist.

Ihr weiteres Ziel muß sein, Ihre Besucher zu animieren, auch noch ein zweites Mal bei Ihrer Web-Site vorbeizuschauen. Deren Attraktivität können Sie durch ein ansprechendes Layout unter Verwendung von geeigneten Gestaltungskomponenten wie Texten, Grafiken, Fotografien, Sounds, Software zum Download, Daten- und Link-Sammlungen beträchtlich steigern. Auch die Verwendung selbstablaufender Programme auf Ihrer Web-Site und die Einrichtung eines öffentlichen Kommunikationsforums (was übrigens ohne größere technische Probleme möglich ist) wird Ihnen zahlreiche Besuche sichern. Die rechtlichen Probleme, die im Zusammenhang mit dem Einrichten und Betreiben Ihrer Web-Site auftreten können, werden im folgenden behandelt.

3.1 Rechte an Gestaltungskomponenten

(38) Darf ich Daten und Inhalte (Gestaltungskomponenten wie Texte, Grafiken, Fotografien, Sounds, Software-Programme, Datensammlungen, Link-Sammlungen), die ich von einer deutschen Web-Site beziehe oder aus Büchern scanne, für die Gestaltung meiner Web-Site verwenden?

An den meisten Gestaltungskomponenten, die Sie im Internet oder in Büchern finden, bestehen Urheberrechte oder verwandte Schutzrechte Dritter. Hierbei handelt es sich um sogenannte absolute Rechte, d. h. um Rechte, die von jedermann, unabhängig von irgendeiner vertraglichen Beziehung, beachtet werden müssen. Der Autor eines Werkes kann mit den von ihm geschaffenen Werken grundsätzlich nach Belieben verfahren und andere von jeder Einwirkung ausschließen (ähnlich wie ein Eigentümer); lediglich zu nichtgewerblichen Zwecken ist die Herstellung einzelner Vervielfältigungsstücke eines Werkes in engen Grenzen zulässig, vgl. § 53 des Urheberrechtsgesetzes (UrhG).

Texte, Grafiken, Sounds und Software genießen unabhängig von der Eintragung in ein Register einen Urheberrechtsschutz gemäß § 2 UrhG, wenn sie persönliche geistige Schöpfungen sind, d. h., wenn sie eine gewisse Gestaltungshöhe erreichen. An die Gestaltungshöhe werden heute aber keine besonderen qualitativen Anforderungen gestellt; inzwischen ist auch die Schutzfähigkeit solcher Werke anerkannt, die am unteren Rand schöpferischer Tätigkeit anzusiedeln sind und sich lediglich als Ergebnis individuellen Schaffens darstellen (die sogenannte »kleine Münze«). Allerdings fallen einfach strukturierte Sätze oder simple Tonfolgen aus dem urheberrechtlichen Schutz heraus. Gehen Sie im Zweifel lieber davon aus, daß ein Urheberrechtsschutz besteht. Urheberrechtlich geschützte Werke sind während der Lebenszeit des Autors sowie 70 Jahre nach seinem Tod geschützt.

Neben den Urheberrechten sind die ebenfalls im UrhG geregelten sogenannten verwandten Schutzrechte zu beachten. Es handelt sich hierbei um die Schutzrechte zugunsten von Tonträgerherstellern, ausübenden Künstlern (z. B. den Mitgliedern eines Orchesters), Sendeunternehmen, Filmherstellern sowie Herstellern von einfachen Licht- und Laufbildern. Bei diesen Schutzrechten kommt es nicht darauf an, ob eine individuelle Leistung erbracht wurde, sondern es wird allein dem Umstand Rechnung getragen, daß das Werkschaffen oft mit großen Kosten und Mühen verbunden ist. Daher nennt man diese Rechte auch Leistungsschutzrechte. Ihre Schutzfrist beginnt grundsätzlich mit dem Erscheinen und endet 50 Jahre später.

Allein aus dem Umstand, daß jemand Gestaltungskomponenten ins Internet stellt, kann keinesfalls auf das Einverständnis des Autors in die Weiterverwertung durch Dritte geschlossen werden.

(39) Darf ich rein dokumentarische Fotografien oder Filme ohne jeglichen künstlerischen Anspruch frei verwenden?

Fotografien und Filme besitzen nach dem Urheberrechtsgesetz (UrhG) eine Sonderstellung, da sie einen doppelten Schutz genießen. Erreicht eine Fotografie bzw. ein Film nicht die erforderliche Gestaltungshöhe für einen Urheberrechtsschutz, so genießen sie jedenfalls als einfache Licht- bzw. Laufbilder ein verwandtes Schutzrecht. Diese Sonderstellung im UrhG läßt sich nur geschichtlich begründen. In den ersten Jahrzehnten nach der Erfindung der Fotografie im Jahre 1839 war es außerordentlich mühsam und kostenintensiv, Fotografien herzustellen: Die Aufnahmegeräte waren klobig und schwer, die fotografischen Verfahren waren kompliziert. Eine fotografische Industrie, die die Aufnahmematerialien stellte, gab es nicht. Um dem Rechnung zu tragen, erkannte man im ersten Fotografieschutzgesetz aus dem Jahre 1876 ausnahmslos allen Fotografien, unabhängig von irgendeiner künstlerischen Leistung, einen gesetzlichen Schutz zu. Als die Technik später wesentlich vereinfacht wurde, wollte man den umfassenden Schutz für Fotografien nicht aufgeben. Man empfand die Klärung der Frage, ob die Wirkung eines Bildes auf einer Leistung des Fotografen oder auf der Automatik der benutzten Geräte beruhe, in vielen Fällen als zu schwierig. Für den Fall, daß eine an sich schutzfähige Fotografie von den Gerichten nicht als solche erkannt werde, sollte neben dem Schutz der Lichtbildwerke jedenfalls ein subsidiärer Schutz, der Lichtbildschutz, greifen. Diese Grundsätze übertrug man auch auf Filme.

Früher war die Gestaltungshöhe von Lichtbildwerken, die die Schutzfähigkeit begründet, durch ein bedeutendes schöpferisches Überragen rein handwerklicher Darstellungen geprägt. Inzwischen wurden die Anforderungen an die Gestaltungshöhe von Lichtbildwerken im Rahmen der europaweiten Harmonisierung abgesenkt. Dies hat zur Folge, daß es praktisch kaum mehr möglich ist, eine Trennung zwischen Lichtbildwerken und Lichtbildern vorzunehmen. Daher sollten Sie grundsätzlich davon ausgehen, daß die Fotografie, deren Verwendung Sie ins Auge fassen, urheberrechtlichen Schutz genießt.

(40) Können Grafiken, welche die für den Urheberrechtsschutz erforderliche Gestaltungshöhe nicht erreichen, dennoch geschützt sein?

Grafiken, die mangels ausreichender Gestaltungshöhe keinen Urheberrechtsschutz genießen, wie z. B. einfache Tapetenmuster, können eventuell aufgrund des Geschmacksmustergesetzes geschützt sein. Ein Schutz nach dem Geschmacksmusterrecht, das auch als kleines Urheberrecht bezeichnet wird, setzt allerdings eine Eintragung in das Musterregister beim Deutschen Patentamt voraus.

(41) Darf ich typografische Schriftzeichen (Fonts) frei verwenden?

Auch typografische Schriftzeichen können urheberrechtlichen Schutz genießen. Falls die erforderliche Gestaltungshöhe allerdings nicht gegeben ist, können sie nichtsdestotrotz Schutz genießen, vorausgesetzt, es ist beim Deutschen Patentamt eine Registrierung aufgrund des Schriftzeichengesetzes aus dem Jahr 1981 erfolgt. Durch den Kauf einer Schriftensammlung auf CD-ROM erwerben Sie üblicherweise eine Lizenz auch zur gewerblichen Verwertung. Beachten Sie aber die jeweils beiliegenden Lizenzbestimmungen.

(42) Darf ich Inhalte verwenden, die ich von einer ausländischen Web-Site beziehe?

Jedenfalls nicht ohne Zustimmung des Autors, denn durch die internationalen Abkommen genießen grundsätzlich auch die Angehörigen anderer Staaten den Schutz des Urheberrechtsgesetzes.

Die Berner Übereinkunft aus dem Jahre 1886 (seit 1908: Revidierte Berner Übereinkunft) verpflichtete die Unterzeichnerstaaten zum einen, den eigenen Staatsangehörigen einen gewissen urheberrechtlichen Mindestschutz zu gewähren, zum anderen, Ausländern den inländischen Schutz zuteil werden zu lassen (sogenannte Inländergleichbehandlung). Staaten, die die weitgehenden Verpflichtungen der Revidierten Berner Übereinkunft nicht eingehen wollten, konnten statt dessen dem Welturheberrechtsabkommen aus dem Jahre 1952 beitreten. Das Welturheberrechtsabkommen sieht ein niedrigeres Schutzniveau vor. Neuerdings hat ein weiteres Abkommen Bedeutung für den internationalen Urheberrechtsschutz erlangt, das TRIPs-Abkommen aus dem Jahre 1994 (dt.: Abkommen über handelsbezogene Aspekte der Rechte des geistigen Eigentums). Dieses übernahm im wesentlichen den materiellen Schutzgehalt der Revidierten Berner Übereinkunft. Da diesem Abkommen Staaten beitraten, die weder der Revidierten Berner Übereinkunft noch dem Welturheberrechtsabkommen angehörten, dürfte inzwischen weltweit flächendeckend – mit Ausnahme einiger weniger Staaten – jeder Autor Urheberrechtsschutz genießen.

(43) Darf ich fremde Link-Sammlungen auf meiner Web-Site übernehmen?

Auch eine Link-Sammlung kann urheberrechtlichen Schutz genießen, und zwar als Datenbankwerk gemäß § 4 des Urheberrechtsgesetzes (UrhG), wenn sie aufgrund der Auswahl oder Anordnung der einzelnen Links eine persönliche geistige Schöpfung darstellt. Dieser Schutz wird für die Dauer der Lebenszeit des Autors sowie 70 Jahre nach seinem Tode gewährt. Daneben kann der Ersteller einer Link-Sammlung, unabhängig von einer persönlichen geistigen Leistung, als Datenbankhersteller im Sinne des § 87a UrhG geschützt sein, vorausgesetzt, die Beschaffung, Überprüfung oder Darstellung der Links erfordert eine wesentliche Investition. Das kann jedoch nur im Einzelfall entschieden werden. Ein Schutz als Datenbankhersteller wird im Zweifel nur gewährt, wenn die Link-Sammlung umfangreich ist und die Aktualisierung einen nicht unerheblichen Aufwand erfordert. Der Datenbankhersteller genießt vor Vervielfältigung, Verbreitung und öffentlicher Wiedergabe wesentlicher Teile der Datenbank einen 15jährigen Schutz ab Veröffentlichung.

Greift bei der Übernahme fremder Komponenten der Schutz des UrhG nicht, kann eine Übernahme auf die eigene Web-Site jedoch wettbewerbswidrig im Sinne des § 1 des Gesetzes gegen den unlauteren Wettbewerb (UWG) sein. Die Übernahme eines fremden Leistungsergebnisses, das keinen Sonderrechtsschutz nach dem Urheberrechtsgesetz genießt, ist zwar regelmäßig nicht zu beanstanden. Treten aber besondere Umstände hinzu, die das Verhalten des Nachahmers ausnahmsweise als wettbewerbswidrig erscheinen lassen, kommt ein wettbewerbsrechtlicher Schutz in Betracht. Allerdings wird es im Zweifel nicht ausreichen, daß zur Schaffung des übernommenen Leistungsergebnisses Mühe und Kosten aufgewendet werden mußten.

Jedenfalls sollten Sie davon absehen, eine fremde, nicht sonderrechtsschutzfähige Link-Sammlung einfach zu kopieren. Wenn Sie das Leistungsergebnis Ihres Mitbewerbers mittels eines technischen Vervielfältigungsverfahrens übernehmen oder sonstwie reproduzieren, ohne der vorgeschaffenen Leistung irgend etwas hinzuzufügen oder sie weiterzuentwickeln, wird Ihnen der Vorwurf eines Wettbewerbsverstoßes jedenfalls eher gemacht werden können als wenn Sie die fremde Link-Sammlung lediglich als Vorbild nehmen und unter Einsatz eigener Leistungen nachahmen.

(44) Was muß ich beachten, wenn ich auf meiner Web-Site Software zum Herunterladen bereit halte?

Denken Sie daran, daß Software grundsätzlich urheberrechtlichen Schutz genießt, d. h., daß Sie Software grundsätzlich nicht ohne Zustimmung des Rechteinhabers zum Herunterladen bereithalten dürfen, vgl. [Leitsatz 48].

Von diesem Grundsatz kann es jedoch Ausnahmen geben. Bestimmte Programme können frei weitergegeben und kopiert werden. Man unterscheidet hier üblicherweise zwischen Freeware, Shareware und Public-Domain-Software. Freeware kann ohne Einschränkung kostenfrei genutzt werden. Änderungen sind jedoch nicht gestattet, alle Rechte sind dem Autor vorbehalten. Das Kopieren und Weitergeben ist nach Maßgabe des Autors erlaubt. Public-Domain-Software bezeichnet Programme, die vom Autor ohne jede Einschränkung zum Vertrieb und zum Kopieren freigegeben wurden. Der Autor verzichtet auf die Geltendmachung jeglicher Urheberrechte. Im Gegensatz zur Freeware darf diese Software weiterentwickelt und bearbeitet werden.

Bei Shareware handelt es sich um ein besonderes Vertriebskonzept: Die Software darf für einen gewissen Zeitraum (meist 30 Tage) kostenlos getestet werden. Will man das Programm über diesen Zeitraum hinaus verwenden, muß man sich registrieren lassen, d. h. man entrichtet eine sogenannte Registrierungsgebühr beim Autor oder bei einem von diesem autorisierten Händler und erwirbt dadurch das Recht, die Software weiterhin zu nutzen. Shareware darf nach Vorgaben des Autors beliebig kopiert und an Dritte weiterverbreitet werden. Nicht erlaubt ist es, die Software unvollständig, verändert oder ohne Nennung des Autors weiterzugeben.

Da Autoren von Freeware, Shareware und Public-Domain-Software an einer möglichst weiten Verbreitung ihrer Software interessiert sind, sind Sie normalerweise berechtigt, diese Software auf Ihrer Web-Site zum Herunterladen bereitzustellen. Beachten Sie jedoch die jeweiligen Lizenzbestimmungen. In der Regel ist der Software eine entsprechende Textdatei beigefügt (»Readme.txt«).

(45) Darf ich die Gestaltungskomponenten einer fremden Web-Site verwenden, wenn ich sie mittels eines Bildbearbeitungsprogramms stark verfremde?

Wenn Sie ein fremdes Werk, z. B. mittels eines Bildbearbeitungsprogramms, nur geringfügig ändern, so daß das ursprüngliche Werk noch klar zu erkennen ist, liegt eine Bearbeitung eines Originalwerks vor. Diese darf gemäß § 23 des Urheberrechtsgesetzes (UrhG) nur mit Einwilligung des Urhebers des bearbeiteten Werks veröffentlicht oder verwertet werden. Verfremden Sie das Werk aber stark oder nutzen Sie die fremde Bildidee lediglich als Ausgangspunkt für eine eigene Gestaltung, liegt eine freie Benutzung des urheberrechtlich geschützten Werks vor. Die Rechtsprechung spricht von einer freien Benutzung, wenn »die Wesenszüge des Originals verblassen oder völlig zurücktreten«. Ihr Arbeitsergebnis können Sie dann gemäß § 24 UrhG ohne Zustimmung des Urhebers des benutzten Werks veröffentlichen und verwerten.

(46) Darf ich Cliparts bzw. Fotografien aus einer Clipart- oder Fotosammlung auf CD-ROM, die ich käuflich erworben habe, frei verwenden?

Es besteht die Tendenz, die unbeschränkte Nutzung einer beachtlichen Anzahl urheberrechtlich geschützter Werke auf CD-ROM zu einem Pauschalpreis anzubieten. Haben Sie eine solche CD-ROM mit einer Clipart- oder Fotosammlung gekauft, können Sie die Werke grundsätzlich auch gewerblich frei verwenden. Doch gibt es im Einzelfall Beschränkungen: Teilweise wird die Nutzung nur für private Zwecke erlaubt, teilweise hat die Lizenz nur für ein bestimmtes Land Gültigkeit. Seien Sie vor allem vorsichtig, wenn die Anweisungen und erklärenden Texte auf der Verpackung und in der Software in einer fremden Sprache verfaßt sind. Studieren Sie in jedem Fall die jeweiligen Lizenzbestimmungen.

(47) Darf ich Cliparts bzw. Fotografien aus einer Clipart- oder Fotosammlung auf einer Web-Site frei verwenden, wenn ich die entsprechende Gebühr bezahlt habe?

Hier gilt das gleiche wie in der vorhergehenden Antwort. Grundsätzlich ist denkbar, daß Sie hierdurch unbeschränkte Nutzungsrechte erwerben. Letzten Aufschluß können aber nur die jeweiligen Lizenzbestimmungen bringen. Fehlen diese, rückversichern Sie sich lieber beim Lizenzgeber.

(48) Welche Gestaltungskomponenten darf ich für meine Web-Site verwenden, ohne vorher Rechte erworben zu haben?

Sie dürfen für Ihre Web-Site die sogenannten gemeinfreien Gestaltungskomponenten verwenden. Gemeinfrei sind Gestaltungskomponenten zum einen, wenn die Fristen des Urheberrechts oder eines verwandten Schutzrechts bereits abgelaufen sind.

Die Schutzfrist von urheberrechtlich geschützten Werken endet 70 Jahre nach dem Tod des Urhebers. Somit können Sie beispielsweise ein Gemälde von Adolph von Menzel (gestorben im Jahre 1905) auf Ihrer Web-Site verwenden, da die Schutzfrist spätestens 1975 abgelaufen ist. Verwandte Schutzrechte gewähren grundsätzlich einen Schutz von 50 Jahren nach Erscheinen. Daher dürfen Sie einfache Lichtbilder, z. B. rein dokumentarische Fotografien ohne jeglichen künstlerischen Anspruch, aus den 30er oder 40er Jahren frei verwenden. Beachten Sie allerdings, daß die Trennung zwischen urheberrechtlich geschützten Lichtbildwerken und einfachen Lichtbildern praktisch kaum durchführbar ist, vgl. Frage (39).

Eine Gestaltungskomponente ist zudem auch dann gemeinfrei, wenn bei urheberrechtlich geschützten Werken die erforderliche Gestaltungshöhe nicht erreicht wird, es sei denn, das Gesetz sieht, wie bei der Fotografie, ein subsidiäres verwandtes Schutzrecht vor.

(49) Darf ich die Fotografie eines Dritten von einem urheberrechtlich nicht mehr geschützten Werk (z. B. von einem alten Gemälde) frei verwenden?

Fotografische Kopien von urheberrechtlich nicht geschützten Werken genießen Lichtbildschutz im Sinne von § 72 UrhG. Das heißt, Sie können die Fotografie von einem nicht mehr geschützten Gemälde ohne Einwilligung des Fotografen grundsätzlich nur dann verwenden, wenn die Fotografie vor mehr als 50 Jahren erschienen ist.

(50) Darf ich die Fotografie eines Dritten von einer gemeinfreien Fotografie frei verwenden?

Bei der bloßen fotografischen Vervielfältigung von fotografischen Vorlagen entsteht an den Reproduktionen kein Lichtbildschutz. Denn die Rechtsprechung verlangt für das Entstehen des Lichtbildschutzes jedenfalls ein Mindestmaß an persönlicher Leistung, dessen Vorliegen bei rein reproduktiven Fotografien verneint wird. Hat also jemand eine gemeinfreie Fotografie fotografisch reproduziert, können Sie diese fotografische Reproduktion für Ihre Zwecke verwenden, vorausgesetzt, Sie erfüllen nicht den Tatbestand des unlauteren Wettbewerbs, vgl. Frage (43).

(51) Darf ich auf meiner Web-Site ein Paßbild von mir integrieren, das von einem Fotografen aufgenommen wurde?

Gemäß § 60 des Urheberrechtsgesetzes (UrhG) darf der Besteller eines fotografischen Bildnisses oder die abgebildete Person die Aufnahme vervielfältigen oder vervielfältigen lassen. Dies müßte auch für die Vervielfältigung durch digitale Kopien gelten. Daher können Sie sich auf Ihrer Web-Site mit Ihrem beim Fotografen aufgenommenen Paßbild – auch zu gewerblichen Zwecken – präsentieren, ohne die Nutzungsrechte beim Fotografen eingeholt zu haben. Eine Ausnahme gilt nur für den Fall, daß Sie mit dem Fotografen eine anderslautende vertragliche Vereinbarung (z. B. in den Allgemeinen Geschäftsbedingungen) getroffen haben. Daher sollten Sie die Allgemeinen Geschäftsbedingungen gründlich studieren.

(52) Mit welchen Konsequenzen muß ich rechnen, wenn ich Gestaltungskomponenten verwende und die erforderlichen Rechte nicht erworben habe?

Wenn Sie Teile fremder Web-Sites übernehmen, ohne die erforderlichen Nutzungsrechte zu erwerben, gehen Sie das Risiko ein, Schadensersatz zahlen zu müssen oder gar strafrechtlich zur Verantwortung gezogen zu werden. Hinzu kommt, daß Ihnen im einstweiligen Verfügungsverfahren der Betrieb Ihrer Web-Site kurzfristig untersagt werden kann. Darüber hinaus müssen Sie mit Kosten für Abmahnungen oder Kosten für Rechtsstreitigkeiten rechnen; die Gerichte setzen den Streitwert bei diesen Verfahren üblicherweise relativ hoch an.

(53) Welchen Beschränkungen unterliege ich, wenn ich an Gestaltungskomponenten, an denen ich Rechte erworben habe, Änderungen vornehmen will?

Das Urheberpersönlichkeitsrecht untersagt die Vornahme von Änderungen an dem urheberrechtlich geschützten Werk, wenn diese das Werk entstellen oder wenn sie geeignet sind, die berechtigten geistigen oder persönlichen Interessen des Urhebers am Werk zu gefährden (§ 14 UrhG). Das kann nur im Einzelfall geklärt werden. Daher sollten Sie vorsichtshalber grundsätzlich die Zustimmung des Urhebers einholen.

(54) Muß ich den Namen des Urhebers, von dem ich Nutzungsrechte erworben habe, auf meiner Web-Site erwähnen?

Gemäß § 13 Urheberrechtsgesetz (UrhG) hat der Urheber das Recht auf Anerkennung seiner Urheberschaft am Werk. Das heißt, er kann bestimmen, ob das Werk mit einer Urheberbezeichnung zu versehen ist und welche Urheberbezeichnung zu verwenden ist. Das bestimmt ebenfalls das Urheberpersönlichkeitsrecht. Eine Ausnahme gilt für den Fall, daß der Urheber Sie von der Urheberbenennung befreit hat. Falls im Lizenzvertrag keine ausdrückliche Vereinbarung hierüber getroffen wurde, kann man im Rahmen der Vertragsauslegung grundsätzlich eine stillschweigende Befreiung von der Urheberbenennung annehmen. Denn im Internet ist es gegenwärtig noch unüblich, die Urheber im einzelnen zu benennen. Etwas anderes mag gelten, wenn z. B. eine Fotografie im Rahmen einer Internet-Galerie präsentiert wird, da hier üblicherweise der Fotograf genannt wird. Insgesamt ist die

Rechtslage in dieser Frage jedoch noch ziemlich ungeklärt.

(55) Darf ich urheberrechtlich nicht mehr geschützte Gemälde (alte Meister) in einem Museum fotografieren und die Fotografien auf meiner Web-Site verwenden?

Die Museen besitzen in ihren Räumlichkeiten ein Hausrecht, d. h. sie können grundsätzlich bestimmen, unter welchen Bedingungen den Besuchern der Zutritt gewährt wird. Üblicherweise ist das Fotografieren der Ausstellungsgegenstände untersagt. Einige Museen erteilen gegen Zahlung eines Entgeltes eine Fotoerlaubnis. Hierbei handelt es sich um die Erteilung einer Lizenz, die üblicherweise nur für die Verwendung der Fotografien für private Zwecke gewährt wird. Sofern eine Lizenz für gewerbliche Zwecke erteilt wird, ist der zu zahlende Betrag oftmals wesentlich höher. Falls ohne Lizenz für gewerbliche Zwecke Aufnahmen gemacht werden, besitzen die Museen Unterlassungs-, eventuell sogar Schadensersatzansprüche.

(56) Darf ich fremde Firmenlogos in meine Web-Site integrieren?

An Firmenlogos können sowohl Urheber- als auch Markenrechte bestehen. Daher dürfen Sie diese grundsätzlich nicht ohne Zustimmung des Rechtsinhabers in Ihre gewerbliche Web-Site integrieren. Die für das Entstehen eines Urheberrechtsschutzes erforderliche Gestaltungshöhe ist wohl bei den meisten Logos erreicht. Ein markenrechtlicher Schutz entsteht entweder durch Registrierung beim Deutschen Patentamt oder durch längere Verwendung des Logos seitens des Unternehmens, d. h. durch das Erlangen von Verkehrsgeltung, vgl. zum Markenschutz Frage (9).

3.2 Rechteerwerb

(57) Wie kann ich die Rechteinhaber meiner Gestaltungskomponenten ermitteln?

Gerade, wenn Gestaltungskomponenten aus dem Internet bezogen werden, ist oftmals schwer auszumachen, wer der Autor ist. Selten wird der Urheber genannt. Nehmen Sie am besten Kontakt mit dem Betreiber der Web-Site auf, auf der sich das Gestaltungselement befindet. Wenn dieser Ihnen nicht weiterhelfen kann, sollten Sie bei den Verwertungsgesellschaften nach dem Autor des Werkes recherchieren. Viele Urheber und Leistungsschutzberechtigte haben mit den für ihre Rechte zuständigen Verwertungsgesellschaften auf der Grundlage des Gesetzes über die Wahrnehmung von Urheberrechten und verwandten Schutzrechten sogenannte Berechtigungsverträge abgeschlossen. Der Rechteinhaber überträgt der Verwertungsgesellschaft hierbei die Wahrnehmung seiner Rechte und erhält nach einem bestimmten Schlüssel Tantiemen. Ansprechpartner für die Rechteeinräumung ist somit die für die jeweiligen Rechte zuständige Verwertungsgesellschaft, vorausgesetzt, der Urheber hat der Verwertungsgesellschaft die Wahrnehmung der Rechte an Online-Produktionen wirksam übertragen.

Mit dem Beginn des Multimediazeitalters und seinem erhöhten Bedarf an Texten, Grafiken, Fotografien etc. ist das Bedürfnis entstanden, die Rechte von einer zentralen Stelle aus zu klären. Daher wurden inzwischen sogenannte Clearing-Stellen gegründet, die den Rechteinhaber bzw. den Rechteverwalter für Sie ermitteln und gegebenenfalls den Abschluß der Lizenzverträge vorbereiten oder in Ihrem Namen abschließen.

(58) Welche Clearing-Stellen gibt es?

Ende 1996 haben die Verwertungsgesellschaften die Clearing-Stelle Multimedia für Verwertungsgesellschaften von Urheber- und Leistungsschutzrechten GmbH (CMMV) gegründet. Geplante Aufnahme des Geschäftsbetriebes ist der 1. September 1998. Die CMMV wird ab diesem Zeitpunkt voraussichtlich unter der Internet-Adresse *http://www.cmmv.de* gegen eine Bearbeitungsgebühr jedermann 24 Stunden online zur Verfügung stehen. Die CMMV recherchiert unter anderem in den Beständen der GEMA, der GVL, der VG Wort und der VG Bild-Kunst, vgl. Frage (59). Die Recherche von bis zu 10 Werken wird voraussichtlich 100 DM kosten, jede weitere Recherche 5 DM.

Daneben gibt es inzwischen auch private Clearing-Stellen, die die erforderlichen Informationen beschaffen, die Rechte klären und unmittelbar mit den Lizenzgebern verhandeln. Die Kosten hängen vom Projekt, dem Zeitaufwand und den ausgehandelten Lizenzen ab.

(59) Welche Verwertungsgesellschaften gibt es?

Folgende Verwertungsgesellschaften dürften für Sie von Interesse sein: Die Gesellschaft für musikalische Aufführungsrechte und mechanische Vervielfältigungsrechte (GEMA) ist die größte Verwertungsgesellschaft. Sie ist zuständig für die Wahrnehmung der Rechte von Komponisten, Textdichtern und Musikverlegern. Die GEMA erreichen Sie im Internet unter der Adresse *http://www.gema.de.*

Die Gesellschaft zur Verwertung von Leistungsschutzrechten mbH (GVL) nimmt die Rechte der Hersteller von Tonträgern und der ausübenden Künstler wahr. Die GVL erreichen Sie im Internet unter der Adresse *http://www.gvl.de.*

Die Verwertungsgesellschaft Wort (VG Wort) vertritt die Texter wie Schriftsteller, Journalisten, Wissenschaftler. Die VG Wort erreichen Sie im Internet unter der Adresse *http://www.vgwort.de.*

Die Verwertungsgesellschaft Bild-Kunst (VG Bild-Kunst) ist zuständig für die Rechteverwaltung von Künstlern, Grafikern, Fotografen, Filmproduzenten etc. Die VG Bild-Kunst erreichen Sie im Internet unter der Adresse *http://www.bildkunst.de.*

(60) Welche Rechte kann der Urheber einräumen?

Es ist grundsätzlich dem Urheber vorbehalten, sein Werk zu verwerten, beispielsweise durch Vervielfältigung, Verbreitung und Ausstellung, vgl. § 15ff. Urheberrechtsgesetz (UrhG). Jedoch kann der Urheber einem Dritten gemäß § 31 UrhG sogenannte Nutzungsrechte einräumen, also z. B. dem Dritten gestatten, sein Werk gegen Zahlung einer Lizenz zu vervielfältigen und zu verbreiten. Die entsprechende Lizenzvereinbarung kann entweder so gestaltet sein, daß der Dritte das Werk neben dem Urheber oder anderen Personen auf eine bestimmte Art nutzen darf (sogenanntes einfaches Nutzungsrecht), oder aber so, daß ausschließlich der Dritte das Werk auf eine bestimmte Art nutzen darf (sogenanntes ausschließliches Nutzungsrecht: selbst dem Urheber ist es verwehrt, das Werk auf diese Art zu nutzen). Für den Leistungsschutzberechtigten (Rechteinhaber von Leistungsschutzrechten) gilt § 31 UrhG entsprechend.

(61) Darf ich Gestaltungskomponenten, an denen mir Nutzungsrechte für sämtliche Nutzungsarten eingeräumt wurden, ohne weiteres ins Internet stellen?

Sind bei der Einräumung von Nutzungsrechten die Nutzungsarten, auf die sich das Recht erstrecken soll, nicht einzeln bezeichnet, so bestimmt sich der Umfang des Nutzungsrechts nach dem mit seiner Einräumung verfolgten Zweck (Zweckübertragungsregel gemäß § 31 Abs. 5 des Urheberrechtsgesetzes). Allerdings gilt diese Regel nur für solche Nutzungsarten, die bei Vertragsschluß bekannt waren, denn gemäß § 31 Abs. 4 des Urheberrechtsgesetzes ist die Einräumung von Nutzungsrechten für noch nicht bekannte Nutzungsarten unwirksam.

Die Verwendung von Gestaltungskomponenten im Internet (Multimedia im Internet) dürfte frühestens seit 1995 eine bekannte Nutzungsart sein. »Bekannt« ist eine Nutzungsart, wenn sie technisch möglich ist und als wirtschaftlich bedeutsam und verwertbar angesehen wird. Das bedeutet: Vereinbarungen über die Einräumung von Nutzungsrechten an Gestaltungskomponenten, die vor 1995 getroffen wurden, beinhalten im Zweifel keine wirksame

Einräumung von Rechten zur Nutzung des Werkes im Internet.

(62) Kann ich mit dem Betreiber einer Web-Site, dessen Gestaltungskomponenten ich verwenden möchte, per E-Mail einen Lizenzvertrag schließen?

Nutzungsrechte können in jeder beliebigen Form eingeräumt werden. Ob die Einräumung der Rechte fernmündlich, per E-Mail oder schriftlich erfolgt, ist also völlig unerheblich. Sollte es jedoch über die Frage, ob und in welchem Umfang Nutzungsrechte eingeräumt wurden, zum Rechtsstreit kommen, haben Sie bedeutend bessere Karten mit einer schriftlichen Vereinbarung. Denn bei der vom Gericht vorzunehmenden freien Beweiswürdigung besitzt eine schriftliche Bestätigung gegenüber einer E-Mail regelmäßig eine größere Überzeugungskraft.

Sie könnten dem Betreiber der Web-Site, dessen Werk Sie nutzen möchten, ein Angebot zur Einräumung von Nutzungsrechten mit folgendem Inhalt schicken:

Sehr geehrte/r Frau/Herr ...,

auf Ihrer Web-Site befindet sich folgendes Gestaltungselement: ...
Ich würde dieses Element gerne für folgenden gewerblichen Zweck verwenden: ... (hier den Zweck möglichst genau bezeichnen, insbesondere die Dauer der Nutzung)

Ich bitte um die Einräumung der für diesen Zweck erforderlichen Nutzungsrechte. Außerdem bitte ich um die Erlaubnis, von einer Urhebernennung abzusehen.

Bestätigen Sie mir bitte, daß Sie Rechteinhaber sind und daß Sie mich bei unwirksamer Rechteeinräumung von etwaigen Ansprüchen Dritter freistellen.

Ich wäre bereit, für die Einräumung der Rechte einen Pauschalbetrag in Höhe von DM ... zu zahlen.

Mit freundlichen Grüßen

Ein wirksame Lizenzvereinbarung kommt zustande, wenn Ihr Vertragspartner in einer angemessenen Zeit Ihr Angebot bestätigt. Was angemessen ist, bestimmt sich nach der Art des Kommunikationsmittels, dessen Sie sich bedienen. Wenn Sie ein Fax oder eine E-Mail schicken, dürfte eine Antwort binnen drei bis vier Tagen rechtzeitig sein. Wenn Sie auf die Briefpost zurückgreifen, müßte die Antwort binnen fünf bis sieben Tagen eintreffen. Als Faustregel gilt: Dem Vertragspartner ist eine Überlegungsfrist von drei Tagen einzuräumen, hinzu kommen die Zeiten für die Übermittlung von Angebot und Annahme, vgl. Frage (148). Denken Sie auch daran, daß Sie auf diese Weise natürlich nur dann ein Nutzungsrecht wirksam erwerben können, wenn Ihr Vertragspartner tatsächlich auch der Rechteinhaber ist.

(63) Mit welchen Konsequenzen muß ich rechnen, wenn ich mit dem Betreiber einer Web-Site einen Lizenzvertrag geschlossen habe, dieser tatsächlich aber gar nicht Inhaber der Rechte war?

Wenn Sie im Internet fremde Werke präsentieren, tragen Sie die volle Verantwortung für die Verletzung von Urheberrechts- oder Leistungsschutzrechten. Kennen Sie die fehlende Berechtigung Ihres Lizenzvertragspartners nicht, wird man Sie allerdings mangels Vorsatzes grundsätzlich nicht strafrechtlich zur Verantwortung ziehen können. Doch müssen Sie damit rechnen, mit zivilrechtlichen Unterlassungs- und Schadensersatzansprüchen konfrontiert zu werden. Dabei wird Ihnen auch nicht helfen, sich auf Ihre Gutgläubigkeit zu berufen, da die Rechtsprechung hier recht strenge Maßstäbe anlegt und von Ihnen eine genaue Recherche des Rechteinhabers verlangt. Daher sollten Sie bei Zweifeln über die Rechtsinhaberschaft Ihres Vertragspartners von einer Verwendung der Gestaltungskomponenten absehen, auch wenn Sie wegen des Ihnen entstandenen Schadens Rückgriff auf Ihren Vertragspartner nehmen können.

Eine schriftliche Lizenzvereinbarung wird für Sie vorteilhafter sein als ein per E-Mail abgeschlossener Vertrag. Denn wenn Ihr Vertragspartner den Abschluß des Vertrages vor Gericht bestreiten sollte, wird das Gericht von Ihnen verlangen, für den Vertragsabschluß Beweis zu erbringen, vgl. Frage (151).

(64) Kann ich darauf vertrauen, daß die von mir beauftragte Agentur zur Gestaltung meiner Web-Site die erforderlichen Rechte für die Gestaltungskomponenten erworben hat?

Nein, Sie müssen sich genau vergewissern, ob Ihre Agentur wirksam Nutzungsrechte erworben hat. Um dies sicherzustellen, können Sie sich den Vertrag über die Einräumung der Nutzungsrechte zeigen lassen. Wenn Sie dies versäumen, kann es dazu führen, daß der wahre Rechteinhaber gegen Sie Unterlassungs- und Schadensersatzansprüche gerichtlich durchsetzt. Ihr guter Glaube an die wirksame Einräumung von Nutzungsrechten wird Ihnen nicht helfen, da die Rechtsprechung hier auf der Seite des Urhebers steht. Zwar können Sie in einem solchen Fall Ihre Agentur verklagen, doch tragen Sie das Prozeßrisiko sowie das Risiko der Zahlungsunfähigkeit Ihrer Agentur, vgl. auch Frage (63).

3.3 Java-Applets und JavaScript

(65) Darf ich fremde Java-Applets für meine Web-Site verwenden?

Java ist eine Programmiersprache, die sich besonders zur Gestaltung von Internet-Seiten eignet, da sie auf allen gängigen Computertypen eingesetzt werden kann. Programme, die mit Java erstellt sind, können als sogenannte Java-Applets in HTML-Dateien eingebunden werden. Mit Java-Applets kann man seiner Web-Site Funktionen verleihen, die sich mit der Seitenbeschreibungssprache HTML nicht realisieren lassen, z. B. einen News-Ticker oder ein Spiel. Im Internet finden Sie Java-Applets für alle denkbaren Aufgaben. Sie sollten jedoch beachten, daß Java-Applets Computerprogramme gemäß des Urheberrechtsgesetzes (§ 2 Abs. 1 Nr. 1, 69 a ff. UrhG) darstellen und daher urheberrechtlichen Schutz genießen. Im Urheberrechtsgesetz (§ 69 a Abs. 3 UrhG) ist ausdrücklich bestimmt, daß an die Gestaltungshöhe von schutzfähigen Computerprogrammen keine besonderen Anforderungen gestellt werden. Es reicht aus, wenn es sich um individuelle Werke in dem Sinne handelt, daß sie das Ergebnis der eigenen geistigen Schöpfung ihres Urhebers sind. Zur Bestimmung ihrer Schutzfähigkeit sind keine weiteren Kriterien, insbesondere nicht qualitative oder ästhetische, anzuwenden.

(66) Darf ich fremden HTML-Code in meine HTML-Datei aufnehmen?

Es herrscht weitgehende Übereinstimmung hinsichtlich der Frage, ob eine reine HTML-Datei als Computerprogramm urheberrechtlichen Schutz genießt. Überwiegend wird dies abgelehnt, weil die Seitenbeschreibungssprache HTML Daten und Informationen nicht verarbeiten kann. Z. B. kann mit HTML kein Programm geschrieben werden, das Zahlen addieren kann. Da mit der aktuellen HTML-Spezifikation 4.0 jedoch schon sehr komplexe Seiten erstellt werden können, sollten Sie trotzdem darauf verzichten, fremden HTML-Code in Ihre Seiten zu übernehmen. Denken Sie daran, daß Sie mit dem HTML-Code meist auch die darin enthaltene grafische Umsetzung und Seitenaufteilung übernehmen würden – diese Gestaltungselemente wiederum sind in der Regel urheberrechtlich geschützt.

(67) Darf ich fremden JavaScript-Code in meine HTML-Datei aufnehmen?

JavaScript hat nichts mit Java, der Programmiersprache zu tun. JavaScript ist vielmehr – wie der Name schon sagt – eine Script-Sprache, d. h. keine Programmiersprache im eigentlichen Sinne. Der JavaScript-Code wird in HTML-Dokumente eingebunden und kann deren Funktionsspektrum erheblich erweitern. Mit JavaScript kann man beispielsweise Anwendereingaben in ein HTML-Formular während der Eingabe überprüfen, um auf diese Weise unzulässige oder sinnlose Eingaben zu unterbinden. Anders als HTML bietet JavaScript Variablen und Kontrollstrukturen wie Schleifen oder bedingte Ausführungen. Daher wird tendenziell ein Urheberrechtsschutz bejaht. Sie sollten fremden JavaScript-Code grundsätzlich nicht ohne Genehmigung des Urhebers verwenden.

Viele Programmierer und Web-Designer stellen auf ihren Web-Seiten JavaScript-Beispiele und Java-Applets zur freien Nutzung bereit. In der Regel wird bei der Einbindung in eigene Seiten lediglich die Namensnennung des Autors erwartet.
Beispiele:
http://javascript.seite.net/
http://java.seite.net

3.4 Abbildungen von Personen

(68) Was habe ich bei der Abbildung von Personen zu beachten?

Bilder von Personen dürfen Sie aus persönlichkeitsrechtlichen Gründen (Recht am eigenen Bild) grundsätzlich nur mit deren Einwilligung auf Ihrer Web-Site integrieren. Dies folgt aus § 22 des Gesetzes betreffend das Urheberrecht an Werken der bildenden Künste und der Fotografie (KunstUrhG).

Von diesem Grundsatz gibt es jedoch Ausnahmen:
1. Bei der abgebildeten Person handelt es sich um eine Person der Zeitgeschichte. Hierzu zählen bekannte Politiker, Schauspieler, Sportler und Mitglieder der Königshäuser.
2. Die abgebildete Person erscheint nur als Beiwerk neben einer Landschaft oder einer sonstigen Örtlichkeit.
3. Es handelt sich um die Abbildung einer Person im Kontext einer Versammlung, eines Aufzuges oder ähnlichem.
4. Die Abbildung der Person, die nicht auf Bestellung angefertigt wurde, hat einen künstlerischen Anspruch.

Jedoch kann auch in diesen Fällen das Informationsinteresse der Allgemeinheit hinter dem Persönlichkeitsinteresse des einzelnen zurücktreten. Die miteinander kollidierenden Interessen sind also jeweils sorgfältig gegeneinander abzuwägen.

(69) Darf ich Fotografien von verstorbenen Personen auf meiner Web-Site verwenden?

Persönlichkeitsrechte enden grundsätzlich mit dem Tod. Daher können Sie im Normalfall Fotografien von verstorbenen Personen, an denen Sie Nutzungsrechte besitzen, auf Ihrer Web-Site verwenden. Allerdings kann das Persönlichkeitsrecht in bestimmten Fällen über den Tod hinaus Wirkungen entfalten, z. B. dann, wenn das Andenken des Verstorbenen durch grobe Ehrverletzungen beeinträchtigt wird. Hier können die Angehörigen Unterlassungsansprüche geltend machen – selbst wenn der Tod des Betroffenen bereits mehrere Jahrzehnte zurückliegt.

3.5 Haftung für Links

(70) Mache ich mich mit einem Link, der von der eigenen Web-Site zu strafbaren Inhalten führt, ebenfalls strafbar?

Die Haftung für Links ist ein wichtiger Aspekt. Wenn Sie einen Link auf eine Site mit strafbarem Inhalt wie z. B. einer Beleidigung oder einem Aufruf zur Gewalt legen, können Sie sich ebenfalls strafbar machen. Ihre Tathandlung liegt darin, daß Sie durch den Link weiteren Personen Zugang zu den inkriminierten Web-Sites verschaffen. Sie müssen jedoch vorsätzlich handeln, also insbesondere positive Kenntnis vom strafbaren Inhalt der verlinkten Seite haben. Fahrlässige Unkenntnis reicht bei der Verbreitung beleidigender, rassistischer oder gewaltverherrlichender Äußerungen und pornografischer Werke nicht zur Begründung einer Strafbarkeit aus.

Das Amtsgericht Berlin-Tiergarten (vgl. [Leitsatz 43]) hat eine Berliner Studentin vom Vorwurf der strafbaren Beihilfe zur Anleitung zu Straftaten freigesprochen, weil ihr eben diese positive Kenntnis nicht nachgewiesen werden konnte. Die Studentin hatte einen Link auf den Server der Zeitschrift »Radikal« gesetzt. Dort war ein Beitrag mit dem Titel: »Kleiner Leitfaden zur Behinderung von Bahntransporten aller Art« abgelegt, der sich inhaltlich mit Sabotageakten gegen die Deutsche Bahn befaßte. Allerdings bestand der Link zu »Radikal«

schon, bevor der inkriminierte Artikel erschien. Das Strafgericht entschied, daß die bloße Weiterexistenz des Links eine Strafbarkeit jedenfalls dann nicht begründet, »wenn nicht positiv festgestellt werden kann, daß die Angeklagte den Link bewußt und gewollt in Kenntnis der Existenz und des Inhalts der Ausgabe 154 der ›Radikal‹ weiter aufrechterhielt.«

Das Vorsatzelement »Kenntnis« hat auch große Bedeutung bei der Link-Haftung für fremde Inhalte nach den Vorschriften der neuen Multimediagesetze, insbesondere des Teledienstegesetzes (TDG) oder des Mediendienste-Staatsvertrages (MdStV), die die Verantwortlichkeit von Online-Diensteanbietern regeln. Während ein Diensteanbieter für eigene Inhalte uneingeschränkt verantwortlich ist, haftet er für fremde Inhalte nur, wenn er sie kennt. Allerdings zählt die Frage, ob es sich bei Links um eigene oder um fremde Inhalte handelt, zu den umstrittensten Themen des Online-Rechts. Besonders verwirrend ist hierbei, daß fremde Inhalte zu eigenen werden können, wenn der Diensteanbieter sich diese zu eigen gemacht hat. Ein Zueigenmachen kann bei der Verwendung von Deep-Links vorliegen, die den Eindruck erwecken, daß es sich um einen eigenen Inhalt des Link-Verwenders handelt, oder auch bei einer Identifizierung mit dem Inhalt, auf den verwiesen wird. Es wird daher in aller Regel auf den Zusammenhang ankommen, in dem der Link steht.

(71) Mache ich mich auch dann strafbar, wenn ich mich ausdrücklich von der verlinkten Site distanziere?

Sofern Sie Kenntnis von der Strafbarkeit des Inhalts haben, nützt Ihnen auch die Verwendung eines distanzierenden Zusatzes nichts. Denn strafbar macht sich auch derjenige, der die als möglich erkannte Verwirklichung der Haupttat in Kauf nimmt, obwohl er dies an sich nicht wünscht (sogenannter bedingter Vorsatz).

(72) Wann kann ich für einen Link zu einer fremden Web-Site zivilrechtlich zur Verantwortung gezogen werden?

Strafrechtliche und zivilrechtliche Verantwortlichkeit sind »zwei Paar Schuhe«. So muß Sie kein strafrechtlicher Vorwurf wegen eines Links auf Ihrer Homepage treffen, der zu einer Web-Site mit persönlichkeits-, urheber- oder wettbewerbsrechtlich unzulässigen Inhalten führt. Dennoch müssen Sie damit rechnen, von demjenigen beispielsweise auf Unterlassung oder Schadensersatz in Anspruch genommen zu werden, der durch den Inhalt beeinträchtigt wird. Die Rechtsprechung wendet hier die Grundsätze der sogenannten Störerhaftung an. Störer im zivilrechtlichen Sinn ist jeder, der willentlich und ursächlich an der Herbeiführung der rechtswidrigen Beeinträchtigung mitgewirkt hat. Willentlich heißt dabei nur, daß Sie die Möglichkeit haben, die Störung zu verhindern, etwa durch Beseitigen des Links. Der Störer haftet dem Beeinträchtigten verschuldensunabhängig, d. h. auch ohne Kenntnis der Äußerung oder ihrer Rechtswidrigkeit. Nach diesen Grundsätzen haften beispielsweise auch Zeitungsgrossisten oder Buchhändler als Störer, obwohl ihr einziger »Tatbeitrag« darin besteht, Druckschriften gewerbsmäßig zu verbreiten, deren Inhalt sie größtenteils gar nicht kennen können. Zwar stellen die Multimediagesetze den Diensteanbieter von einer Haftung für fremde Angebote frei, deren Inhalt er nicht kennt. Sie müssen aber davon ausgehen, daß die Rechtsprechung diese Vorschrift nutzerunfreundlich auslegt und Ihnen fremde Inhalte aufgrund eines unterstellten Zueigenmachens als eigene zurechnet. In diesem Fall haften Sie ohne Privilegierung.

Doch auch aus wettbewerbsrechtlicher Sicht kann das Setzen eines Links problematisch werden. Erwecken Sie mit einem Link auf das Web-Angebot eines anderen den Eindruck, als würde dieses zu Ihrem eigenen zählen, so kann hierin eine wettbewerbswidrige Leistungsübernahme gesehen werden.

Zwar sind aus diesem Bereich noch keine Urteile bekannt, jedoch bahnen sich die ersten Rechtsstreitigkeiten an.

(73) Werde ich durch das Legen eines Links zu einer fremden Web-Site mit rechtswidrigem Inhalt immer schadenersatzpflichtig?

Nein. Wenn Sie davon erfahren, ohne Verschulden einen Link auf eine Web-Site gesetzt zu haben, die rechtswidrige Inhalte birgt, sind Sie zwar zur sofortigen Unterlassung verpflichtet, denn durch den Link wirken Sie rechtlich an der Verbreitung der unzulässigen Äußerung mit. Dagegen setzt ein außervertraglicher Schadensersatzanspruch grundsätzlich Verschulden voraus. Verschulden, das heißt vorsätzliches oder fahrlässiges Handeln, ist gegeben, wenn Sie als Link-Anbieter Kenntnis von dem unzulässigen Inhalt hatten oder haben mußten. Davon ist natürlich auszugehen, wenn Sie den Link bewußt gesetzt haben, um andere zum Beispiel auf einen lesenswerten Beitrag oder ein lohnendes Electronic Commerce-Angebot hinzuweisen. Es ist aber – wie der Fall der Berliner Studentin zeigt, vgl. Frage (70) – auch denkbar, daß der Inhalt der Homepage, auf den Sie verweisen, später verändert und erst dann unzulässig wird. Im Gegensatz zum Strafrecht, wo eine Haftung bei fehlender Kenntnis grundsätzlich entfällt, können Sie im Zivilrecht allerdings auch bei fahrlässiger Unkenntnis des beanstandeten Inhalts zur Verantwortung gezogen werden. Es ist deswegen dringend zu empfehlen, daß Sie die verlinkten Seiten regelmäßig überprüfen, um sich nicht dem Vorwurf einer Sorgfaltspflichtverletzung auszusetzen. Unrealistisch ist sicher die pauschale Forderung nach einer wöchentlichen Kontrolle der verlinkten Sites; es kommt vielmehr auf die Umstände des Einzelfalls an. Es liegt in der Natur der Sache, daß die Homepage von »Radikal« mehr Aufmerksamkeit erfordert als das Online-Angebot des Deutschen Wetterdienstes.

(74) Kann ich mich von Web-Sites, auf die meine Links verweisen, rechtswirksam distanzieren?

Die Distanzierung von einer Web-Site mit rechtswidrigen Äußerungen, auf die Ihr Link verweist, läßt die Störereigenschaft nicht per se entfallen, da Sie nichtsdestoweniger zur Verbreitung des unzulässigen Inhalts beitragen. Andernfalls könnte sich jeder an der Störung beteiligen und sich zugleich mit einem formelhaften Lippenbekenntnis davon distanzieren. Es kommt daher auf die Art und Weise der Distanzierung von der Äußerung des Dritten an. Printmedien verwenden beispielsweise Distanzierungsformeln für den Leserbriefteil (»Leserbriefe geben nicht die Meinung der Redaktion wieder«). Das ist regelmäßig ausreichend, die Haftung auszuschließen. Gleichwohl haften Verlag und Herausgeber für Leserbriefe mit beleidigendem Inhalt. Durch die Veröffentlichung muß nämlich unterstellt werden, daß sich das Medium mit der Beleidigung identifiziert. Ähnliches gilt für den kommerziellen Anzeigenteil. Es ist zwar bei der Vielzahl von Inseraten unmöglich zu prüfen, ob Rechte Dritter verletzt werden. Dennoch wird eine Verlegerhaftung in Sonderfällen angenommen, beispielsweise wenn das Inserat im Widerspruch zu allgemein bekannten Tatsachen steht.

Trotz Verwendung einer formelhaften Haftungsfreizeichnung hat das Landgericht Hamburg die Schadensersatzpflicht eines Homepage-Inhabers angenommen, der einen Link auf eine Web-Site mit ehrverletzenden und beleidigenden Äußerungen über den Kläger gesetzt hatte, vgl. [Leitsatz 40]. Zur Begründung führte das Gericht unter Hinweis auf die Rechtsprechung des Bundesgerichtshofes aus, daß auch das Verbreiten einer unzulässigen Äußerung eine Persönlichkeitsrechtsverletzung darstellen kann, wenn derjenige, der die Behauptung wiedergibt, sich nicht hinreichend von ihr distanziert. Im vorliegenden Fall hatte der Beklagte auf seiner Homepage eine Link-Sammlung von Artikeln zusammengestellt, die sich kritisch mit dem Kläger auseinandersetzten. Der Link-Sammlung hatte er eine Freizeichnungsklausel vorangestellt, die auf die alleinige Verantwortlichkeit der jeweiligen Autoren verwies. Dies reichte nach Auffassung des Landgerichts nicht aus. Es sah in diesem Vorgehen vielmehr den Tatbestand einer »nicht verantworteten Weitergabe« und damit einer haftungsbegründenden Verbreitung erfüllt. Damit hat das Gericht auf den vorliegenden Fall den Haftungsmaßstab eines Verlegers für beleidigende Leserbriefe angewendet. Weil der Beklagte eine Sammlung zum Teil beleidigender Äußerungen über den Kläger zielgerichtet angelegt und verbreitet hatte, wurde seitens des Gerichts davon ausgegangen, daß er sich auch mit den entsprechenden Inhalten identifizierte und damit für sie haftete.

(75) Kann ich verpflichtet sein, wegen eines Links eine Gegendarstellung auf meiner privaten oder gewerblichen Web-Site aufzunehmen?

Der Anspruch auf Aufnahme einer Gegendarstellung im Online-Bereich ist im Mediendienste-Staatsvertrag (MdStV) geregelt. Voraussetzung für seine Anwendung ist, daß es sich bei dem Angebot auf Ihrer Web-Site um einen Mediendienst handelt. Unter diesen Begriff fallen in erster Linie periodisch erscheinende Angebote mit überwiegend redaktionellem Charakter bzw. – wie es im Teledienstegesetz (TDG) klarstellend heißt – Angebote, bei denen die redaktionelle Gestaltung zur Meinungsbildung für die Allgemeinheit im Vordergrund steht. Die Beschränkung auf periodisch verbreitete Texte erklärt sich nach Auffassung des Landgerichts Düsseldorf (12 O 132/98) daraus, daß ihre Ersteller durch die regelmäßige Verbreitung einen besonderen Einfluß auf die öffentliche Meinungsbildung haben. Dies rechtfertige nach dem Grundsatz der »Waffengleichheit« ein Gegendarstellungsrecht. Hat Ihre Homepage rein gewerblichen oder privaten Inhalt, kommt der Mediendienste-Staatsvertrag demnach nicht zur Anwendung mit der Folge, daß Sie nicht verpflichtet sind, eine Gegendarstellung aufzunehmen.

Doch selbst wenn Ihre Site redaktionell gestaltet ist, besteht nicht zwangsläufig die Pflicht, wegen eines Links auf einen zu beanstandenden Inhalt eine Gegendarstellung aufzunehmen. Denn im Mediendienste-Staatsvertrag wird außerdem verlangt, daß die angegriffene Behauptung von Ihnen selbst aufgestellt, d. h. der Öffentlichkeit mitgeteilt wird. Ein Link stellt jedoch keine solche Mitteilung dar, sondern bietet lediglich die technische Möglichkeit, durch Mausklick die Mitteilung eines Dritten aufzurufen. Es kann also sein, daß Sie dem Betroffenen auf Unterlassung eines Links haften, aber gleichwohl nicht verpflichtet sind, eine Gegendarstellung einzustellen.

3.6 Inline-Linking

(76) Darf ich in meine Web-Site Gestaltungskomponenten integrieren, die sich auf einer fremden Web-Site befinden (sogenannter Inline-Link)?

Oft bietet sich bei dem Aufbau einer Web-Site das Setzen eines Inline-Links an. Durch die Angabe eines Internet-Adreßpfades mit Hilfe des HTML-Tags <img src> können dabei Gestaltungselemente integriert werden, die sich in einer anderen Datei befinden. So bietet es sich z. B. an, das Firmenlogo einer bestimmten Datei auf dem eigenen Server abzulegen, um es dann mit dem Befehl <img src="/images/firmenlogo.gif"> auf jeder Seite des Web-Angebots zu plazieren, ohne die Grafik jedesmal neu beschreiben zu müssen. Sie können jedoch auch auf fremde Gestaltungskomponenten einer Web-Site zurückgreifen, die sich auf einem fremden Web-Server befinden. Ohne auf dem eigenen Server ein einziges Bild abzulegen, lassen sich so bereits im WWW vorhandene Bilder mühelos in die eigene Web-Site aufnehmen. Insoweit ist auch der Begriff Link irreführend, da der Betrachter hiervon nichts mitbekommt. Erst der Blick in den Quelltext macht den Link sichtbar.

Daß ein Urheber sich über die Übernahme seines Werkes nicht immer freuen wird, liegt auf der Hand. Spätestens wenn durch ein Inline-Link Ihr Firmenlogo auf einer Ihnen unbekannten Web-Site auftaucht, auf der es als Beispiel einer schlechten grafischen Gestaltung präsentiert wird, dürfte der Spaß ein Ende haben.

Bekannt wurde ein Fall aus den USA. Die Princeton University band die Comicfigur »Dilbert« mittels Inline-Link auf ihrer Web-Site ein. Dilbert ist aber eine für die United

Feature Syndicate, Inc. urheberrechtlich geschützte Comicfigur. Als der Autor der universitären Web-Site die United Feature Inc. immerhin freiwillig über den Inline-Link informierte, drohte diese mit einer Klage. Hierzu kam es jedoch nicht, da die fragliche Seite einen Monat später vom Server genommen wurde.

Rechtlich kann gegen ein Inline-Linking aus urheber- und wettbewerbsrechtlichen Aspekten vorgegangen werden. Daher sollten Sie, wenn Sie ein solches Linking ins Auge fassen, in jedem Fall die Zustimmung des jeweiligen Web-Site-Besitzers einholen.

Wird das Inline-Linking im geschäftlichen Verkehr vorgenommen, so liegt eine unmittelbare Leistungsübernahme vor, die aus wettbewerbsrechtlichen Gesichtspunkten unzulässig ist.

Ob und warum das Inline-Linking urheberrechtlich bedenklich ist, ist allerdings nicht eindeutig geklärt. Der Wortlaut des Gesetzes scheint auf den Inline-Link nicht so recht zu passen. Zwar ist der Urheber durch das Urheberpersönlichkeitsrecht vor einer Übernahme seines Werkes geschützt, wenn dieses durch den Inline-Link in einen für ihn unliebsamen Kontext gestellt wird. Gegen eine solche Entstellung seines Werkes kann er sich aufgrund seines Urheberpersönlichkeitsrechts zur Wehr setzen. Inwieweit durch einen Inline-Link aber bereits das Verwertungsrecht des Verbreiters betroffen wird, ist ungeklärt. Hier ist die Einordnung der Rechtsprechung abzuwarten. Da der Gesetzgeber jedoch plant, den Katalog der Verwertungsrechte um das sogenannte »Anbietungsrecht« zu erweitern, dürfte diese Frage bald geklärt sein. Dieses Recht soll dem Urheber nämlich das ausschließliche Recht zuweisen, sein Werk im Internet anzubieten. Hierunter würde auch das Recht zum Inline-Linking fallen.

Neben den rechtlichen bieten sich auch technische Möglichkeiten an, Inline-Links zu unterbinden. Wird Ihre Web-Site z. B. mittels eines Datenbankprogramms generiert, so haben ihre Inhalte keine im vorhinein festgelegte URL, da die Seiten erst mit dem Abruf entstehen. Auf einzelne Elemente der Site kann daher nicht per Link von außen zugegriffen werden.

3.7 Frames

(77) Darf ich in einem Frame die Inhalte einer anderen Web-Site zeigen?

Die Frame-Technik bietet die Möglichkeit, die Bildschirmseiten einer Web-Site in verschiedene Fenster oder Rahmen (engl.: »frames«) aufzuteilen. In den einzelnen Frames lassen sich so verschiedene, technisch voneinander unabhängige Inhalte darstellen, die jeweils für sich »weitergeblättert« werden können. Ein Frame ist also eine Art Web-Seite innerhalb der Web-Seite. Frames werden gerne genutzt, um dem Besucher eine Navigationsleiste zur Verfügung zu stellen, die beim Durchblättern des eigentlichen Inhalts der Web-Site an derselben Bildschirmstelle stehen bleibt. Der Besucher kann sich so unabhängig davon, wo er sich innerhalb des eigentlichen Angebotes befindet, leichter orientieren. Da Frames allerdings sehr speicherplatzbedürftig sind, wird, um unnötig lange Ladezeiten zu vermeiden, zunehmend davon abgesehen, Navigationsleisten in eigene Frames zu setzen.

Eine wesentlich interessantere Möglichkeit der Frame-Nutzung kann die Darstellung fremder Web-Seiten innerhalb des eigenen Frames sein. Wird das Angebot eines Dritten in das eigene Web-Angebot aufgenommen, so entsteht bei dem Besucher oftmals der Eindruck, daß das gesamte Angebot von dem Anbieter der angewählten Seite stammt. Erscheint das Web-Angebot des Dritten in einem Frame, der mit der Werbung des scheinbaren Anbieters geschmückt ist, so stößt dies zu Recht auf wenig Gegenliebe. Ein solches Vorgehen ist ebenso wie das Inline-Linking unter urheber- wie auch unter wettbewerbsrechtlichen Gesichtspunkten unzulässig.

Aufsehen hat in diesem Zusammenhang der Fall der britischen Zeitungen »Shetland Times« und »Shetland News« erregt. Hier bot die eine Zeitung das Online-Angebot der anderen im eigenen Frame an. Ein weiterer bekannter Fall, diesmal aus den USA, ist der der »Washington Post Co.« gegen die »Total News Inc.«. Der Herausgeber der Web-Site *www.totalnews.com* hatte auf dieser Hunderte von Links angeboten. Anders als bei normalen Hyperlinks gelangte der Besucher jedoch beim Anklicken nicht auf die fremde Web-Site, sondern deren Seiteninhalte wurden einfach innerhalb des Frames von »Total News« dargestellt. Die betroffenen Zeitungs- und Zeitschriftendienste »Washington Post Co.«, »Time Inc.«, »Cable News Network Inc.«, »Times Mirror Co.« und »Reuters« reichten daraufhin Klage ein. Sie warfen dem Anbieter vor, eine »parasitische Web-Site« zu betreiben, die sich ungerechtfertigterweise fremde Inhalte aneigne, keinen eigenen Inhalt biete und die Markenrechte der Betroffenen verletze. Zu einer gerichtlichen Entscheidung kam es jedoch in beiden Fällen nicht, da stets eine außerprozeßliche Einigung gefunden wurde.

Neben juristischen Schritten eignen sich jedoch auch technische Vorkehrungen, um die Übernahme des eigenen Angebots in den Frame eines Dritten zu verhindern. Ist Ihnen z. B. der Rechner bekannt, von dem auf Ihr Angebot in unerwünschter Weise zugegriffen wird, so können Sie diesem Rechner durch Einsatz eines entsprechenden Filters den Zugang versagen. Ferner kann wie beim Inline-Linking auch hier die unerwünschte Übernahme durch den generierten Aufbau der eigenen Web-Site unterbunden werden. Gegebenenfalls kann die Einbindung eigener Inhalte in fremde Frames auch mittels JavaScript verhindert werden. Tips, wie dies technisch realisierbar ist, finden Sie im Internet unter dem Stichwort »framebuster«.

3.8 Banner

(78) Wie funktioniert Banner-Exchange?

Der Banner-Austausch über einen vermittelnden Anbieter funktioniert nach folgendem Prinzip: Sie stellen auf Ihren Internet-Seiten einen Werbeplatz zur Verfügung, und im Gegenzug wird Ihr Werbe-Banner auf den Seiten eines anderen Teilnehmers am Banner-Exchange eingeblendet. Es kann sich um einen direkten Austausch unter einander bekannten Teilnehmern handeln oder um einen »blinden« Austausch, bei dem der Vermittler entscheidet, welches Banner auf wessen Web-Site erscheint. Mittlerweile gibt es über 80 verschiedene Anbieter für Banner-Exchange.

(79) Welche rechtlichen Probleme können beim Banner-Exchange entstehen?

Leider weiß man nie ganz genau, welche Werbe-Banner nun auf der eigenen Web-Site erscheinen werden. Natürlich möchte man bestimmte Werbebotschaften möglichst nicht mit dem Inhalt der eigenen Seite in Zusammenhang gebracht sehen. Banner mit pornografischen Darstellungen oder beleidigenden Werbe-Slogans sind zudem auch strafrechtlich relevant. Sie können derartigen Problemen möglicher Image-Schäden aus dem Weg gehen, wenn Sie bei der Wahl des Exchange-Anbieters darauf achten, daß dessen Teilnahmebedingungen zulassen, unerwünschte Inhalte auszuschließen.

(80) Kann ich strafrechtlich zur Verantwortung gezogen werden, wenn mein Banner, das ohne mein Wissen ausgetauscht wird, zu einer strafrechtlich relevanten Web-Site führt?

Nein. Wenn die Verbindung zu strafbaren Inhalten ohne Ihr Wissen und Wollen hergestellt wird, machen Sie sich nicht strafbar. Allerdings müssen Sie die Verbindung sofort beenden, wenn Sie davon erfahren. Denn sobald Sie Kenntnis von strafbaren Inhalten haben, trifft Sie nach den Grundsätzen der Haftung für vorangegangenes pflichtwidriges Tun die strafbewehrte Verpflichtung, den Zugang zu sperren.

3.9 Kommunikationsforen

(81) Bin ich verantwortlich für (strafrechtlich und/oder zivilrechtlich) unzulässige Beiträge Dritter, die in das von mir eingerichtete Forum gepostet werden?

Hier ist zunächst zu unterscheiden, ob Sie das Forum als Anbieter eines Online-Dienstes oder in einem anderem Zusammenhang betreiben. Die Verantwortlichkeit der Online-Diensteanbieter für fremde Inhalte ist seit dem 1. August 1997 im Teledienstegesetz (TDG) und dem Mediendienste-Staatsvertrag (MdStV) der Länder geregelt. Beide Gesetzeswerke sind unter der Kurzformel »Multimediagesetze« bekannt geworden. Außerhalb des Anwendungsbereichs dieser Gesetze bemißt sich die Verantwortlichkeit für unzulässige Inhalte nach den allgemeinen straf-, zivil- und verwaltungsrechtlichen Vorschriften.

Die neuen Multimediagesetze haben allerdings bislang weniger zur Rechtssicherheit als zu einer »neuen Unübersichtlichkeit« beigetragen. Es ist unklar, wer genau zu den Diensteanbietern zählt, für die die Gesetze jeweils gelten. Der Entschließungsantrag der Regierungskoalition zum Gesetzesentwurf des Teledienstegesetzes deutet darauf hin, daß der Gesetzgeber in erster Linie von einer unternehmensbezogenen Anwendung des Gesetzes ausgeht. Demnach erfassen die Haftungsregeln des TDG vor allem eigene und fremde Angebote von kommerziellen Providern (auch für den Fall einer unentgeltlichen Nutzung). Unter Mediendiensten werden dagegen redaktionell gestaltete Angebote verstanden, die der Meinungsbildung der Allgemeinheit dienen. Private Homepages beispielsweise dürften dieser Unterteilung zufolge nicht in den Anwendungsbereich der Multimediagesetze fallen, da sie nicht kommerziell und zur individuellen Interaktion betrieben werden bzw. sich nicht periodisch mit dem erklärten Ziel der Meinungsbildung an die Allgemeinheit wenden. Dennoch wird die Ansicht vertreten, daß auch ein privater Homepage-Inhaber Dienstanbieter im Sinne der Multimediagesetze sein kann, etwa wenn er Dritten ausgewählte Inhalte zugänglich macht.

Von diesen Unstimmigkeiten abgesehen entsprechen die Wertungen der Multimediagesetze weitgehend der allgemeinen zivilrechtlichen Störerhaftung. Diensteanbieter sind für fremde Inhalte, die sie zur Nutzung bereithalten, nur dann verantwortlich, wenn sie von diesen Inhalten Kenntnis haben und es ihnen technisch möglich und zumutbar ist, deren Nutzung zu verhindern.

Das TDG behandelt den Diensteanbieter nicht anders als den Zeitschriftenverleger in dessen Haftung für den Anzeigenteil seines Druckwerks. Er haftet nur, wenn er die Unzulässigkeit des Inhalts erkennt oder, nach entsprechendem Hinweis, erkennen muß. Darüber hinaus sind Diensteanbieter für fremde Inhalte, zu denen sie lediglich den Zugang zur Nutzung vermitteln, überhaupt nicht verantwortlich. Entscheidend, aber bisher ungeklärt ist die Frage, ob »Zugangsvermittlung« nur die Tätigkeit von sogenannten Access-Providern oder auch einzelne Dienste von Service-Providern meint. Bei weiterer Auslegung des Begriffs wären dann neben Betreibern von Suchmaschinen und Verwendern von (Hyper-) Links auch Mailbox-Betreiber und Veranstalter von unmoderierten Diskussionsforen grundsätzlich von der Verantwortlichkeit für fremde Inhalte freigestellt. In jedem Fall ist der Diensteanbieter zur Nutzungssperrung rechtswidriger Inhalte verpflichtet, wenn er unter Wahrung des Fernmeldegeheimnisses des Telekommunikationsgesetzes von diesen Inhalten Kenntnis erlangt und ihm eine Sperrung technisch möglich und zumutbar ist.

Der Mediendienste-Staatsvertrag enthält analoge Haftungsbeschränkungen für Dienste, die sich an die Allgemeinheit wenden. Allerdings kann diese Regelung nur die presse- und rundfunkrechtliche Verantwortlichkeit betreffen, da den Ländern die erforderliche Gesetzgebungskompetenz fehlt, allgemeine urheber-, wettbewerbs- und persönlichkeitsrechtliche Haftungsfreistellungen festzulegen. Es ist darum sehr zweifelhaft, ob Mediendienste-Anbieter das im Staatsvertrag geregelte Haftungsprivileg für fremde Inhalte überhaupt für sich in Anspruch nehmen können. Diese Zweispurigkeit des Haftungsrechts bei Telediensten und Mediendiensten ist auf viel Kritik gestoßen und erfordert eine Änderung durch den Gesetzgeber.

(82) In welchen Fällen kommt das Teledienstegesetz, wann der Mediendienste-Staatsvertrag zur Anwendung?

Online-Dienste werden gemäß dem Teledienstegesetz (TDG) als Teledienste oder gemäß dem Mediendienste-Staatsvertrag (MdStV) als Mediendienste behandelt. Die Abgrenzung und damit die Beurteilung der Verantwortlichkeit für unzulässige Äußerungen Dritter bereitet in der Praxis Schwierigkeiten. Grundsätzlich sind Teledienste für die individuelle interaktive Nutzung bestimmt, Mediendienste dagegen an die Allgemeinheit gerichtet, wobei die redaktionelle Gestaltung zur Meinungsbildung für die Allgemeinheit im Vordergrund steht. Danach lassen sich die Angebote Homepage und Telespiele den Telediensten, Video-on-Demand und Wortbeiträge den Mediendiensten zuordnen. Gleichwohl hängt die rechtliche Zuordnung von Inhalt und Zielrichtung des jeweiligen Dienstes ab; eine klare Abgrenzung ist bei der Vielzahl von Mischformen bei der Individual- und Massenkommunikation nicht möglich. Zu diesen gehören z. B. die sogenannten »Push-Dienste«: Hier werden, anders als bei der herkömmlichen Internet-Nutzung, Inhalte von der Anbieterseite her an Nutzer, darunter auch an spezielle Zielgruppen, verteilt (»Narrow-Casting«). Da die Push-Dienste in verschiedenen Spielarten in Erscheinung treten (z. B. Verteildienst, Abrufdienst), ist hier keine Zuordnung zu den Tele- oder Mediendiensten und damit zu den entsprechenden Gesetzen möglich. Angesichts der zunehmenden Vermischung der Online-Dienste im Hinblick auf ihre Funktion und ihre Technik wird diese Zuordnung in Zukunft ohnehin weiter erschwert.

Für Anbieter von Online-Diensten empfiehlt es sich daher, in jedem Fall beide Multimediagesetze zu berücksichtigen. Allerdings sind deren Bestimmungen zu weiten Teilen gleichlautend, so daß die Zuordnung in der Praxis meist nicht so problematisch ist.

(83) Macht es einen Unterschied, ob das von mir eingerichtete Diskussionsforum moderiert oder unmoderiert ist?

Ja. In der Diskussion um die Anbieterhaftung wird zunehmend die Auffassung vertreten, daß sich der Anbieter eines moderierten Diskussionsforums die eingestellten Inhalte zu eigen macht und demnach gemäß § 5 Abs. 1 TDG wie für eigene Inhalte straf- und zivilrechtlich voll verantwortlich ist. Denn der Moderator entscheidet, welche Beiträge den festgelegten Bedingungen entsprechen und weitergeleitet werden. Durch die Integration der fremden Inhalte in sein eigenes Angebot bei gleichzeitiger Vorkontrolle gibt der Diensteanbieter angeblich zu erkennen, daß er sich mit diesen Inhalten identifiziert. Infolgedessen soll er auch für inkriminierte News in die Pflicht genommen werden können.

(84) Wie hafte ich, wenn ich kein Diensteanbieter nach Maßgabe der Multimediagesetze bin?

Wer unzulässige Äußerungen eines Dritten verbreitet, ist nach deutschem Recht grundsätzlich ebenso Störer wie der Behauptende. Er haftet allerdings nicht ausnahmslos. Im Printmedien-Bereich wird beispielsweise die Haftung des verbreitenden Organs beschränkt, wenn es nur als Transportmittel der fremden Äußerung dient, ohne sich deren Inhalt zu eigen zu machen. So gibt es Haftungsbegrenzungen für den Anzeigen- und den Leserbriefteil von Zeitungen: Besonderheiten gelten auch bei Zitaten und bei Live-Diskussionen. Der Rundfunk gilt hier als »Markt der Meinungen« und haftet in der Regel nicht für die Verbreitung unzulässiger Diskussionsbeiträge.

Da auch in der Weitersendung einer Mail strafrechtlich eine Beihilfe, eine Urheberrechtsverletzung, ein Wettbewerbsverstoß oder ein Äußerungsdelikt liegen kann, ist es folgerichtig, den Betreiber eines Kommunikationsforums (also grundsätzlich auch Veranstalter von Mailing-Listen und Chats) ebenfalls zur

Verantwortung zu ziehen, wenn er den Inhalt der Mails kennt. Andererseits können Mailbox-Betreiber oder Veranstalter von Diskussionsforen unmöglich alle News oder »Schwarzen Bretter« auf unzulässige Inhalte überprüfen. Folglich liegt es nahe, die von der Rechtsprechung für andere Medien entwickelten Haftungsbeschränkungen außerhalb des Anwendungsbereichs der Multimediagesetze auch auf die Verbreitung von Netzinhalten zu übertragen.

Bereits im Jahre 1987 hat das Landgericht Stuttgart in diesem Sinne entschieden, vgl. [Leitsatz 50]. Es ging darum, ob der Betreiber einer privaten Mailbox für unzulässige Inhalte zur Verantwortung gezogen werden konnte, die Dritte dort gepostet hatten. Das Landgericht verneinte eine Haftung des Betreibers mit der Begründung, daß er nicht verpflichtet sei, jede eingehende Nachricht auf ihre rechtliche Unbedenklichkeit zu überprüfen, bevor er ihre Speicherung und damit ihre Abrufbarkeit zulasse. Ihm eine derart zeitaufwendige und im Einzelfall rechtlich schwierige Überprüfungspflicht aufzuerlegen, überspanne die Sorgfaltsanforderungen, die man an einen nichtgewerblichen Betreiber einer Mailbox stellen könne. Zwar wirke er an der Verbreitung mit und könne im Fall der Beeinträchtigung Dritter grundsätzlich als Störer zur Verantwortung gezogen werden. Seine Verantwortlichkeit dürfe aber nicht weiter gehen als die eines Zeitungsverlegers für den Anzeigenteil. Ein Verleger haftet einem betroffenen Dritten erst dann auf Unterlassung der Verbreitung, wenn er dessen Beeinträchtigung erkennt. Davon kann bei der Vielzahl eingehender Anzeigen nur ausgegangen werden, wenn der Anzeigentext beispielsweise ganz offensichtlich im Widerspruch zu allgemein bekannten Tatsachen steht. Das Merkmal der Offensichtlichkeit sah das Gericht im entschiedenen Fall schon deswegen nicht als gegeben an, weil es sich bei den Beiträgen vor allem um Meinungsäußerungen handelte, die im Gegensatz zu Tatsachenbehauptungen nicht auf ihre Richtigkeit überprüft werden können.

Zu demselben Ergebnis käme man bei einer Übertragung des Haftungsprivilegs von Rundfunkveranstaltern für Diskussionsbeiträge. Der private Forum-Betreiber hat lediglich einen »Markt der Meinungen« eröffnet, ohne inhaltlich verantwortlich für die einzelnen Beiträge zu sein. Infolgedessen wird er von einer Haftung freigestellt.

(85) Hafte ich, wenn ein Dritter auf der von mir eingerichteten Web-Site einen Wettbewerbsverstoß begeht?

Sofern es sich bei Ihrem Dienst um einen (kommerziellen, individuell nutzbaren) Teledienst handelt, gilt § 5 des Teledienstegesetzes (TDG). Dieser unterscheidet, was die Haftung von Inhalten angeht, drei Fälle: erstens die Verbreitung eigener Inhalte, die den allgemeinen Gesetzen, also auch den wettbewerbsrechtlichen Vorschriften des Gesetzes gegen den unlauteren Wettbewerb (UWG) unterworfen ist – das heißt, der Anbieter haftet voll. Zweitens die Verbreitung fremder Inhalte, von denen der Anbieter Kenntnis hat und deren Verhinderung der Verbreitung ihm technisch möglich und zumutbar ist. Auch hier haftet der Anbieter: Er kann verpflichtet werden, die Nutzung dieser Angebote zu unterbinden. Nur wenn der Diensteanbieter drittens den bloßen und »unwissenden« Zugang zu fremden unzulässigen Beiträgen gewährt, ist er von der Haftung für diese grundsätzlich freigestellt.

Das OLG München hatte kürzlich den Fall eines Diensteanbieters zu entscheiden, der unter der Domain *http://www.lastminute.de* einen Server betreibt, auf dem Last-Minute-Angebote anderer Reiseveranstalter angeboten werden, vgl. [Leitsatz 41]. Bei einigen Angeboten war die Bezeichnung »last minute« irreführend und damit gemäß § 3 UWG wettbewerbswidrig, weil zwischen aktueller Bewerbung und Abflugtermin teilweise mehr als vierzehn Tage lagen. Das OLG verurteilte das beklagte Unternehmen, die Hinweise auf diese irreführenden Angebote Dritter zu unterlassen. Überraschenderweise fand bei der Entscheidung das Teledienstegesetz keine Berücksichtigung, obwohl die beklagte Firma unter anderem Datenbänke und Informationen in elektronischen Medien bereitstellt und damit zu den Telediensten gezählt werden kann. Nichtsdestoweniger entspricht die Entscheidung den Wertungen des TDG. Das Gericht ging davon aus, daß es mit Hilfe eines geeigneten Programms möglich gewesen wäre, die irreführenden Reiseangebote herauszufiltern und täglich nur die wettbewerbsrechtlich zulässigen Angebote aufzunehmen. Selbst wenn der Beklagte die technischen Kenntnisse für diese Filtermaßnahme zum fraglichen Zeitpunkt nicht hatte, war er nach Auffassung des OLG verpflichtet, sie sich anzueignen. Folglich war es ihm technisch möglich und zumutbar, den Wettbewerbsverstoß zu verhindern.

(86) Kann ich, wenn ich auf meiner Web-Site einen Chat-Room eingerichtet habe, strafrechtlich zur Verantwortung gezogen werden, wenn dort pornographische Inhalte ausgetauscht werden?

Nur wenn Sie davon Kenntnis haben und den Zugang zu solchen Inhalten nicht sogleich sperren. Die Verpflichtung zur Sperrung ergibt sich aus dem Gesichtspunkt einer Haftung für vorangegangenes pflichtwidriges Tun. Die Pflichtwidrigkeit, anderen möglicherweise auch fahrlässig inkriminierte Inhalte zugänglich gemacht zu haben, verpflichtet wiederum dazu, den Zugang dazu zu unterbinden. Anders als ein reiner Access-Provider ist der Veranstalter eines Diskussionsforums auch in der Lage, gezielt den Zugriff auf strafbare Dateninhalte zu verhindern, ohne den gesamten Datenverkehr lahmzulegen. Kommen Sie Ihrer Pflicht, inkriminierte Inhalte zu sperren oder zu löschen, nicht nach, machen Sie sich strafbar.

So wurde der ehemalige Geschäftsführer von CompuServe in einer aufsehenerregenden Entscheidung zu einer zweijährigen Bewährungsstrafe verurteilt, weil er trotz Kenntnis von gewalt-, kinder- und tierpornografischen Bilddateien weiter zu deren Verbreitung beigetragen und fahrlässig den Zugang zu jugendgefährdenden Telespielen ermöglicht haben soll, vgl. [Leitsatz 39]. Das Gericht wendete zwar zugunsten des Angeklagten das Haftungsprivileg des Teledienstegesetzes für fremde Inhalte an. Der ehemalige Geschäftsführer wurde strafrechtlich dafür zur Verantwortung gezogen, daß er die weitere Nutzung der ihm jedenfalls dem Titel nach von der Staatsanwaltschaft mitgeteilten pornografischen Inhalte nicht unterband, obwohl ihm bzw. der amerikanischen Muttergesellschaft dies nach Auffassung des Gerichts technisch möglich und auch zumutbar war.

Wenn Sie keine Kenntnis davon haben, daß auf Ihrem News-Server strafbare Inhalte aufgerufen werden können, trifft Sie demgegenüber grundsätzlich keine strafrechtliche Verantwortlichkeit. Sie sind ohne entsprechenden Hinweis auch nicht verpflichtet, solche Inhalte aufzuspüren oder präventiv den Zugang zu verhindern.

3.10 Indizierung der Web-Site in Suchmaschinen

(87) Darf ich meine Web-Site unter dem Namen eines bekannten Unternehmens bei den Suchmaschinen anmelden bzw. in den Meta-Tags meiner Web-Site einen entsprechenden Begriff aufnehmen?

Um zu erreichen, daß die eigene Web-Site von den Suchmaschinen möglichst häufig angezeigt wird, wird die Site gelegentlich unter dem Namen eines bekannten Unternehmens angemeldet oder der entsprechende Begriff in den vom Browser grundsätzlich nicht angezeigten Meta-Tags, das heißt in den Header der HTML-Datei, aufgenommen. Denn einige Suchmaschinen nehmen die Indizierung der Web-Sites anhand der Meta-Informationen vor.

Dieses Vorgehen kann aber unter marken- und wettbewerbsrechtlichen Gesichtspunkten problematisch sein. Handelt es sich bei dem in die Meta-Tags aufgenommenen Begriff um einen Markennamen, muß man mit einer markenrechtlichen Unterlassungs- und Schadensersatzklage rechnen. Daneben kann ein wettbewerblicher Unterlassungs- und Schadensersatzanspruch wegen sittenwidriger Herkunftstäuschung und Rufausbeutung treten (Ausnutzung einer Herkunfts- und Gütevorstellung, vgl. [Leitsatz 49].

(88) Kann ich auf Unterlassung und Schadensersatz in Anspruch genommen werden, wenn Suchmaschinen bei Eingabe des Namens eines Konkurrenzunternehmens ohne mein Wissen auf mich verweisen?

Es ist denkbar, daß eine Suchmaschine bei der Eingabe des Namens eines Konkurrenzunternehmens ohne Ihr Wissen auf Ihre Web-Site veweist, so daß die markenrechtlichen oder wettbewerblichen Interessen eines anderen Unternehmens berührt sind. Das hängt damit zusammen, daß einige Suchmaschinen den vollen Text der Web-Sites automatisch auf Suchbegriffe hin indizieren. Möglich ist auch, daß ein Dritter, z. B. der Betreiber der Suchmaschine, einen auf Ihre Web-Site verweisenden Suchbegriff einträgt.

Solange Sie keine Kenntnis von dem Eintrag haben, können Sie grundsätzlich nicht zur Verantwortung gezogen werden, d. h., Sie brauchen in einem solchen Fall keine Schadensersatzanspüche zu befürchten. Doch kann das betroffene Unternehmen gegen Sie eventuell Unterlassungsansprüche für die Zukunft geltend machen, vgl. [Leitsatz 42]. Diese Unterlassungsansprüche ergeben sich zunächst aus dem Markenrecht (Untersagung der Benutzung einer Marke des Konkurrenzunternehmens gemäß § 14 Abs. 2 Nr. 1, § 15 Abs. 2 Markengesetz [MarkenG]). Eine weitere mögliche Anspruchsgrundlage ist § 3 des Gesetzes gegen den unlauteren Wettbewerb (UWG, irreführende Angaben im geschäftlichen Verkehr), da die angesprochenen Verkehrskreise zu der unzutreffenden Annahme verleitet werden, beide Unternehmen stünden in einer wirtschaftlichen und/oder gesellschaftsrechtlichen Verbindung, vgl. [Leitsatz 42]. Sobald Sie von der Indizierung Ihrer Web-Site Kenntnis erlangen (z. B. durch eine Abmahnung seitens des betroffenen Unternehmens), können Sie verpflichtet sein, den Verweis auf Ihre Site zu verhindern, sei es, daß Sie dem Betreiber der Suchmaschine eine entsprechende Anzeige machen, sei es, daß Sie die problematischen Begriffe aus dem Text Ihrer Web-Site entfernen, vgl. [Leitsatz 42].

Doch hat der BGH inzwischen seine Rechtsprechung zur Zulässigkeit der vergleichenden Werbung geändert, vgl. Frage (91). Dies hat dazu geführt, daß die Frage, ob man für Suchmaschinenverweise auf die eigene Web-Site verantwortlich gemacht werden kann, neu entschieden werden muß. Denn wenn die vergleichende Werbung allgemein zulässig ist, dann müßte sie auch im Internet zulässig sein. Wenn Sie auf Ihrer Web-Site im Rahmen der vergleichenden Werbung berechtigterweise ein anderes Unternehmen benennen, kann Ihnen dies im Grunde auch dann nicht untersagt werden, wenn Ihre Site aufgrund der Funktionsweise der Suchmaschinen automatisch indiziert wird.

Es bleibt der Rechtsprechung überlassen, zu klären, inwieweit vergleichende Werbung im Internet zulässig ist. Unzulässig erscheint es in jedem Fall, wenn man sein Unternehmen oder Produkt mit mehreren anderen Unternehmen/Produkten mehr oder weniger wahllos vergleicht. Solange es keine einschlägige neue Rechtsprechung gibt, sollten Sie auf eine vergleichende Werbung im Internet vorerst verzichten. Seien Sie auch vorsichtig mit der Verwendung von eingebürgerten Markennamen. Verwenden Sie also z. B. lieber »Papiertaschentuch« als »Tempo«.

4. Marketing im Internet

Für alle, die ins Netz der Netze streben, gilt: Ein gutes Marketing ist der Schlüssel zum Erfolg. Das gilt ganz besonders im Internet. Doch dabei sind zahlreiche Regeln zu beachten. Im folgenden erfahren Sie, für welche Produkte Sie im Internet werben dürfen und wie Sie Ihre Werbeaussage gestalten müssen, damit Sie keine Abmahnung durch Mitbewerber erhalten. Die speziellen Probleme beim Web-Auftritt von Angehörigen der freien Berufe finden besondere Berücksichtigung. Auch gängige Geschäftsideen werden unter rechtlichen Aspekten untersucht.

4.1 Werbliche Angaben und Abbildungen

(89) Gelten für die Werbung im Internet spezielle Regelungen?

Grundsätzlich gelten im Internet die allgemeinen Regeln des Wettbewerbsrechts, die überwiegend im Gesetz gegen den unlauteren Wettbewerb (UWG) geregelt sind. Hier ist vor allem § 1 UWG von Bedeutung. Nach dieser Vorschrift hat jedermann, der im Geschäftsverkehr wettbewerbsrelevante Handlungen vornimmt, die »guten Sitten« zu beachten; andernfalls setzt er sich Unterlassungs- und Schadensersatzansprüchen aus. Die Rechtsprechung zu der Frage, was unter »guten Sitten« zu verstehen ist, ist vielfältig. Generell gesprochen ist jedes Verhalten, das einem Wettbewerber gegenüber seinem Mitbewerber einen unredlichen Vorteil verschafft, als sittenwidrig im Sinne des Wettbewerbsrechts anzusehen. Schleichwerbung und irreführende Praktiken sind beispielsweise unzulässig beim geschäftlichen Auftritt im Internet.

(90) Müssen werbliche Angaben im Internet zutreffend sein?

§ 3 des Gesetzes gegen den unlauteren Wettbewerb (UWG) bestimmt, daß man im geschäftlichen Verkehr keine irreführenden Angaben zu Zwecken des Wettbewerbs machen darf. Die Veröffentlichung von Preislisten mit falschen Angaben auf einer gewerblichen Web-Site wäre z. B. ein Verstoß gegen § 3 UWG. »Irreführende Angabe« ist aber außerdem in einem weiteren Sinne zu verstehen. So hatte beispielsweise das OLG Frankfurt am 1. April 1996 über die Zulässigkeit eines von Datex-J betriebenen Btx-Dialogsystems zu entscheiden, bei dem die Nutzer in einen schriftlichen Dialog (Chatting) mit anderen Teilnehmern gegen Zahlung eines zeitabhängigen Entgeltes treten konnten. Problematisch war, daß als Teilnehmer auch Animateure auftraten, die von der Beklagten bezahlt waren. Das OLG Frankfurt sah hierin einen Verstoß gegen § 3 UWG, weil die Kunden über die Art der angebotenen Leistung in die Irre geführt würden, vgl. [Leitsatz 65].

(91) Darf ich im Internet vergleichende Werbung vornehmen?

Bislang war vergleichende Werbung wegen Verstoßes gegen § 1 des Gesetzes gegen den unlauteren Wettbewerb (UWG) in Deutschland nicht zulässig. Vergleichende Werbung ist jede Werbung, die unmittelbar oder mittelbar einen oder mehrere Mitbewerber oder die Erzeugnisse oder Dienstleistungen, die von einem Mitbewerber angeboten werden, erkennbar macht. Jedoch hat die Europäische Union im Jahre 1997 eine Richtlinie verabschiedet, in der vergleichende Werbung unter bestimmten Voraussetzungen für zulässig erklärt wird (Richtlinie 97/55/EG des Europäischen Parlaments und des Rates vom 6. Oktober 1997). Der Bundesgerichtshof hat in einer Entscheidung vom 5. Februar 1998 erklärt, daß die EU-Richtlinie zur vergleichenden Werbung bei der Auslegung der Generalklausel des § 1 UWG (»sittenwidrige Werbung«) berücksichtigt werden könne, obwohl die Umsetzungsfrist noch nicht abgelaufen sei. Vergleichende Werbung sei zulässig, wenn sie die Waren der betroffenen Mitbewerber nicht herabsetze. Die Grenze zur unzulässigen vergleichenden Werbung sei jedoch dann überschritten, wenn das Konkurrenzangebot im Vergleich mit dem eigenen Angebot als minderwertig dargestellt werde.

Zwar hat der Bundesgerichtshof durch diese Entscheidung das Verbot der vergleichenden Werbung gelockert. Ob damit aber auch im Internet vergleichende Werbung zulässig ist, ist noch nicht entschieden. Denn es gibt Suchmaschinen, die den vollen Text einer Web-Site als Suchbegriffe indizieren. Angenommen, Sie nehmen im Rahmen der vergleichenden Werbung den Namen eines Konkurrenzunternehmens auf Ihrer Web-Site auf: Dann wird jedesmal, wenn der Name des Konkurrenzunternehmens als Suchbegriff in die Suchmaschine eingegeben wird, auch Ihre Site als Suchergebnis angezeigt. Dies kann aber unter markenrechtlichen Aspekten sehr bedenklich sein, vgl. Frage (87).

(92) Mit welchen Konsequenzen muß ich bei einem Verstoß gegen das Wettbewerbsrecht rechnen?

Wie bei einer Urheberrechtsverletzung kann Ihnen auch bei einem Verstoß gegen das Wettbewerbsrecht eine Pflicht zum Schadensersatz oder schlimmstenfalls eine strafrechtliche Verurteilung drohen. Hinzu kommt, daß Ihnen im einstweiligen Verfügungsverfahren der Betrieb Ihrer Web-Site kurzfristig untersagt werden kann. Darüber hinaus müssen Sie mit hohen Kosten für entstehende Rechtsstreitigkeiten rechnen, da bei wettbewerbsrechtlichen Verfahren der Streitwert generell recht hoch ist.

(93) Gelten für den Auftritt im Internet die strafrechtlichen Vorschriften?

Ja. Dies ergibt sich ausdrücklich aus § 5 Abs. 1 Teledienstegesetz (TDG). Das TDG, dessen Zweck es ist, einheitliche wirtschaftliche Rahmenbedingungen für die verschiedenen Nutzungsmöglichkeiten der elektronischen Informations- und Kommunikationsdienste zu schaffen, wurde im Rahmen der Verabschiedung des Informations- und Kommunikationsdienstegesetzes (IuKDG) vom 13. Juni 1997 erlassen.

Jüngst hat ein Beschluß des Oberlandesgerichts Nürnberg Aufsehen erregt. Eine Plattenfirma hatte im Internet ein T-Shirt zum Verkauf angeboten. Darauf waren ein gekreuzigtes Schwein und – anstelle der bei Kruzifixen üblichen »INRI«-Aufschrift – das Logo einer Punk-Band abgebildet. Die Staatsanwaltschaft lehnte auf eine Strafanzeige des Bischöflichen Ordinariats Regensburg die Eröffnung eines Ermittlungsverfahrens wegen Beschimpfens religiöser Bekenntnisse im Sinne des § 166 Strafgesetzbuch (StGB) ab. Das erforderliche Tatbestandsmerkmal »Störung des öffentlichen Friedens« sei nicht erfüllt, denn die Internet-Präsentation der weitgehend unbekannten Plattenfirma habe vermutlich nur einen sehr begrenzten Personenkreis erreicht.

Auf Anfechtung des Bischöflichen Ordinariats hob das Oberlandesgericht Nürnberg den Einstellungsbescheid allerdings auf und ordnete weitere Ermittlungen an. In seinem Beschluß wertete das Gericht die Darstellung dann als gezielte, geschmacklose und bösartige Verunstaltung des für das Christentum wesentlichsten Glaubenssymbols. Anders als die Staatsanwaltschaft hielt das Gericht die Internet-Präsentation für geeignet, den öffentlichen Frieden zu stören. Denn beim Internet handele es sich um ein weltweit betriebenes Datennetzwerk, dessen Informationen jedem, der über die notwendige technische Ausstattung verfüge, zugänglich seien. Vor allem mit Hilfe von Suchmaschinen, aber auch beim mehr oder minder planlosen »Surfen« könnten auch solche Internet-Nutzer auf die Web-Site stoßen, denen die Web-Adresse unbekannt sei, vgl. [Leitsatz 51].

Das Internet ist kein strafrechtsfreier Raum. Seien Sie also vorsichtig mit Ihren textlichen und bildlichen Äußerungen.

(94) Sehen die Rechtsordnungen anderer Mitgliedstaaten der EU ähnliche wettbewerbsrechtliche Regelungen wie § 3 des Gesetzes gegen den unlauteren Wettbewerb vor?

Wundern Sie sich nicht, wenn Werbung, die aus anderen Mitgliedstaaten der EU ins Internet eingespeist wird, oftmals nicht den Grundsätzen des § 3 des Gesetzes gegen den unlauteren Wettbewerb (UWG) entspricht, vgl. Frage (90). Auf EU-Ebene wurde zwar versucht, die wettbewerbsrechtlichen Regelungen über die Irreführung im Geschäftsverkehr in den Mitgliedstaaten zu vereinheitlichen. Die Richtlinie sieht jedoch für die Frage, wann eine Aussage irreführend ist, keinen einheitlichen Maßstab vor. Demzufolge bestehen in der EU weiterhin Unterschiede im rechtlichen Schutz vor Irreführung im Geschäftsverkehr. Wenn Ihr Angebot ausschließlich auf eine Zielgruppe in Deutschland ausgerichtet ist, sind Sie allerdings an deutsches Wettbewerbsrecht gebunden.

(95) Kommt das deutsche Wettbewerbsrecht auch dann zur Anwendung, wenn meine Web-Site auf einem ausländischen Server abgelegt wird oder wenn meine Web-Site auf ein ausländische Zielgruppe zugeschnitten ist?

Haben sowohl Betreiber, Nutzer als auch Server des Internet-Angebots ihren Sitz in Deutschland, ist zweifelsfrei deutsches Wettbewerbsrecht anwendbar. Welches Recht gilt aber, wenn die Web-Site eines Unternehmens mit Sitz in Deutschland auf einem ausländischen Server abgelegt wird oder wenn sich das durch das Web-Angebot angesprochene Publikum im Ausland befindet?

Es setzt sich die Rechtsauffassung durch, daß jeweils die Rechtsordnung desjenigen Ortes gelten soll, an dem sich die Wettbewerbshandlung auswirkt oder auswirken kann. Der Ort, an dem die Wettbewerbshandlung vorgenommen wird, soll demgegenüber ohne Belang sein. Insoweit ist es unbedeutend, ob die Web-Site auf einem inländischen oder ausländischen Server abgelegt wird. Ist das Web-Angebot also beispielsweise auf eine in Italien lebende Zielgruppe zugeschnitten, so ist italienisches Wettbewerbsrecht anwendbar. Da aber letztlich nicht eindeutig ist, wo überall sich eine Wettbewerbshandlung auswirken kann, bleibt eine gewisse Unsicherheit in der Frage des anwendbaren Rechts. Welche Rechtsordnung ist anzuwenden, wenn sich die Handlung in mehreren Ländern auswirkt, wie es bei dem weltumspannenden Internet naheliegt? Hier sollte man seine Web-Site so gestalten, daß sie den wettbewerbsrechtlichen Regelungen aller betroffenen Länder gerecht wird. Das bedeutet konkret: Der anzulegende Maßstab bestimmt sich nach den Gesetzen desjenigen Landes, das die strengsten Vorgaben macht.

Da die betroffenen Rechtsordnungen kaum zu überschauen sind, sollte man seine Web-Site jedenfalls so gestalten, daß sie mit den deutschen Vorschriften übereinstimmt. Dies dürfte in den meisten Fällen ausreichen, da die deutschen Vorschriften relativ streng sind.

4.2 Preisangaben

(96) Darf ich auf meiner Web-Site lediglich den Nettopreis unter Hinweis auf die hinzukommende Mehrwertsteuer nennen?

Wer gewerbsmäßig Waren und Leistungen anbietet, muß deren Preise angeben. Das gilt auch dann, wenn die Waren oder Leistungen auf dem Bildschirm, also z. B. über das Internet, angeboten werden. Dies ergibt sich aus §§ 2, 3 der Preisangabenverordnung (PAngV). Nach § 1 PAngV ist bei Werbung, die sich an den Endverbraucher richtet, der Endpreis der angebotenen Ware anzugeben, das ist der Brutto-Preis, also einschließlich der Mehrwertsteuer. Auch wenn der Preis in Nettopreis und Steueranteil aufgegliedert wird, ist der Endpreis zu nennen.

(97) Darf ich als Gewerbetreibender auf meiner Web-Site die Nettopreise angeben, wenn ich deutlich darauf hinweise, daß die Produkte nicht für Privatpersonen bestimmt sind?

Eine Nettopreisangabe kann gemäß § 7 Abs. 1 Nr. 1 der Preisangabenverordnung (PAngV) auf einer gewerblichen Web-Site zulässig sein, wenn diese sich eindeutig und unübersehbar ausschließlich an Verbraucher richtet, die die Ware oder Leistung in ihrer selbständigen beruflichen oder gewerblichen Tätigkeit verwenden. So hat das Oberlandesgericht Karlsruhe entschieden, vgl. [Leitsatz 53]. Ein Provider hatte Speicherplatz auf seinem Server sowie die Gestaltung von Web-Sites für gewerbliche Zwecke unter Angabe von Nettopreisen angeboten, gleichzeitig aber unmißverständlich darauf hingewiesen, daß die Leistungen für Privatpersonen kostenlos sein sollten. Wenn der private Endverbraucher offensichtlich nicht Adressat eines Web-Site-Angebotes sei, so das Gericht, bestehe auch nicht die Gefahr einer Täuschung, da er in diesem Fall über die Zusammensetzung der Preise keine Überlegungen anstelle.

Offen bleibt, ob das Gericht bei einem allgemeinen Hinweis wie »Preise gelten nicht für Privatpersonen« oder »Angebote gelten nur für Gewerbetreibende« in gleicher Weise entschieden hätte. Wenn Sie trotz der insoweit unsicheren Rechtslage auf Ihrer Web-Site Nettopreise angeben wollen, sollten Sie in jedem Fall zusätzlich einen möglichst deutlichen Hinweis aufnehmen, daß die Preisangaben nicht für den privaten Endverbraucher gelten, sei es, daß die Ware oder Dienstleistung für ihn kostenlos ist oder daß er sie gar nicht bekommen kann. Generell aber sollten Sie vorsichtshalber sowohl Netto- als auch Bruttopreise angeben (unter Hervorhebung des höheren Preises).

(98) Wie muß die Preisangabe erfolgen, wenn ich meine Leistung über Bildschirmanzeige erbringe und nach Einheiten berechne?

Wenn Sie Ihre Leistung über Bildschirmanzeige erbringen und nach Einheiten berechnen (z. B. Anbieten von Party-Lines, Chat), haben Sie gemäß § 3 der Preisangabenverordnung (PAngV) den Preis der fortlaufenden Nutzung gesondert und unentgeltlich anzuzeigen. Bislang ungeklärt ist, ob die Anzeige ununterbrochen am Bildschirm sichtbar sein muß oder ob es ausreicht, daß sie jederzeit über einen Schalter aufrufbar ist.

(99) Mit welchen Konsequenzen muß ich rechnen, wenn ich gegen die Verordnung zur Regelung der Preisangaben (PAngV) verstoße?

Verstöße gegen die Preisangabenverordnung können mit hohen Geldbußen geahndet werden, vgl. § 3 des Wirtschaftsstrafgesetzes (WiStG). Darüber hinaus setzen Sie sich unter Umständen Unterlassungsansprüchen wegen Verstoßes gegen § 3 des Gesetzes gegen den unlauteren Wettbewerb (UWG) aus. Deren Durchsetzung wird in der Regel durch eine Abmahnung (meist durch einen direkten Konkurrenten) eingeleitet. Selbst wenn Sie daraufhin sofort eine Unterlassungsverpflichtungserklärung abgeben, müssen Sie der Gegenseite zumindest die Kosten ersetzen, die ihr durch die Abmahnung entstanden sind, vgl. Frage (203).

(100) Ist mit einer Änderung der Preisangabenverordnung zu rechnen?

Die EU hat die sogenannte Fernabsatzrichtlinie erlassen, die bis Juni 2000 in nationales Recht umgesetzt werden muß. Gegenstand dieser Richtlinie ist die Angleichung der Rechts- und Verwaltungsvorschriften der EU-Mitgliedstaaten über Vertragsabschlüsse im sogenannten »Fernabsatz« zwischen Verbrauchern und Lieferanten, vgl. Frage (155). Vertragsabschlüsse im Fernabsatz sind durch die Verwendung von Fernkommunikationstechniken gekennzeichnet. Die Richtlinie sieht unter anderem vor, daß der Verbraucher vor Abschluß eines solchen »Fernabsatz«-Vertrages über den Preis von Ware oder Dienstleistung einschließlich aller Steuern informiert werden muß. Da die PAngV dies bereits jetzt anordnet, wird die Umsetzung der Richtlinie in dieser Frage voraussichtlich keine Gesetzesänderung in Deutschland bringen.

4.3 Zugaben und Rabatte

(101) Gilt die Zugabeverordnung auch für Rechtsgeschäfte im Internet?

Die Zugabe ist eine besondere Form der Reklame. Dem Kunden wird anders als bei der Wort- oder Anschauungsreklame eine Ware oder Leistung zugewendet. Das grundsätzliche Verbot der Zugabe beruht auf der Erwägung, daß ein Kunde beeinflußt, abgelenkt und oft irregeführt wird. Von diesem Verbot gibt es zahlreiche Ausnahmen, die in der Zugabeverordnung aufgeführt sind, so z. B. die Zugabe von Waren mit geringem Wert.

Die Vorschriften über Zugaben gelten auch bei Geschäften im Internet, sind aber auf Geschäfte im Inland beschränkt. Bei Geschäften mit Auslandsbezug ist zu beachten, daß in vielen Ländern eigene Regeln für Zugaben existieren. So sind in einigen EU-Ländern Zugaben ausnahmslos verboten.

(102) Darf ich den Besuchern meiner Web-Site für den Fall der Abnahme eines größeren Postens meiner Waren einen Preisnachlaß versprechen?

Um einen größeren Posten abzusetzen, ist es geschicktes Marketing, einen Preisnachlaß zu gewähren. Rabatte gegenüber Endverbrauchern sind allerdings durch das Rabattgesetz eingeschränkt, das auch gilt, soweit Geschäfte über das Internet abgewickelt werden. Daher sollten Sie sich vor dem Anbieten von Preisnachlässen über die einschlägigen Bestimmungen informieren.

4.4 Werbung für Tabak, Alkohol und Medikamente

(103) Darf ich auf meiner Web-Site für Tabakprodukte werben?

Für Tabakprodukte darf nach geltendem deutschem und europäischem Recht weder im Hörfunk noch im Fernsehen geworben werden. Dieses Werbeverbot erstreckt sich jedoch nicht auf das Internet, so daß hier – ähnlich wie in Zeitungen oder auf Plakatwänden – weiterhin gerne geraucht werden darf. Doch entsprechend der Überlegung, ob und wann ein amerikanischer Anbieter im Internet das deutsche Wettbewerbsrecht zu beachten hat, kann das amerikanische Werbeverbot für Tabakwaren auch für ein Web-Angebot in Deutschland zu Einschränkungen führen. Wollen Sie auch den amerikanischen Markt ansprechen, sind Sie mit einem Verzicht auf Zigarettenwerbung gut beraten. Die bisher in den einzelnen Mitgliedstaaten der EU bestehenden Werbeverbote wirken sich als wettbewerbsbeschränkende Maßnahmen nicht auf ein Web-Angebot in Deutschland aus. Doch auch in Europa werden die Werbemöglichkeiten ab dem Jahre 2002 – sollten sich die Mitgliedstaaten auf ein europäisches Werbeverbot einigen können – stark eingeschränkt sein. Ob dann auch der heute noch erlaubte Verkauf von Rauchwaren im Internet verboten wird, bleibt abzuwarten.

Ungeachtet der rechtlichen Voraussetzungen wird es nicht leicht sein, einen Zigarettenhersteller zu finden, der ein Werbe-Banner bei Ihnen setzen möchte. Hier hat sich die Tabakindustrie Zurückhaltung auferlegt. Lediglich zwei kleinere Anbieter sind derzeit mit einer eigenen Präsenz im Internet vertreten.

(104) Darf ich auf meiner Web-Site für Alkohol werben?

Während die Werbemöglichkeiten der Tabakindustrie aus gesundheitspolitischen Gründen gesetzlich eingeschränkt sind oder eingeschränkt werden, dürfen sich Werbeagenturen weiterhin auf Aufträge aus der Bier-, Wein- und Schnapsbranche freuen. Lediglich was

Qualitäts- oder geografische Herkunftsbezeichnungen für Weine angeht, sind irreführende Angaben auch im Internet verboten.

Die EU-Fernsehrichtlinie schränkt die Werbemöglichkeiten im Fernsehen ein, sie findet jedoch auf das Internet keine Anwendung. Dennoch sollte sie bei der Werbung für alkoholische Getränke auch im Internet beachtet werden. Denn auch wenn die Richtlinie selbst hier nicht greift, so ist Werbung, die die darin aufgestellten Werberegeln mißachtet, oftmals wettbewerbsrechtlich bedenklich.

Die EU-Fernsehrichtlinie hält dazu an, Werbung zu vermeiden, die den Alkoholgenuß Jugendlicher anregt oder fördert. Ebenso ist die Mitwirkung von Kindern und Jugendlichen an Alkoholwerbung verboten. Zwischen physischer Leistung und Alkoholgenuß oder dem Führen von Kraftfahrzeugen und Alkoholgenuß darf keine Verbindung hergestellt werden. Alkoholwerbung, die den Eindruck erweckt, Alkohol fördere sozialen und sexuellen Erfolg, ist nach der Fernsehrichtlinie ebenso untersagt wie die Suggerierung einer gesundheitsfördernden, stimulierenden, beruhigenden oder konfliktlösenden Wirkung von Alkohol. Ferner darf der Alkoholgehalt des jeweiligen Getränks nicht werbend in den Vordergrund gestellt werden.

Abgesehen von der EU-Fernsehrichtlinie sollten Sie sich mit der rechtlichen Lage auf dem von Ihnen beworbenen Markt vertraut machen. Zwar gehört die US-amerikanische Prohibition der Vergangenheit an, doch auch heute gelten nicht nur in skandinavischen Ländern gesetzliche Werbebeschränkungen, die beachtet werden müssen, wenn dieser Markt beworben wird.

(105) Darf ich auf meiner Web-Site für Medikamente werben?

Die Werbung für Arznei- und Heilmittel ist im Heilmittelwerbegesetz geregelt, das auch bei Werbung im Internet zu beachten ist. Um gesundheitliche Schäden des Verbrauchers zu verhindern, sind bestimmte Formen der Arzneimittelwerbung verboten. So darf für Arzneimittel nicht mit ungeklärten therapeutischen Wirkungen geworben und nicht der Eindruck erweckt werden, daß ein Erfolg mit Sicherheit zu erwarten ist oder keine schädlichen Wirkungen eintreten, vgl. auch die Fragen (114), (118f.).

4.5 Spamming

(106) Ist E-Mail-Werbung erlaubt?

Die Frage, ob eine unaufgeforderte Zusendung von werbenden E-Mails (»Spamming«) zulässig ist, war Gegenstand zahlreicher Erörterungen. Schon länger war die Unzulässigkeit von sogenannten »kalten« – d. h. nicht verlangten werbenden – Anrufen sowie Telefaxen gerichtlich festgestellt. Maßgebliche Gesichtspunkte hierfür waren das Eindringen in die Privatsphäre des einzelnen, die teilweise Blockade der Telefon-/Telefax-Leitungen sowie das Entstehen von Arbeit und Kosten beim Empfänger der Anrufe und Faxe.

Inzwischen sind auch mehrere Entscheidungen zur Zulässigkeit von werbenden E-Mails ergangen. Das Landgericht Traunstein hat in einem Beschluß vom 18. Dezember 1997 [Leitsatz 56] das Spamming gegenüber Privatpersonen für wettbewerbswidrig erklärt. Auch wenn das Spamming noch nicht übermäßig verbreitet sei, sei doch ein Sogeffekt auf nachahmende Konkurrenten zu befürchten, da E-Mails billig, schnell, arbeitsparend und gezielt an eine Vielzahl von Adressaten verschickt werden könnten. Wegen der anschwellenden Werbeflut könne die Aussonderung von werbenden E-Mails den Empfänger erhebliche Arbeit und Mühen kosten.

In zwei Beschlüssen aus dem Frühjahr 1998 hat auch das Landgericht Berlin Spamming für unzulässig erklärt (vgl. [Leitsatz 52a], [Leitsatz 52b]) und zwar als Wettbewerbsverstoß (§ 1 Gesetz gegen den unlauteren Wettbewerb;

UWG) sowie als Verletzung des allgemeinen Persönlichkeitsrechts (§ 823 Bürgerliches Gesetzbuch; BGB). Wiederum wurde zur Begründung das zeitintensive und mühevolle Aussortieren der unverlangten Werbung angeführt. Zusätzlich berücksichtigte das Landgericht Berlin auch die dem Empfänger durch das Online-Lesen der E-Mails entstehenden Telefonkosten. Das Landgericht Berlin erklärte auch Spamming gegenüber Freiberuflern und Gewerbetreibenden für unzulässig.

Sie dürfen jedenfalls dann nicht per E-Mail werben, wenn der Empfänger Sie nicht ausdrücklich aufgefordert hat. Wer Spam versendet, geht das Risiko ein, durch eine einstweilige Verfügung oder gar durch eine Unterlassungsklage kostenpflichtig in die Schranken verwiesen zu werden.

(107) Darf ich einem Kunden eine E-Mail schicken, mit der ich anfrage, ob er mit der Zusendung von werbenden E-Mails einverstanden ist?

Bereits eine solche Anfrage dürfte als unzulässige werbende E-Mail anzusehen sein. Denn im Grunde genommen enthält sie nichts anderes als Werbung, nämlich Werbung für die eigentliche Werbung.

(108) Ist E-Mail-Werbung zulässig, die aus dem Ausland an deutsche Internet-Adressen geschickt wird?

Da grundsätzlich die Rechtsordnung desjenigen Ortes zur Anwendung kommt, an dem sich die Wettbewerbshandlung auswirkt oder auswirken kann, ist es ohne Belang, ob die E-Mails aus dem Inland oder aus dem Ausland abgeschickt werden – d. h., das Spamming bleibt in jedem Fall nach deutschem Wettbewerbsrecht unzulässig, vgl. Frage (95).

(109) Unter welchen Umständen ist E-Mail-Werbung zulässig?

Das Zusenden von werbenden E-Mails dürfte zulässig sein, wenn sich der Empfänger hiermit vorher ausdrücklich einverstanden erklärt hat, indem er eine entsprechende Willenserklärung gegenüber dem Versender abgegeben hat. Ausreichend ist wohl, wenn der Empfänger einen Text wie »Ich möchte in Zukunft über neue

Produkte und Angebote der Firma X per E-Mail informiert werden« auf einer Web-Site der Firma angekreuzt oder auf ähnliche Weise bestätigt hat. Nicht ausreichen dürfte es dagegen, wenn das entsprechende Feld bereits angekreuzt ist und der Nutzer darauf verwiesen ist, die Ankreuzung selbst zu entfernen. Um sicherzugehen, sollten Sie dafür Sorge tragen, daß sich der Nutzer aktiv an der Einverständniserklärung beteiligt. In einer bloßen Kontaktaufnahme mit dem entsprechenden Unternehmen per E-Mail kann die erforderliche Einwilligung kaum erblickt werden.

4.6 Internet-Präsenz von Freiberuflern

(110) Dürfen Freiberufler sich im Internet präsentieren?

Die Internet-Präsenz von Freiberuflern hat neben den wettbewerbsrechtlichen Vorschriften auch das jeweilige Standesrecht und weitere sondergesetzliche Regelungen zu beachten. Es erscheint deswegen angezeigt, auf die Besonderheiten des Berufsrechts der einzelnen freien Berufe näher einzugehen. Allgemein ist festzustellen, daß sich das Werberecht der freien Berufe uneinheitlich entwickelt. Bei Apothekern erscheint es bereits fraglich, ob eine Internet-Präsenz überhaupt berufsrechtlich zulässig ist. Auch für Architekten galt bisher ein grundsätzliches Werbeverbot. Die künftige Berufsordnung erlaubt dagegen, auf die berufliche Tätigkeit (z. B. auf Referenzprojekte, Leistungsschwerpunkte) in sämtlichen Medien, also auch im Internet, hinzuweisen. Voraussetzung ist allerdings, daß Form und Inhalt sachlich gehalten werden. Steuerberatern wird gestattet, ihre Beratungsangebote offen zu bewerben und ihr Publikum aufzufordern, mit ihnen in Kontakt zu treten. Aus diesem Grund sind Gerichtsentscheidungen zum Werberecht der einzelnen Berufsgruppen nur sehr eingeschränkt verallgemeinerbar.

4.7 Ärzte und Zahnärzte

(111) Darf ein Arzt im Internet werben?

Die Antwort lautet grundsätzlich: nein. Ein Arzt muß bei seiner Präsenz im Internet neben den allgemeinen Grundsätzen des Wettbewerbsrechts vor allem die Einschränkungen durch das ärztliche Standesrecht und das Heilmittelwerbegesetz (HWG) beachten. Danach gilt für den Arzt auch im Internet das althergebrachte standesrechtliche Verbot jeglicher Werbung für die eigene Tätigkeit oder die eines Kollegen. Ärzte sind sogar verpflichtet, Presseberichte oder andere Veröffentlichungen, durch die sie in werbender Art herausgestellt werden, nach Kräften zu verhindern!

Andererseits ist es dem Arzt erlaubt, der Öffentlichkeit sachlich notwendige Aufklärung und Information über seine ärztliche Tätigkeit zu geben. Die Gretchenfrage ist also: Was ist noch sachliche Information, und was ist bereits Werbung, d. h. eine anpreisende Herausstellung der eigenen Tätigkeit oder Person mit dem Ziel, potentielle Patienten zu gewinnen? Bei der Abgrenzung sollte man den vorrangigen Zweck des Werbeverbots im Auge behalten: Es soll das Vertrauen der Patienten darauf erhalten werden, daß der Arzt nicht aus Gewinnstreben bestimmte Behandlungen durchführt oder Medikamente verordnet.

Der Inhalt von Homepages muß anhand dieser allgemeinen Grundsätze beurteilt werden. Bis vor kurzem herrschte allerdings Rechtsunsicherheit darüber, ob ein Arzt überhaupt eine Homepage einrichten dürfe und an welchen Maßstäben sie gemessen werden müsse – vor allem, ob die besonderen standesrechtlichen Anforderungen, die für Zeitungsannoncen und Praxisschilder entwickelt worden sind, entsprechend gelten. Neuerdings zeichnet sich hier eine erfreuliche Entwicklung ab. Bei den Ärztekammern, allen voran der Bundesärztekammer, versucht man, diese Fragen zu klären und sogar eigene Regeln für die Selbstdarstellung der Ärzte im Internet zu entwickeln: Die neue Musterberufsordnung der Bundesärztekammer aus dem Jahre 1997 erkennt erstmals ausdrücklich an, daß Ärzte öffentlich abrufbare Arztinformationen in Computernetzen anbieten dürfen. Diese wegweisende Berufsordnung ist von einigen Landesärztekammern (z. B. Bayern, Baden-Württemberg) bereits in geltendes Recht umgesetzt worden. Eine spezielle Vorschrift bestimmt, daß der erste Zugriff auf die Homepage eines Arztes nur die für Praxisschilder zulässigen Informationen anzeigen darf; erst nach Öffnung von weiteren Seiten der Web-Site darf der Benutzer nähere Angaben, etwa zur geografischen Lage der Praxis oder zum Leistungsangebot, erfahren. Der Umfang dieser Angaben entspricht dem, was der Arzt innerhalb seiner Praxisräume an allgemeinen Patienteninformationen auslegen darf.

Damit ist geklärt, daß Homepages von Ärzten zulässig sind. Welche Texte und Bilder im einzelnen als standeswidrig gelten, richtet sich nach den Regelungen, die für die Zulässigkeit von Praxisschildern, Anzeigen, Verzeichnissen und Darstellungsmöglichkeiten im Schriftverkehr entwickelt worden sind. Diese finden sich in der Musterberufsordnung.

Sie sollten unbedingt die aktuelle Berufsordnung Ihrer Ärztekammer danach durchsehen, welche konkreten Vorgaben sie zur Abgrenzung von Werbung von sachlicher Information macht und ob sie bereits besondere Regelungen zu Computernetzen enthält. Allgemein ist eine liberale Einstellung der Ärztekammern zur Internet-Präsenz ihrer Mitglieder zu beobachten. Die Kammern sind allerdings an einer einheitlichen Entwicklung der Qualitätsstandards der Homepages interessiert und bieten sicherlich nicht zuletzt deshalb an, ihrerseits kostenlos Homepages für ihre Ärzte zu erstellen. Sinnvoll kann es auch sein, seine Homepage über eine lokale Ärzteinitiative einzurichten.

Man sollte jedoch beachten, daß jeder Verstoß gegen das ärztliche Berufsrecht immer zugleich einen wettbewerbsrechtlichen Verstoß gegen die guten Sitten darstellt. Eine als standeswidrig befundene Werbung kann also nicht nur von den Ärztekammern sanktioniert, sondern auch von den Zivilgerichten untersagt werden; z. B. aufgrund der Klage eines anderen Arztes.

(112) Welche Mitteilungen sollte ich auf meiner ärztlichen Homepage vermeiden?

Generell hat sich in der Rechtsprechung (in Fällen, die nicht das Internet betrafen) gezeigt, daß nicht immer vorherzusehen ist, was als sachliche Information und was als Werbung beurteilt wird. Vorsichtig sollte man mit allem sein, was über die wertneutrale Mitteilung medizinischer Sachverhalte hinausgeht. So ist es Ärzten gerichtlich untersagt worden, auf eine Vernissage in Praxisräumen hinzuweisen oder einen Bericht über einen Tag der Offenen Tür in der Praxis zuzulassen. Ebenso wurde die bildliche Darstellung eines exklusiven Praxisgebäudes verboten (sie suggeriere eine besondere Qualität der Behandlung, ohne daß es dafür eine sachliche Grundlage gebe). Auch Meinungsäußerungen allgemeiner Art wie »Spitzenmedizin« oder konkret zur Qualität der Praxismitarbeiter oder der Ausstattung sollte man besser vermeiden.

Speziell zur Gestaltung von Homepages gibt es bislang erst drei gerichtliche Entscheidungen, die allesamt die Selbstdarstellung einer Trierer Zahnarztpraxis im Internet betrafen. Der Zahnarzt hatte u. a. unter der Rubrik »Das Praxisteam« eine allgemeine Beschreibung der Praxis gegeben und aufgelistet, welche zahnärztlichen Leistungen die Praxis anbietet. In einer Rubrik »Praxis-Shop« hatte er außerdem den Erwerb bestimmter Zahnpflegeartikel empfohlen. Im einstweiligen Verfügungsverfahren hatte das LG Trier in erster Instanz befunden, die Außendarstellung eines Arztes im Internet stelle grundsätzlich keine wettbewerbs- oder standeswidrige Handlung dar, vgl. [Leitsatz 61]. Dieses Urteil wurde vom OLG Koblenz aufgehoben. Das OLG bescheinigte der Homepage, insgesamt den Eindruck zu machen, daß hier Gewinnstreben das vorherrschende Motiv für die Außendarstellung gewesen sei, vgl. [Leitsatz 59]. Grundsätzlich sei jede Mitteilung auf einer Homepage unzulässig, die über die Angabe von Berufsbezeichnung, Tätigkeitsgebiet, Namen, Anschrift, Telefonnummer und der Zulassung zu Krankenkassen hinausgehe. Diese Entscheidung ist mit den Regeln der neuen Musterberufsordnung nicht zu vereinbaren. Nach deren Erlaß hat nun auch das Landgericht Trier im Hauptsacheverfahren wieder ein viel großzügigeres Urteil gefällt, Urteil vom 30. Dezember 1997, vgl. [Leitsatz 55]. Die Darstellung der Praxis, praxisorganisatorische Hinweise und die Vorstellung des Praxisteams (auf einer erst durch Mausklick erreichbaren Web-Site) sowie allgemeine Gesundheitstips ohne reklamehafte Wendungen wurden für zulässig befunden, weil sie nicht den Eindruck der Kommerzialisierung erweckten. Als unzulässig wurde dagegen wiederum das Warenangebot im »Praxis-Shop« erachtet, ebenso ein Gewinnspiel, eine Darstellung der angebotenen Dienstleistungen einschließlich dem Anbringen von Goldemblemen als Zahnschmuck, ein virtuelles Gästebuch sowie eine virtuelle Bilderausstellung.

(113) Ist mit einer Weiterentwicklung des ärztlichen Berufsrechts zu rechnen?

Das Bundesverfassungsgericht hat mehrfach festgestellt, daß die berufsrechtlichen Werbeverbote nur dann mit der Berufsausübungsfreiheit (Art. 12 Grundgesetz) zu vereinbaren sind, wenn sie mit dem Gemeinwohl begründet werden und »verhältnismäßig« sind. Ein generelles Werbeverbot ist nicht verhältnismäßig – nur konkrete Verbote berufswidriger Werbung sind verfassungsrechtlich zulässig. Außerdem müßten zeitbedingte Veränderungen der Selbstdarstellung berücksichtigt werden. Diesem Postulat werden die Ärztekammern und Gerichte in Zukunft nur dann gerecht, wenn sie bei der Abgrenzung zwischen Werbung und sachlicher Information berücksichtigen, daß ein zunehmender Wettbewerb die Ärzte mehr und mehr zu einer Spezialisierung zwingt, die wiederum ein größeres Informationsbedürfnis der Patienten zur Folge hat. Zudem verlangt das Internet als Medium besondere Darstellungsmittel. Die Gepflogenheiten dabei dürften in Zukunft auch mehr und mehr durch den wachsenden Wettbewerb mit ausländischen Ärzten beeinflußt werden, die nicht den hiesigen strengen standesrechtlichen Vorschriften unterliegen. Dies gilt um so mehr, als nach der neuesten Rechtsprechung des Europäischen Gerichtshofs die Krankenkassen zur Erstattung von Behandlungskosten verpflichtet sein können, die in anderen EG-Staaten entstanden sind.

Was als »Werbung« von Ärzten gilt, kann nicht ein für allemal fest definiert werden. Für die Selbstdarstellung im Internet sollten eigenständige und konkrete Anforderungen entwickelt werden. Ein erster Schritt dazu ist die neue Musterberufsordnung.

(114) Darf ich auf meiner Homepage für Arzneimittel oder Heilmethoden werben?

Werbung für Arzneimittel wird durch die Vorschriften des Heilmittelwerbegesetzes (HWG) stark eingeschränkt. Insoweit kann auf die Ausführungen zu den Apothekern verwiesen werden.

Daneben darf der Arzt gegenüber Personen, die nicht Angehörige der Heilberufe sind, nicht über Behandlungsmethoden gegen bestimmte, im einzelnen im HWG aufgeführte Krankheiten berichten. Dazu zählen z. B. Krebs, Herz- und Gefäßkrankheiten, Magen- und Darmgeschwülste und Geisteskrankheiten. Gegenüber diesen Personen gelten noch weitere Werbeverbote, z. B. darf nicht damit geworben werden, daß bestimmte Verfahren und Behandlungen fachlich empfohlen oder geprüft seien oder ärztlich angewendet würden. Auch die Wiedergabe von Krankengeschichten sowie die bildliche Darstellung von Veränderungen des menschlichen Körpers oder seiner Teile durch Krankheiten oder von der Wirkung eines Verfahrens oder eines Mittels ist untersagt. Schließlich ist irreführende Werbung unzulässig, z. B. die Behauptung, ein

Behandlungserfolg trete mit Sicherheit ein. In diesen Grenzen ist die sachliche Darstellung von Behandlungsmethoden möglich.

(115) Darf ich mich und meine Mitarbeiter bildlich darstellen?

Grundsätzlich ja, aber Sie sollten beachten, daß das Heilmittelwerbegesetz bildliche Darstellungen von Angehörigen der Heilberufe in ihrer Berufskleidung oder bei der Ausübung ihrer Tätigkeit verbietet.

(116) Darf ein Arzt im Internet medizinische Ratschläge erteilen?

Gesundheitstips allgemeiner Art und Hinweise auf Behandlungsmethoden dürften zulässig sein; z. B. wurde in dem jüngsten Trierer Zahnarzturteil eine Beschreibung von Zahnputztechniken sowie eine Warnung vor Amalgamfüllungen nicht beanstandet. Unzulässig ist es dagegen, eine Fernbehandlung anzubieten, also eine Behandlung, die nicht auf eigener Wahrnehmung beruht. Man sollte auf seiner Homepage vorsichtshalber den Satz einfügen: »Beratung oder dergleichen findet nicht statt. Lassen Sie sich bitte von Ihrem Hausarzt beraten.« Vermeiden Sie Ratschläge, mit denen Sie auf die besondere Fallgeschichte eines individuellen Nutzers eingehen. Die rechtliche Zulässigkeit einer Beratung per E-Mail ist noch nicht im einzelnen geklärt.

(117) Kann ich die werberechtlichen Beschränkungen umgehen, indem ich meine ärztliche Homepage auf einem Server im Ausland plaziere?

Nein, denn entscheidend ist der Wirkungs- und nicht der Begehungsort. Sobald die Homepage von Deutschland aus abgerufen wird, werden an sie die Maßstäbe des bundesdeutschen Berufsordnungs- und Werberechts angelegt, und damit kann sie von Wettbewerbern und der berufsständischen Vertretung angegriffen werden.

4.8 Apotheker

(118) Darf ein Apotheker auf einer Web-Site seine Apotheke vorstellen?

Die Spruchpraxis der Apothekerkammern zur Außendarstellung ihrer Standesgenossen war bislang sehr restriktiv. So hat die bayerische Apothekerkammer der Dachauer Marienapotheke generell verbieten lassen, sich auf Internet-Seiten zu präsentieren. Das Bundesverfassungsgericht hat demgegenüber bereits im Jahre 1996 in fünf Entscheidungen klargestellt, daß der Apotheker nicht nur Angehöriger eines freien Berufs, sondern zugleich Kaufmann sei, der hinsichtlich der apothekenfreien Arzneimittel und des Randsortiments im allgemeinen Wettbewerb stehe; daher müsse ihm erlaubt sein, auf sich aufmerksam zu machen. Regelungen von mehreren Kammersatzungen, die die Nutzung von allgemein üblichen Werbeträgern generell verboten, wurden als nicht mit dem Grundgesetz vereinbar erachtet. Standesrechtliche Werbeverbote dürfen demnach nicht generell sein, sondern müssen Raum für eine Würdigung der Umstände des Einzelfalls (z. B. Werbeträger, Aussagegehalt, Aufmachung) lassen. Damit dürfte auch für das Medium Internet gelten, daß sich der Apotheker dort grundsätzlich präsentieren kann. In diesem Verständnis sind auch die Satzungsentwürfe einzelner Apothekerkammern auszulegen, die das Medium Internet nicht eigens erwähnen. Allerdings ist im einzelnen noch offen, wieweit der Apotheker für seinen Apothekenbetrieb Werbung machen darf. Vor einer »marktschreierischen« Aufmachung ist zu warnen, denn sie könnte mit dem berufsrechtlichen Vorbehalt in Konflikt geraten, einen Arzneimittelmehrgebrauch nicht zu fördern. Zudem ist übertriebene Werbung verboten. Eine sachliche Information über sein Angebot an Dienstleistungen dürfte dem Apotheker nicht zu verwehren sein, da dies sogar anderen freien Berufen gestattet ist. Für das Medium Zeitung hat das Bundesverfassungsgericht die Werbung in großformatigen Zeitungsanzeigen für Hautanalysen in der Apotheke für zulässig befunden. Auch der Apotheker darf keine Fernbehandlung anbieten.

(119) Darf der Apotheker im Internet Informationen über Medikamente geben?

Auch hier gilt für das Internet nichts anderes als für andere Medien: Über Produkte des Nebensortiments darf der Apotheker informieren. So ist das Bewerben des Nebensortiments in häufigen Zeitungsanzeigen und auf Werbetafeln, die vor der Apotheke aufgestellt werden, vom Bundesverfassungsgericht gebilligt worden. Dagegen ist es unzulässig, Werbegaben (Waren oder Dienstleistungen) gratis anzubieten, es sei denn, sie sind von geringem Wert und als solche ausdrücklich gekennzeichnet oder sie sind für Angehörige von Heilberufen zur Verwendung in ihrer Praxis bestimmt. Beispielsweise wurde die Werbung in einer Zeitungsanzeige für eine »Gratis-Zahnbürsten-Gravur« ebenso gerichtlich untersagt wie die unentgeltliche Abgabe von Papiertaschentüchern, Brillenputztüchern und anderen geringwertigen Artikeln bei Einlösung eines Rezepts.

Die Möglichkeiten, über Arzneimittel zu informieren, sind durch die Regelungen des Heilmittelwerbegesetzes stark eingeschränkt: Außerhalb der Fachkreise (das sind vor allem Ärzte, Apotheker sowie Mitarbeiter von Pharmaunternehmen) darf für verschreibungspflichtige Arzneimittel und Arzneimittel zur Behebung bestimmter, einzeln aufgeführter Krankheiten (etwa Krebs, Herzleiden, Blutkrankheiten) überhaupt nicht geworben werden. Im Ergebnis dürfen Sie auch rein sachliche Informationen über verschreibungspflichtige Medikamente nicht an jedermann weitergeben, sondern nur an die oben genannten autorisierten Personen. Um sicherzustellen, daß nur autorisierte Personen Zugang zu Arzneimittelinformationen auf Ihrer Homepage haben, müssen Sie diesen Bereich per Paßwort schützen. Wollen Sie selbst als gesetzlich autorisierte Person fremde Informationen über Medikamente abfragen, können Sie ein solches Paßwort bei einem Service beantragen, der unter der Internet-Adresse *http://www.*

doccheck.com zu erreichen ist. Auch für registrierte homöopathische Arzneimittel sowie zulassungspflichtige, nur im Ausland zugelassene Medikamente darf nicht geworben werden. Sie dürfen auch keinen Versand apothekenpflichtiger Arzneimittel anbieten.

Für die übrigen Arzneimittel dürfen Sie zwar werben, aber das Heilmittelwerbegesetz macht eine Reihe von Auflagen, z. B. welche Pflichtangaben die Werbung enthalten muß (etwa in audiovisuellen Medien den Hinweis: »Zu Risiken und Nebenwirkungen lesen Sie die Packungsbeilage und fragen Sie Ihren Arzt oder Apotheker«). Die Werbung für die Wirkungen eines Mittels durch vergleichende Darstellung des Aussehens vor und nach der Anwendung sind verboten. Auch irreführende Werbung ist untersagt, insbesondere zur Täuschung geeignete Angaben über die Sicherheit der Wirksamkeit eines Mittels oder die Verharmlosung von Nebenwirkungen. Dies wird von den Gerichten streng gehandhabt. Der Hinweis, ein Mittelchen mache fit, das 15 % Alkohol enthält, ist untersagt worden, ebenso die Werbung in großen Zeitungen für Fischöl-Kapseln unter Hinweis auf die vorbildliche Gesundheit der Eskimos, oder für Ananasbonbons als Schlankmacher.

Bevor Sie Ihre Internet-Präsenz eröffnen, sollten Sie sich sicherheitshalber bei Ihrer Apothekerkammer erkundigen, ob das Werberecht eventuell noch restriktiv gehandhabt wird.

4.9 Rechtsanwälte und Notare

(120) Darf ein Rechtsanwalt im Internet werben?

Ja. Die Standesrichtlinien der Rechtsanwälte postulierten lange Zeit ein allgemeines Werbeverbot, das seine gesetzliche Grundlage in § 43 Bundesrechtsanwaltsordnung (BRAO) in seiner alten Fassung hatte. 1987 entschied jedoch das Bundesverfassungsgericht, daß die rigide Unterbindung jeder Anwaltswerbung einen unzulässigen Eingriff in die Berufsausübungsfreiheit darstelle. Der neue § 43 b BRAO trägt dieser Rechtsprechung Rechnung und erlaubt Anwaltswerbung, »soweit sie über die berufliche Tätigkeit in Form und Inhalt sachlich unterrichtet und nicht auf die Erteilung eines Auftrages im Einzelfall gerichtet ist«. Einzelheiten regeln die §§ 6-10 der neuen Berufsordnung für Rechtsanwälte. Wie bei allen Freiberuflern gelten darüber hinaus die Regeln des Gesetzes über den unlauteren Wettbewerb (UWG).

Für Ihre Internet-Präsenz sollten Sie diese Vorgaben immer beachten. Neben dem grundsätzlichen Verbot, unaufgefordert an potentielle Mandanten heranzutreten, ist es Ihnen auch verboten, irreführend zu werben (§ 3 UWG). Sie haben außerdem aufdringliche Werbemethoden zu unterlassen, bei denen rein geschäftsmäßige Absichten im Vordergrund stehen, in denen Sie sich reklamehaft anpreisen oder herausstellen.

(121) Gelten für Notare dieselben Grundsätze wie für Rechtsanwälte?

Nein. Werbung bzw. eine Internet-Präsenz von Notaren hat zusätzlich zu berücksichtigen, daß das Notariat ein öffentliches Amt ist. Darum ist den §§ 1, 8 und 14 der Bundesnotarordnung zunächst ein grundsätzliches Werbeverbot für Notare zu entnehmen. Dieses Werbeverbot gilt nach der neuesten Rechtsprechung des Bundesverfassungsgerichts allerdings nicht uneingeschränkt, sondern ist verfassungskonform auszulegen. Unzulässig ist demzufolge nur eine berufswidrige Werbung, die die Unparteilichkeit und Unabhängigkeit des Notars als Träger eines öffentlichen Amtes in Frage stellen könnte. Nicht jede Maßnahme, mit der sich ein gewisser Werbeeffekt verbindet, unterliegt danach dem berufsrechtlichen Werbeverbot. Erlaubt ist (jedenfalls Anwaltnotaren) im allgemeinen neben der Bekanntgabe von Partnerbeziehungen im Briefkopf (die bereits den Eindruck besonderer Leistungsfähigkeit erwecken will) beispielsweise auch die farbliche Gestaltung des Briefbogens bei gleichzeitiger

Verwendung grafischer Elemente, etwa eines dezenten Logos.

(122) Darf ich im Internet juristisch beraten?

Das Rechtsberatungsgesetz erlaubt es Rechtsanwälten und einigen anderen Berufsgruppen, »geschäftsmäßig« Rechtsberatung im Einzelfall zu betreiben. So wie Rechtsberatung per Telefon zulässig ist, darf juristische Beratung auch im Internet stattfinden. Sofern sich ein Rechtsuchender im Internet an einen Anwalt wendet und ihm ausdrücklich die Führung eines Mandats anträgt, steht einer Online-Beratung nichts entgegen.

Problematisch ist dagegen der Fall, wenn ohne Mandatsübertragung Rechtsrat bei einem im Internet vertretenen Rechtsanwalt gesucht wird, etwa in einer virtuellen Sprechstunde. Hieran knüpfen sich dieselben berufsrechtlichen Fragen, die im Bereich der geschäftsmäßigen telefonischen Rechtsberatung im Minutentakt unter dem Aspekt der sogenannten Standesvergessenheit diskutiert werden. So ist beispielsweise ein Verstoß gegen das Mandatsgeheimnis denkbar, weil die Telefongesellschaft, die den Vorgang abrechnet, den Rechtsuchenden zwangsläufig kennt. Der Anwalt kann darüber hinaus der Pflicht zur Führung einer Handakte nicht nachkommen. Hier wie dort ist juristisch allerdings noch nichts entschieden.

(123) Darf ich auf meiner Rechtsanwalts-Web-Site ein Gästebuch führen?

Ein virtuelles Anwalts-Gästebuch zu führen, ist nicht unproblematisch, da es Medium unsachlicher Werbung sein kann. Mit dieser Begründung hat jedenfalls das Landgericht Nürnberg einem Rechtsanwalt die Führung eines Gästebuches auf seiner Homepage untersagt. Dies sei mit § 43 b der Bundesrechtsanwaltsordnung (BRAO), also dem Gebot, über die berufliche Tätigkeit sachlich zu unterrichten, unvereinbar. Durch das Anbieten eines Gästebuchs werde die konkrete Gefahr einer unsachlichen Werbung für seine Tätigkeit geschaffen, weil »Besucher« erfahrungsgemäß überwiegend Positives, d. h. Lob und Anerkennung, über den »Gastgeber« niederschrieben. Zudem könne der Anwalt den Inhalt der Einträge nicht beeinflussen. Es könne auch nicht davon ausgegangen werden, daß er die Einträge rund um die Uhr überwache. Dadurch liege die Gefahr einer unsachlichen Werbung in Form von subjektiven Belobigungen des Anwalts und seiner Leistungen vor, vgl. [Leitsatz 52]. Die Entscheidung ist allerdings auf heftige Kritik innerhalb der Anwaltschaft gestoßen. Zutreffend wird gegen die Argumentation des Landgerichts eingewendet, daß ein elektronisches Gästebuch mit seinem klassischen Vorläufer nur das Wort gemeinsam hat. Der Anbieter der Homepage kennt seine »Gäste« in der Regel gerade nicht. Infolgedessen greift der Erfahrungssatz, daß Gäste überwiegend Positives anmerken, bei einem virtuellen Gästebuch nicht. Es gibt auch keine Verpflichtung, das Gästebuch »rund um die Uhr« zu überwachen. Regelmäßige Kontrollen und die technische Möglichkeit, unzulässige Einträge zu löschen, sind hier völlig ausreichend.

(124) Welche anderen Selbstdarstellungsmöglichkeiten habe ich als Rechtsanwalt?

Die Untersagung eines Gästebuches für Rechtsanwälte ist ein streitiger Grenzfall, der noch obergerichtlich entschieden werden muß. Problematisch könnte auch die Einrichtung einer virtuellen Bilderausstellung auf Ihrer Homepage sein. Einem Zahnarzt hat das Landgericht Trier (siehe bei Ärzten und Zahnärzten) die Darstellung von Kunst im Internet mit der Begründung untersagt, daß er sich dadurch einen Werbeeffekt für seine Praxis zunutze mache, der über den Rahmen einer sachlichen Darstellung seiner Dienstleistungen hinausgehe. Ob sich diese Entscheidung ohne weiteres auf Ihre Internet-Präsenz übertragen läßt, ist aber fraglich, weil die berufsrechtlichen Werbebeschränkungen für Ärzte und Zahnärzte restriktiver sind als die für Rechtsanwälte oder Steuerberater.

Zulässig sind jedenfalls professionelle Lebensläufe mit Veröffentlichungsliste, bildliche Darstellungen der Rechtsanwälte und ihrer Mitarbeiter, der Kanzleiräume und ihrer geografischen Lage sowie ein Lageplan der Kanzlei. Unzulässig sind sachfremde Hyperlinks und Links auf sachfremde Web-Sites, die Veranstaltung von Gewinnspielen und das Angebot von Musik- und Videoclips – es sei denn, sie sind ausschließlich kanzleibezogen. Das OLG München hat einem Rechtsanwalt in einer ebenfalls heftig kritisierten Entscheidung beispielsweise verboten, eine mit Geräuschen und Musik unterlegte Radiowerbung für seine Kompetenz in Verkehrsunfallsachen zu verbreiten (29 W 1015/98). Durch die Art der Darbietung sei diese gewerblicher Werbung, wie etwa für Waschmittel oder Schokolade, angeglichen und appelliere unzulässig an Stimmung und Gefühl der Hörer, um deren Aufmerksamkeit für die Werbebotschaft zu erhöhen.

4.10 Steuerberater

(125) Darf ein Steuerberater im Internet werben?

Ja. Steuerberatern ist Werbung nicht grundsätzlich verboten, sondern nur, wenn sie berufswidrig ist. Einzelheiten regeln die §§ 10–23 der 1996 verabschiedeten Berufsordnung, die auch bei der Nutzung von elektronischen Medien, Netzen und Netzdiensten zur Anwendung kommen. Zweck der Novellierung war es, die Leistungs- und Wettbewerbsfähigkeit der steuerberatenden Berufe durch eine maßvolle Auflockerung der berufsrechtlichen Regulierungen zu stärken. Wie bei anderen freien Berufen ist Werbung dann wettbewerbs- und berufsrechtlich zulässig, wenn sie sachlich unterrichtet, nicht reklamehaft ist und nicht auf die Erteilung eines Auftrags im Einzelfall abzielt.

(126) Darf ich eine steuerrechtliche Online-Beratung anbieten?

Die berufsrechtliche Praxis der Steuerberater ist freizügiger als die der anderen freien Berufe. Obwohl im Steuerberatungsgesetz das unaufgeforderte Anbieten geschäftsmäßiger Hilfeleistungen untersagt wird, sind nach Auffassung des Landgerichts Nürnberg-Fürth konkrete Angebote zur Hilfeleistung in Steuersachen zulässig, solange sie sich auf die sachliche Mitteilung von Fakten beschränken und keine Elemente mit besonderer Anlockwirkung enthalten, vgl. [Leitsatz 60]. So blieb eine erbschafts- und schenkungssteuerrechtliche Online-Beratung eines Steuerberaters unbeanstandet, die auf einer Web-Site unter dem Titel »Die neuen Vorschriften zur Erbschafts- und Schenkungssteuer« folgendermaßen warb: »Beachten Sie das Angebot: Erbschafts- und Schenkungssteuerberechnung auf der Homepage.« Ebenso der Eintrag unter »Beratungsangebot«: »Was müssen Ihre Kinder nach dem neuen Erbschafts- und Schenkungssteuergesetz zahlen?«

(127) Darf ich auf meiner Homepage, die über mein Steuerberatungsangebot informiert, außerdem eine Mailbox einrichten mit der Aufforderung: »Feedback – Bitte schreiben Sie mir«?

Nach Auffassung des Landgerichts Nürnberg-Fürth handelt es sich hierbei ebenfalls um eine zulässige Werbemaßnahme. Sie bewege sich noch im Rahmen einer sachlichen Unterrichtung, ohne die angesprochenen Verkehrskreise direkt und reklamehaft aufzufordern, mit dem Steuerberater in Kontakt zu treten. Die hier von einem anderen Steuerberater gerichtlich angegriffene Internet-Präsentation sei nicht auf die Erteilung eines Auftrags im Einzelfall gerichtet, sondern über das Datennetz Internet weltweit zugänglich und richte sich daher an jedermann. Die zusätzlich betriebene Mailbox gebe Internet-Teilnehmern die Möglichkeit, ihre Anschrift oder andere Daten zu hinterlassen, falls sie eine Kontaktaufnahme mit dem Betreiber wünschten. Hierbei handele es sich nicht um ein reklamehaftes Werben um Kunden. Ob diese Begründung von anderen Gerichten nachvollzogen wird, bleibt jedoch abzuwarten. Ausgewählte attraktive Beratungsangebote mit der direkten Aufforderung zur Kontaktaufnahme durch Mausklick zu verbinden, stellt einen zumindest zweifelhaften Grenzfall dar.

4.11 Übernahme fremder Geschäftsideen

(128) Darf ich eine fremde Geschäftsidee übernehmen?

Erfolgreiche fremde Geschäftsideen dürfen Sie für Ihre eigenen Zwecke übernehmen. Umgekehrt haben Sie also auch keine rechtliche Handhabe dagegen, daß ein Konkurrent Ihre Geschäftsidee nachahmt. Denn Ideen als solche sind durch die Immaterialgüterrechte grundsätzlich nicht geschützt. Nur in Ausnahmefällen kann man sich Ideen schützen lassen, z. B. durch Erwerb eines – gebührenpflichtigen – Patentes. Das Patentrecht schützt allerdings nur Ideen, soweit sie technische Herstellungs- oder Anwendungsverfahren oder ein technisches Erzeugnis betreffen. Im übrigen sind Ideen nicht schutzfähig.

Auch das Urheberrecht schützt immer nur die konkrete Formgebung einer Gestaltungsidee, nicht dagegen die Idee selbst. Allerdings dürfen Sie sich bei der Übernahme fremder Geschäftsideen nicht sittenwidrig verhalten im Sinne des § 1 des Gesetzes gegen den unlauteren Wettbewerb (UWG). Eine sittenwidrige Übernahme einer fremden Leistung liegt beispielsweise dann vor, wenn Sie die Leistung Ihres Konkurrenten mittels eines einfachen technischen, biologischen oder sonstigen Vervielfältigungsverfahrens unmittelbar übernehmen, ohne der vorgeschaffenen Leistung irgend etwas Eigenes hinzuzufügen oder die Leistung weiterzuentwickeln. Auch dürfen Sie z. B. nicht grafische Gestaltungselemente Ihres Konkurrenten übernehmen, da das eine Urheberrechtsverletzung darstellen könnte.

4.12 Stellenbörsen im Internet

(129) Darf ich eine Stellenbörse im Internet eröffnen?

Die Eröffnung einer Internet-Stellenbörse ist insofern problematisch, als die Arbeitsvermittlung durch Private nach der »Verordnung über Arbeitsvermittlung durch private Arbeitsvermittler« erlaubnispflichtig ist. Daher stellt sich die Frage, ob das Anbieten von Stellenanzeigen über eine Internet-Stellenbörse als Arbeitsvermittlung anzusehen ist. Arbeitsvermittlung ist eine Tätigkeit, die darauf abzielt, arbeitsuchende Arbeitnehmer und Arbeitgeber zur Begründung von Arbeitsverhältnissen zusammenzuführen. Als Arbeitsvermittlung gilt zum Beispiel auch die Herausgabe von Listen über Stellenangebote und Stellengesuche.

Die Aufnahme von Stellenanzeigen in Zeitungen, Zeitschriften, Fachblättern oder ähnlichen periodisch erscheinenden Druckschriften ist allerdings zulässig, soweit die Veröffentlichung der Stellenanzeigen nicht Hauptzweck des Presseerzeugnisses ist.

Diese für die Printmedien geltende Regel übertrug das Landessozialgericht Berlin in einem Beschluß aus dem Jahre 1987 auf die Veröffentlichung von Stellenanzeigen im Bildschirmtext (Btx), vgl. [Leitsatz 72]. Zur Begründung führte es unter anderem aus, daß ein Arbeitsuchender üblicherweise nicht ausschließlich wegen der Btx-Stellenangebote Btx-Teilnehmer werde.

Demnach dürfte auch das Betreiben einer Internet-Stellenbörse erlaubnisfrei sein, jedoch nur unter der Voraussetzung, daß der Web-Site-Betreiber sich bei der Veröffentlichung der Anzeigen neutral verhält und sich nicht aktiv darum bemüht, Arbeitsverträge zwischen möglichen Arbeitgebern und Arbeitnehmern herbeizuführen.

(130) Darf ich Stellenanzeigen einer Tageszeitung in einen Online-Stellenmarkt übernehmen?

Nein. Selbst wenn Sie die Anzeigen nochmals redaktionell bearbeiten und die Fundstelle angeben, liegt darin ein wettbewerbswidriges Ausbeuten fremder Leistung. In einer Entscheidung des Landgerichts Berlin, das einem Online-Dienst die Verwendung fremder Stellenanzeigen untersagt hat, wird zur Begründung ausgeführt, daß der Betreiber eines Stellenmarktes erhebliche Aufwendungen für die Annahme und Bearbeitung der Anzeigen sowie für Werbung habe, vgl. [Leitsatz 62]. Dieses Leistungsergebnis habe sich das beklagte Unternehmen unbefugt zur Steigerung seiner eigenen Attraktivität für potentielle Nutzer angeeignet. Dabei sei es unerheblich, daß die Anzeigen nicht wörtlich oder grafisch identisch übernommen wurden. Entscheidend sei vielmehr, daß die inhaltlichen Informationen, wenn auch stichwortartig und unter Verwendung von Abkürzungen, so doch weitgehend vollständig wiedergegeben wurden.

Ähnlich dürften die Gerichte auch den Fall beurteilen, wenn Sie mittels Link direkt auf die jeweiligen Sites eines Stellenmarktbetreibers, einer Nachrichtenagentur oder eines vergleichbaren Diensteanbieters verweisen oder durch Framing zur Verfügung stellen.

4.13 Elektronische Archive

(131) Darf ich meinen Kunden die Artikel von Zeitschriften ohne Zustimmung von deren Verlegern in einem elektronischen Archiv zur Recherche zur Verfügung stellen?

Zu dieser Frage gab es bereits mehrere Urteile, die meisten mit dem Tenor, ein solches Handeln sei aus urheberrechtlichen sowie aus wettbewerbsrechtlichen Gründen unzulässig. Da Zeitungsartikel in den meisten Fällen als Sprachwerke im Sinne des § 2 Abs. 1 Nr. 1 Urheberrechtsgesetz (UrhG) Urheberrechtsschutz genössen, sei für ihre Vervielfältigung durch Einscannen und Aufnahme in eine Datenbank die Zustimmung des Urhebers erforderlich. Auch griffen nicht die Ausnahmevorschriften des § 53 Abs. 2 Nr. 2, 4a UrhG, die eng auszulegen seien. Diese Vorschriften erklären es z. B. für zulässig, einzelne Kopien eines Werkes auch ohne Zustimmung des Urhebers herzustellen oder herstellen zu lassen, wenn dadurch dem Informationsbedürfnis der Allgemeinheit Rechnung getragen werden soll. Darüber hinaus komme ein Wettbewerbsverstoß in Betracht (unmittelbare Übernahme fremder Leistungen), vgl. [Leitsatz 45], [Leitsatz 46], [Leitsatz 47].

4.14 Herausgabe einer Online-Zeitschrift

(132) Gilt für Online-Zeitschriften das Presserecht?

Ja. Die §§ 6–10 des Mediendienste-Staatsvertrages (MDStV) von 1997 übertragen alle wichtigen Regelungen des Presserechts auf die multimediale Presse.

(133) Welche presserechtlichen Bestimmungen sind vor allem zu beachten?

Kennzeichnungspflicht: Der Impressumspflicht für Druckwerke entsprechend regelt § 6 eine Anbieterkennzeichnung. Anbieter von journalistisch-redaktionell gestalteten Angeboten haben Namen und Anschrift eines Verantwortlichen sowie gegebenenfalls Namen und Anschrift eines Vertretungsberechtigten anzugeben. Darüber hinaus ist ein Verantwortlicher für die verbreiteten Texte zu benennen und, bei mehreren Verantwortlichen, kenntlich zu machen, wer von den Benannten für welchen Teil des Angebots verantwortlich ist. Der Verantwortliche muß seinen Wohnsitz im Inland haben, öffentliche Ämter bekleiden dürfen, voll geschäftsfähig sein und unbeschränkt strafrechtlich haften können.

Beachtung des geltenden Rechts: § 7 Abs. 1 MDStV stellt überflüssigerweise fest, daß für die angebotenen Inhalte die verfassungsmäßige Ordnung gilt und die Vorschriften der allgemeinen zivil-, verwaltungs- und strafrechtlichen Gesetze sowie die Gesetze zum Schutz der persönlichen Ehre zu beachten sind. Es kommt also grundsätzlich das sogenannte Pressedelikts- oder Äußerungsrecht zur Anwendung, das die Rahmenbedingungen einer zulässigen Berichterstattung vorgibt. Danach ist das Persönlichkeitsrecht, insbesondere die Intim-, Privat- und Geheimsphäre der dargestellten Personen zu beachten. Das Aufstellen oder Verbreiten von falschen Tatsachenbehauptungen, herabsetzender Kritik und strafbaren Inhalten ist ebenso unzulässig wie Äußerungen, die zu einer Gefährdung für Leben und Gesundheit führen können. § 8 MDStV zählt beispielhaft unzulässige Angebote auf; dazu gehören u. a. solche mit volksverhetzendem, kriegsverherrlichendem, gewalttätigem, pornographischem, jugendgefährdendem und die Menschenwürde verletzendem Inhalt.

Als haftungsbeschränkender »Filter« vor der allgemeinen Verantwortlichkeit für Äußerungen und sonstige Inhalte Dritter kommen ergänzend die Regelungen in § 5 MDStV zur Anwendung. Hier kann auf die Ausführungen zur Haftung für Links bzw. bei Einrichtung eines Diskussionsforums verwiesen werden.

Beachtung journalistischer Pflichten:
§ 7 schreibt vor, daß die anerkannten journalistischen Grundsätze zu beachten sind. So sind Nachrichten über das aktuelle Tagesgeschehen vor ihrer Verbreitung vom Anbieter sorgfältig auf Inhalt, Herkunft und Wahrheit zu prüfen. Kommentare sind von der Berichterstattung deutlich zu trennen und unter namentlicher Benennung des Autors als Kommentar zu kennzeichnen. Der Anbieter ist verpflichtet, bei der Wiedergabe von Meinungsumfragen anzugeben, ob sie repräsentativ sind. Gemäß § 9 gilt das medienrechtliche Trennungsgebot von redaktionellem Teil und Werbung. Es dürfen keine unterschwelligen Techniken eingesetzt werden; Werbung, die sich an Kinder und Jugendliche richtet, darf nicht ihren Interessen widersprechen oder ihre Unerfahrenheit ausnutzen.

Pflicht zur Aufnahme von Gegendarstellungen:
Das in § 10 MDStV geregelte Gegendarstellungsrecht ist weitgehend an die presse- oder

rundfunkrechtlichen Vorschriften angelehnt. Neu ist vor allem die Ausdehnung des Gegendarstellungsrechts auf geschäftliche Anzeigen. Gegendarstellungsfähig sind nur journalistisch-redaktionell gestaltete Angebote, die periodisch verbreitet werden. Die Gegendarstellung muß dem Anbieter unverzüglich nach Einstellung des Angebots schriftlich und unterschrieben (also nicht per E-Mail) zugehen. Sie hat sich auf tatsächliche Angaben zu beschränken, darf keinen strafbaren Inhalt haben und nicht wesentlich länger als der angegriffene Text sein. Der Verpflichtete hat die Gegendarstellung so lange wie die Tatsachenbehauptung anzubieten, und zwar in derselben Aufmachung ohne Einschaltungen oder Weglassungen. Eine Pflicht zur Gegendarstellung besteht nicht bei wahrheitsgemäßen Berichten über öffentliche Parlamentssitzungen sowie Institutionen, bei denen die jeweiligen Landespressegesetze das Gegendarstellungsrecht ausschließen.

Für die Durchsetzung eines zurückgewiesenen Abdruckverlangens ist der Zivilrechtsweg gegeben.

Auskunftsrecht: Mediendiensteanbieter haben gemäß § 11 MDStV einen Auskunftsanspruch gegenüber Behörden, der allerdings verweigert werden kann, wenn dadurch beispielsweise ein strafrechtliches Ermittlungsverfahren erschwert oder ein überwiegendes öffentliches bzw. schutzwürdiges privates Interesse verletzt wird.

Schutz vor behördlichen Verfolgungsmaßnahmen: Schließlich können sich auch redaktionelle Mitarbeiter elektronischer Publikationen auf das Zeugnisverweigerungsrecht der Strafprozeßordnung (StPO) berufen und kommen in den Genuß der Beschlagnahmefreiheit von Schriftstücken und Datenträgern, soweit sie nicht in Verdacht stehen, selbst strafbare Handlungen begangen zu haben.

(134) Muß von Online-Zeitschriften ein Pflichtexemplar abgeliefert werden?

Nein. Anders als bei Büchern, von denen ein Pflichtexemplar an die Deutsche Nationalbibliothek abgeliefert werden muß, gibt es derzeit noch kein Gesetz, das eine Pflichtablieferung von Online-Publikationen vorsieht.

(135) Kann man für eine Online-Zeitschrift eine ISSN bekommen?

Ja. Eine International Standard Serial Number (ISSN) wird für fortlaufend erscheinende Veröffentlichungen vergeben. Die Vergabe ist nicht auf Printmedien beschränkt. Voraussetzung ist nur ein fortlaufendes, d. h. regelmäßiges oder unregelmäßiges, nicht von vorneherein begrenztes oder abgeschlossenes Erscheinen des Titels. Sie können also für Ihre elektronische Publikation beim Nationalen ISSN-Zentrum für Deutschland die Zuteilung einer ISSN beantragen, wenn sie periodisch erscheint und ein Ort der Bundesrepublik Deutschland erster Verlagsort ist. Zuständig ist:

Die Deutsche Bibliothek
Nationales ISSN Zentrum für Deutschland
Adickesallee 1
D-60322 Frankfurt/M.
http://www.ddb.de/partner/issn.htm

Dem formlos zu stellenden Antrag sollten alle Unterlagen beigefügt sein, die für die Ansetzung des international verbindlichen Key titles relevant sind, wie z. B. Kopien von Titelbildschirm und Hauptmenü.

4.15 Veranstaltung von Auktionen

(136) Darf ich auf meiner Web-Site Auktionen veranstalten?

Grundsätzlich spricht nichts gegen eine Zulässigkeit von Auktionen über das Internet. Allerdings setzt § 34 b der Gewerbeordnung (GewO) für das Versteigerergewerbe eine behördliche Erlaubnis voraus. Diese Erlaubnis wird unter anderem dann versagt, wenn der Antragsteller die für den Gewerbebetrieb erforderliche Zuverlässigkeit nicht besitzt oder in ungeordneten Vermögensverhältnissen lebt.

4.16 Veranstaltung von Glücksspielen und Gewinnspielen

(137) Darf ich auf meiner Web-Site Glücksspiele anbieten?

Der deutsche Gesetzgeber hat die öffentliche Veranstaltung von Glücksspielen ohne behördliche Erlaubnis unter Strafe gestellt. Auch das Internet ist ein öffentlicher Veranstaltungsort im Sinne des Gesetzes. Sieht man nicht nur den Standort des Server, sondern jeden Ort, von dem das Angebot abgerufen werden kann, als Veranstaltungsort an, so bleibt auch bei Verlagerung des Server ins Ausland der Veranstaltungsort stets in Deutschland. Ungeklärt ist jedoch, ob der Betrieb eines virtuellen Spielkasinos auf einem ausländischen Server von deutschen Behörden genehmigt werden muß und ob dieser Betrieb überhaupt genehmigungsfähig ist. Klarheit wird es jedoch bis zu einer gerichtlichen Entscheidung oder einer entsprechenden Gesetzesänderung nicht geben. In diesem Zusammenhang dürfte auch eine Entscheidung des Reichsgerichts erneut an Aktualität gewinnen. Hinsichtlich einer ebenfalls genehmigungspflichtigen Lotterie erkannten die Richter schon in den zwanziger Jahren, daß eine ausländische Lotterie im Inland veranstaltet wird, wenn dem Publikum die Beteiligung innerhalb des Staatsgebiets möglich ist.

Die Rechtsdurchsetzung deutscher Verbote gegenüber ausländischen Servern bleibt jedoch weiterhin schwierig. Bereits in dem Verfahren gegen den ehemaligen Geschäftsführer von CompuServe wegen Verbreitung pornografischer Schriften im Internet [vgl. Frage (86)] wurde deutlich, wie begrenzt die Möglichkeiten deutscher Rechtsdurchsetzung sind. Nicht gegen die amerikanische Muttergesellschaft, auf deren Server die pornografischen Darstellungen von Dritten abgelegt worden waren, sondern gegen die den Zugang bereitstellende Tochtergesellschaft in Deutschland richtete sich das strafrechtliche Verfahren, vgl. Frage (86).

Doch nicht nur für den Betreiber des virtuellen Spielkasinos ist von Bedeutung, ob es sich um nach deutschem Recht verbotene Glücksspiele handelt. Auch derjenige, der am digitalen Glücksspiel teilnimmt, sollte aufpassen. Denn auch wer sein Glück bei einem nicht genehmigten Spiel herausfordert, kann mit einer Freiheitsstrafe bis zu sechs Monaten bestraft werden.

(138) Darf ich auf meiner Web-Site Preisausschreiben oder Gewinnspiele anbieten?

Nicht alles, was mit Glück zu tun hat, ist ein Glücksspiel. Gegen Preisausschreiben, Gewinn- oder Geschicklichkeitsspiele, die Sie auf Ihrer Web-Site im Rahmen Ihres sonstigen Warenangebots veranstalten, ist rechtlich nichts einzuwenden, solange der Teilnehmer keinen Einsatz leisten muß und Sie die wettbewerbsrechtlichen Vorschriften beachten. Veranstalten Sie diese Spiele jedoch gewerblich und nicht lediglich zu eigenen Werbezwecken, so bedarf es auch hier einer Gewerbeerlaubnis.

(139) Darf ich eine Lottoannahmestelle im Internet betreiben?

Auch eine Lotterie bedarf einer behördlichen Genehmigung, die nach landesrechtlichen Vorschriften erteilt wird. Das Problem der verschiedenen Landeslotterien ist, daß sich ihre Genehmigung nur auf das jeweilige Bundesland erstreckt. So ist es zum Beispiel der Deutschen Klassenlotterie in Berlin versagt, auch in

Baden-Württemberg aufzutreten. Daher ist es bisher nicht möglich, seinen Lottoschein online bei der jeweiligen Lottogesellschaft abzugeben. Eine eigene Web-Präsenz wäre aus diesem Grunde für die Betreiber von Lottoannahmestellen zur Zeit wenig attraktiv.

Im Netz sind jedoch einige gewerbliche Tippgemeinschaften zu finden, die mit der Abgabe der vermeintlichen Traumkombination beauftragt werden können. Da diese nicht selbst Veranstalter der Lotterie sind, bedarf es für ein solches Angebot keiner behördlichen Genehmigung. Daß dies für die Lottogesellschaften untragbar ist, hat auch der Gesetzgeber erkannt. Daher ist in absehbarer Zeit mit einer Änderung der jeweiligen landesrechtlichen Vorschriften zu rechnen, zumal die Länder an den Einnahmen der Lottogesellschaften nicht unwesentlich beteiligt sind.

4.17 Anbieten von Pornographie

(140) Darf ich auf meiner Web-Site Pornographie anbieten?

Der Gesetzgeber unterscheidet die harte und die einfache Pornographie. Zur harten Pornographie zählen Kinderpornografie, sadomasochistische und sodomitische Darstellungen. Das Herstellen, Verbreiten und Zugänglichmachen von harter Pornographie ist gemäß § 184 Abs. 3 Strafgesetzbuch (StGB) ohne Einschränkungen verboten. Bereits der Besitz von Kinderpornographie ist strafbar.

Durch das Informations- und Kommunikationsdienstegesetz (IuKDG) vom 13. Juni 1997 wurde inzwischen klargestellt, daß die allgemeinen strafrechtlichen Beschränkungen auch für das Anbieten von Pornographie über das Internet gelten.

Das Anbieten einfacher Pornographie auf einer Web-Site ist wegen § 184 Abs. 1 Nr. 2 StGB problematisch, der es verbietet, pornographische Schriften an einem Ort auszustellen oder zugänglich zu machen, der Minderjährigen zugänglich ist oder von ihnen eingesehen werden kann, vgl. [Leitsatz 69]. Möglicherweise ist das Bereithalten pornographischer Inhalte auf einer Web-Site zulässig, wenn gewährleistet ist, daß Personen unter 18 Jahren zu diesen Angeboten keinen Zugang haben. Problematisch ist, daß sich dies beim Internet-Angebot kaum wirksam kontrollieren läßt. Nicht ausreichen dürfte es, dem Besucher erst nach dem Betätigen eines Button, durch das er versichert, volljährig zu sein, den Zugang zu den pornographischen Seiten zu eröffnen. Selbst das Verlangen einer Kreditkartennummer stellt keine wirksame Zugangskontrolle dar, da nicht ausgeschlossen ist, daß der Jugendliche beispielsweise die Kreditkartennummer der Eltern in Erfahrung gebracht hat. Möglicherweise ist ausreichend, daß der Betreiber die Web-Site über ein Kennwort nur solchen Personen anbietet, die zuvor einen Altersnachweis geführt haben und in eine spezielle Liste aufgenommen wurden. Die Rechtsprechung hat zu den Einzelfragen bislang jedoch noch keine Stellung genommen.

Daneben ist das Gesetz über die Verbreitung jugendgefährdender Schriften (GjS) zu berücksichtigen. Hiernach ist es strafbar, Jugendlichen Inhalte zugänglich zu machen, die durch die Bundesprüfstelle für jugendgefährdende Schriften indiziert wurden, sowie solche zu vertreiben oder zu verbreiten. Denkbar ist, daß sich auf diesem Index pornographische Inhalte befinden, die nach Auffassung der Strafgerichte nach dem allgemeinen Strafgesetzbuch nicht strafbar sind. Durch das IuKDG wurde klargestellt, daß auch die Verbreitung indizierter Inhalte über das Internet unzulässig ist.

Jeder, der unter Geltung der deutschen Rechtsordnung Pornographie auf seiner Web-Site anbieten will, sollte sich über die strafrechtlichen Risiken im klaren sein. Auch wenn die pornographischen Inhalte auf einem Server installiert sind, der sich im Ausland befindet, kommt eine Strafbarkeit nach deutschem

Recht in Betracht. Denn es ist nicht notwendig, daß die Tathandlung in Deutschland vorgenommen wird, sondern es reicht aus, daß der Taterfolg in Deutschland eintritt.

(141) Darf ich Pornographie über das Internet im Versandhandel vertreiben?

Der Versandhandel einfacher Pornographie ist strafbar. Das ergibt sich aus § 184 Abs. 1 Nr. 3 Strafgesetzbuch (StGB). Beim Verbot des Versandhandels pornographischer Inhalte kommt es im übrigen nicht darauf an, ob Jugendliche zu diesem Angebot Zugang haben oder nicht. Auch spielt es keine Rolle, ob er über Prospekte, Kataloge oder über das Internet erfolgt.

Für den Versandhandel pornographischer Inhalte, die aufgrund des Gesetzes über die Verbreitung jugendgefährdender Schriften (GjS) indiziert sind, gilt darüber hinaus das strafrechtlich bewehrte Verbot des § 4 Abs. 1 Nr. 3 GjS.

(142) Darf ich auf meiner Web-Site Nacktdarstellungen aufnehmen?

Die bloße Darstellung des nackten menschlichen Körpers für sich genommen stellt noch keine Pornographie dar und ist auf einer Web-Site zulässig. Darstellungen des nackten menschlichen Körpers sind nur dann Pornographie und daher auf Web-Sites verboten, wenn sie objektiv dazu geeignet sind, den Betrachter sexuell in einer Weise aufzureizen, die nicht mit den allgemeinen gesellschaftlichen Wertvorstellungen vereinbar ist. Wann das der Fall ist, kann nur im Einzelfall entschieden werden und unterliegt im übrigen auch einem ständigen Wandel.

5. Electronic Commerce

Durch die sprunghafte Zunahme von Verträgen, die online geschlossen werden, steigt auch der Bedarf an der Regelung der rechtlichen Rahmenbedingungen, um Anbieter und Verbraucher zu schützen. Das folgende Kapitel soll Ihnen das notwendige rechtliche Hintergrundwissen für Vertragsabschlüsse und für die damit zusammenhängenden Fragen verschaffen. Auch auf gängige Zahlungssysteme und die digitale Signatur wird eingegangen.

5.1 Geschäftliche Angaben

(143) Muß meine Web-Site Geschäftsangaben enthalten?

Bei einer privaten Web-Site ohne Erwerbsabsichten sind Geschäftsangaben nicht notwendig. Wenn die Web-Site dagegen geschäftsmäßige Angebote bereithält, sind gemäß § 6 Teledienstegesetz (TDG) Geschäftsangaben erforderlich, und zwar Name und Anschrift des Telediensteanbieters und bei Personenvereinigungen und -gruppen auch Namen und Anschrift des Vertretungsberechtigten.

Bei einer Web-Site, auf der Waren unmittelbar bestellt werden können, handelt es sich um eine offene Verkaufsstelle im Sinne der Gewerbeordnung (GewO). Offene Verkaufsstellen unterliegen einer besonderen Kennzeichnungspflicht. Gemäß § 15a GewO muß der Familienname und mindestens ein ausgeschriebener Vorname des Gewerbetreibenden genannt werden. Kaufleute haben auch ihre Firma zu nennen, d. h. den Namen, unter dem sie ihre Geschäfte betreiben und ihre Unterschrift abgeben. Für Gesellschaften gelten besondere Regeln.

Am 1. Juli 1998 ist das Handelsrechtsreformgesetz in Kraft getreten. Dies bringt u. a. auch Änderungen im Hinblick auf den Kaufmannsbegriff und das Firmenrecht mit sich. Nach alter Fassung mußte beispielsweise eine Firma den Nachnamen und den Vornamen beinhalten. Diese strengen Anforderungen sind nun weggefallen und der Namensgebung sind kaum noch Grenzen gesetzt. So sind nach dem neuen Firmenrecht auch Fantasienamen zulässig. Allerdings ist nunmehr die Eintragung aller Kaufleute in das Handelsregister vorgeschrieben. Bei Einzelkaufleuten ist der Firma ein entsprechender Rechtsformzusatz (»eingetragener Kaufmann« bzw. Abkürzungen wie »e. K.«, »e. Kfm.« und »e. Kfr.«) hinzuzufügen. Es ist empfehlenswert, sich hinsichtlich der Firmenwahl bei der zuständigen Industrie- und Handelskammer zu informieren.

(144) Müssen meine E-Mails die üblichen Geschäftsangaben enthalten?

Elektronisch übermittelte Nachrichten an einen Kunden stellen eine normale Geschäftspost dar. Deshalb müssen in jeder E-Mail auch die gesetzlich vorgeschriebenen Angaben enthalten sein. Für alle Kaufleute [Einzelkaufleute, Personengesellschaften (OHG und KG) und Kapitalgesellschaften (GmbH und AG)] ist zwingend vorgeschrieben: die vollständige Firma, die Rechtsform (OHG, KG, GmbH, AG) bzw. der die Kaufmannseigenschaft kennzeichnende Zusatz (»eingetragener Kaufmann« bzw. Abkürzungen wie »e. K.«, »e. Kfm.« und »e. Kfr.«), der Sitz der Gesellschaft, das Registergericht des Sitzes der Gesellschaft und die Handelsregisternummer. Für Gesellschaften finden sich in § 125a Handelsgesetzbuch (HGB), § 35a des Gesetzes betreffend die Gesellschaften mit beschränkter Haftung (GmbHG), § 80 Aktiengesetz (AKtG) spezielle Regelungen. Die Angaben zur Firma einschließlich des Rechtsformzusatzes sollten in die Kopfzeile der E-Mail aufgenommen werden, die übrigen Angaben können auch in der Fußzeile erscheinen.

5.2 Vertragsabschluß online

(145) Kann man per E-Mail Kaufverträge abschließen?

Für einen Vertragsabschluß sind zwei übereinstimmende Willenserklärungen, nämlich Angebot und Annahme, erforderlich. Die wohl wichtigste Vertragsart im Bereich des E-Commerce ist der Kaufvertrag. Zwar muß beim Kaufvertrag das Angebot mindestens die zu erbringende Leistung, den dafür zu zahlenden Preis und die Parteien des Vertrages bezeichnen. Doch an die Form des Kaufvertrages werden bei Geschäften des täglichen Lebens keine besonderen Bedingungen geknüpft. Diese Verträge können daher schriftlich oder mündlich, ausdrücklich oder durch schlüssiges Handeln abgeschlossen werden. Da es auch keine Rolle spielt, ob sich die Vertragspartner bei Abgabe ihrer Willenserklärung zur gleichen Zeit am gleichen Ort befinden, stehen einem Vertragsschluß per E-Mail grundsätzlich keine Bedenken entgegen.

(146) Können per E-Mail Verbraucherkreditverträge abgeschlossen werden?

Verbraucherkreditverträge müssen grundsätzlich schriftlich abgeschlossen werden, d. h., beide Parteien müssen den Vertrag eigenhändig unterschreiben. Dies ist jedoch bei Verträgen, die online geschlossen werden, nicht möglich. Allerdings kann auch ein nicht in der vorgeschriebenen Schriftform abgeschlossener Verbraucherkreditvertrag gültig werden, wenn der Verbraucher das Darlehen erhält oder den Kredit in Anspruch nimmt.

(147) Gebe ich durch das Anbieten von Waren auf meiner Web-Site bereits ein verbindliches Angebot zum Vertragsschluß ab?

Ein »Angebot« auf einer Web-Site ist rechtlich zu vergleichen mit der Auslage in einem Schaufenster oder in einem Angebotskatalog. Diese sind in der Regel von seiten des Anbieters nur eine Aufforderung an den potentiellen Kunden, seinerseits ein Angebot zum Abschluß eines Vertrages zu machen, d. h. mit einem Kaufwunsch an den Anbieter heranzutreten. Mit einem Auslagenangebot will sich der Anbieter rechtlich noch nicht binden. Oft steht hinter den Angeboten nur ein begrenztes Warenlager oder gar ein Einzelstück. Wenn eine Auslage oder ein Web-Angebot allein schon ein verbindliches Angebot zum Abschluß eines Kaufvertrages wäre, hätte jeder Kaufwillige ein Anrecht darauf, die ausgewählte Ware auch zu bekommen. Angesichts der Anzahl der weltweiten Internet-Nutzer dürfte sich damit jeder Anbieter überfordert fühlen. Der erste rechtlich relevante Schritt geht also vom Kunden aus. Das Anbieten einer Ware auf einer Web-Site ist also noch kein verbindliches Angebot zum Vertragsabschluß.

(148) Binnen welcher Zeit muß ich auf das per E-Mail eingegangene Kaufangebot meines Kunden reagieren?

Ist der Anbieter anwesend, wenn der Kunde seinen Kaufwunsch äußert, muß er diesen »Antrag« sofort annehmen, damit ein Kaufvertrag zustandekommt. Bei dem per E-Mail abgeschlossenen Vertrag handelt es sich jedoch um einen Vertrag mit einem Abwesenden. Der Abwesende kann den gemachten Antrag innerhalb einer gewissen Frist annehmen. Die Dauer dieser Frist berücksichtigt die Zeitspanne, in der eine Antwort unter regelmäßigen Umständen erwartet werden darf. Die wiederum hängt von dem jeweils benutzten Kommunikationsweg ab. Nach der Rechtsprechung muß beispielsweise ein Angebot per Telex spätestens innerhalb von vier Tagen angenommen werden, damit ein wirksamer Vertrag zustande kommt. Diese Frist dürfte auch gelten, wenn E-Mail als Kommunikationsweg gewählt wird. Daher sollten Sie nicht länger als drei Tage zögern, auf das Angebot Ihres Kunden zu reagieren.

(149) Wann ist das E-Mail-Angebot meines Kunden nicht verbindlich?

Das E-Mail-Angebot Ihres Kunden ist nicht verbindlich, wenn er es – z. B. durch eine weitere E-Mail – rechtzeitig widerrufen hat. Ihr Kunde kann seine Erklärung bis zu dem Zeitpunkt widerrufen, in dem sie Ihnen zugeht, d. h. bis zum Zeitpunkt, in dem Sie die E-Mail von Ihrem Server abrufen und vom Angebot Kenntnis erlangen. Um wirksamen Widerrufen vorzubeugen, sollten Sie daher möglichst häufig die E-Mail-Nachrichten von Ihrem Server herunterladen. Allerdings gilt die Erklärung auch dann als Ihnen zugegangen, wenn Sie sie z. B. aufgrund technischer Probleme nicht von Ihrem Server abrufen können. Es zählt hier der Zeitpunkt, an dem Sie »unter normalen Umständen« von dem Angebot und dessen Widerruf Kenntnis erlangen können, d. h. an dem Sie üblicherweise die eingegangene E-Mail von Ihrem Server abrufen.

(150) Welche Konsequenzen hat es, wenn bei einem Vertragsabschluß per E-Mail die Nachrichten verstümmelt werden?

Es gibt Fälle, in denen E-Mails bei der Übermittlung verstümmelt werden. Aus der Praxis sind Fälle bekannt, in denen E-Mail-Server die letzte oder alle Zeilen einer E-Mail, die mit einem Punkt beginnen, löschen. Möglicherweise fehlt in der eingegangenen Nachricht ein wichtiger Satz, so daß dadurch der Inhalt der E-Mail vielleicht sogar in sein Gegenteil verkehrt wird. Dennoch kommt es zum Vertragsschluß, und zwar nicht mit dem Inhalt des ursprünglichen Textes, sondern mit dem Inhalt der verstümmelten E-Mail. Der Absender einer derartigen Willenserklärung hat jedoch die Möglichkeit, seine Erklärung anzufechten. Übereinstimmend wird heute angenommen, daß der Fall vergleichbar ist mit dem, in dem ein Bote eine Willenserklärung falsch übermittelt.

Eine solche Anfechtung können Sie vornehmen, indem Sie eine erneute Erklärung gegenüber dem Vertragspartner abgeben. Diese Erklärung muß den Grund der Anfechtung benennen und innerhalb der gesetzlichen Anfechtungsfrist erfolgen (§ 121 des Bürgerlichen Gesetzbuches). Die Anfechtung muß unverzüglich (d. h.: ohne schuldhaftes Zögern) erfolgen, nachdem der Anfechtungsberechtigte von dem Anfechtungsgrund, hier also der Verstümmelung seiner E-Mail, Kenntnis erlangt hat.

5.3 Beweisfragen

(151) Wie kann ich das Bestehen eines per E-Mail abgeschlossenen Vertrages beweisen?

Das Bestehen eines per E-Mail abgeschlossenen Vertrages läßt sich nur schwer beweisen. Schriftliche Verträge haben den Vorteil, daß sie, wenn sie eigenhändig unterschrieben sind, vollen Beweis dafür erbringen, daß die abgegebenen Erklärungen von den Unterzeichnern stammen. Da es bei der E-Mail aber keine handschriftliche Unterschrift gibt und die digitale Signatur zwar ein wichtiges Indiz sein kann, aber gesetzlich noch keine volle Beweiskraft besitzt, gibt es bei den per E-Mail abgeschlossenen Verträgen keinen Urkundsbeweis, vgl. Frage (179).

Allerdings kann einer E-Mail im Rahmen der freien Beweiswürdigung durch das Gericht eine gewisse Beweiswirkung zukommen. Um Ihre Beweislage zu verbessern, können Sie sich z. B. einen per E-Mail abgeschlossenen Vertrag schriftlich bestätigen lassen. Doch dürfte dieses Vorgehen wenig praktikabel sein, da die Vorteile eines per E-Mail abgeschlossenen Vertrags, nämlich die Schnelligkeit und die Unkompliziertheit, dadurch verspielt würden. Daher ist eine schriftliche Bestätigung wohl nur bei wichtigen Verträgen (z. B. wenn hohe Vermögenswerte betroffen sind) sinnvoll. Hier wird deutlich, von welcher Bedeutung es ist, daß der Gesetzgeber sich nachhaltig um die Einführung der digitalen Signatur als Beweismittel bemüht, vgl. Frage (179).

5.4 Einbeziehung der Allgemeinen Geschäftsbedingungen in den Online-Vertrag

(152) Wie erreiche ich, daß meine Allgemeinen Geschäftsbedingungen Vertragsbestandteil werden?

Allgemeine Geschäftsbedingungen (AGB) sind vorformulierte Vertragsbedingungen für eine Vielzahl von Verträgen, die eine der Vertragsparteien – meist die stärkere – stellt, um ihre rechtliche Position zu verbessern. Die AGB werden gegenüber Nichtkaufleuten immer nur dann Vertragsbestandteil, wenn deutlich auf sie hingewiesen wird, der Vertragspartner von ihnen in zumutbarer Weise Kenntnis nehmen kann und sie auch akzeptiert.

Der Verwender von AGB muß diese auch auf seiner Web-Site so deutlich sichtbar und leicht erreichbar für die andere Partei, d. h. für den Besucher machen, daß sie ohne weiteres gelesen werden können. Eine Download-Option reicht wohl nicht aus. Auch der simple Hinweis: »Es gelten unsere AGB« genügt nicht.

Am sichersten ist es, die AGB im Volltext auf der Verkaufsseite anzubringen. Hierbei sollte man darauf achten, den Text kurz, übersichtlich und leicht lesbar zu gestalten. Auch das Verwenden eines auffälligen Links müßte ausreichen, da eine weitere Seite bei den heutigen Übertragungsgeschwindigkeiten relativ schnell aufgebaut wird. Bei Angeboten, die sich auch an ein ausländisches Publikum richten, empfiehlt es sich, die AGB auch in dessen Sprache abzufassen.

Bei Versicherungsabschlüssen gelten andere Regeln. Hier können Verträge geschlossen werden, ohne daß der Kunde die Allgemeinen Versicherungsbedingungen (AVB) gelesen hat. Im Anschluß an den Vertragsschluß schickt der Versicherer die AVB mit der Post. Der Kunde hat in den folgenden zwei Wochen ein Widerrufsrecht. Die Vorteile für beide Seiten liegen auf der Hand: Der Versicherer braucht seine AVB nicht auf wenige Sätze zu beschränken und der Kunde wird durch das Widerrufsrecht vor einem übereilten Vertragsabschluß geschützt.

(153) Wie kann ich beweisen, daß meine Allgemeinen Geschäftsbedingungen Vertragsbestandteil geworden sind?

Grundsätzlich gilt, daß Sie bei einem Rechtsstreit die Einbeziehung von Allgemeinen Geschäftsbedingungen (AGB) in den Vertrag sowie den Inhalt der AGB beweisen müssen.

Zu empfehlen ist, ein ausgedrucktes Exemplar der AGB, wie sie auf Ihrer Web-Site zu finden sind, zu den Akten zu legen und dabei die Zeitspanne der Verwendung auf Ihrer Web-Site zu notieren. Das Datum des Ausdrucks selber wird vom Drucker auf dem Blatt vermerkt, wenn Sie die entsprechende Druckoption aktivieren. Auf diese Weise spricht zumindest die Vermutung dafür, daß es sich hierbei tatsächlich um die verwendeten AGB handelte. Ansonsten bleibt Ihnen nur die Möglichkeit, sich den Vertragsabschluß und die Geltung der AGB schriftlich bestätigen zu lassen. Diese Methode ist aber recht umständlich und daher wenig zukunftsweisend, vgl. Frage (151).

5.5 Verbraucherschutz beim Electronic Commerce

(154) Gilt das Haustürwiderrufsgesetz für Geschäfte im Internet?

Zweck des Haustürwiderrufsgesetzes (HWiG) ist es, den Verbraucher vor dem Abschluß von Verträgen zu schützen, bei denen seine Entscheidungsfreiheit eingeschränkt ist, z. B. durch das überraschende Auftauchen eines Verkäufers an der Haustür. Es räumt ihm daher ein Widerrufsrecht nach derartigen Vertragsabschlüssen ein.

Seit geraumer Zeit hat sich im Alltagsleben das Einkaufen über das Fernsehgerät etabliert, das sogenannte Teleshopping. Für diese Geschäfte ist nach überwiegender Meinung das HWiG wirksam. Zwar ist der Verbraucher nicht beeinflußt durch die persönliche Anwesenheit des Verkäufers, doch muß auch hier eine relativ kurzfristige Entscheidung getroffen werden, ohne die Möglichkeit eines Vergleichs mit anderen Produkten zu haben. Dies rechtfertigt auch beim Teleshopping ein Widerrufsrecht des Kunden.

Für Verträge, die über das Internet geschlossen werden, ist die rechtliche Situation noch nicht eindeutig geklärt. Überwiegend wird jedoch die Meinung vertreten, daß das HWiG auf Geschäfte im Internet nicht anwendbar ist. Die Umstände, die diese Art des Vertragsschlusses begleiten, sind nicht ohne weiteres mit denen des Haustürkaufs oder des Teleshopping zu vergleichen. Beim Internet-Shopping schließt der Kunde den Vertrag zwar ebenfalls zu Hause oder am Arbeitsplatz, ein Überrumpelungseffekt besteht jedoch grundsätzlich nicht. Denn er kann sich durch das Vortasten zum jeweiligen Angebot frei für die Abgabe einer Bestellung entscheiden. Der Kunde hat sogar die Initiative ergriffen und die Internet-Adresse eingetippt oder über einen Link die entsprechende Seite aufgerufen. Daher genießt er grundsätzlich nicht den Schutz vor einem übereilten und unüberlegten Vertragsschluß.

Ausnahmen sind aber durchaus denkbar, wenn z. B. auf einer Internet-Seite ein besonders günstiges Angebot gemacht wird, das nur jetzt und hier gilt, so daß eine dem Teleshopping vergleichbare Situation entsteht.

(155) Mit welchen künftigen Änderungen ist im Verbraucherschutzrecht zu rechnen?

Die Fernabsatzrichtlinie der EU zielt ab auf einen europaweit einheitlichen Verbraucherschutz bei den modernen Absatzformen. Die EU-Richtlinie ist jedoch noch nicht in deutsches Recht umgewandelt (die Umsetzungsfrist läuft bis zum 5. Juni 2000). Es ist allerdings auch denkbar, daß die Fernabsatzrichtlinie bereits vor ihrer Umsetzung in nationales Recht bei der gerichtlichen Auslegung von Generalklauseln und unbestimmten Rechtsbegriffen des Verbraucherschutzrechtes Berücksichtigung findet – ähnlich wie das Urteil des Bundesgerichtshofs dies für die Einschränkung des Verbots der vergleichenden Werbung vorsieht, vgl. Frage (91).

Die Fernabsatzrichtlinie schützt alle natürlichen Personen, die nicht Kaufleute sind, also auch Ihre potentiellen Kunden. Der Verbraucher muß rechtzeitig vor dem Vertragsschluß über die wichtigsten Inhalte des Vertrages informiert werden. Die Informationspflicht umfaßt die Angabe der Preise inklusive aller Steuern, der Lieferbedingungen und der Identität des Lieferanten. Es muß auch eindeutig erkennbar sein, daß es sich um einen kommerziellen Vertrag handelt. Darüber hinaus gilt: Der Verbraucher muß vor Vertragsschluß den Erhalt der gegebenen Informationen schriftlich bestätigen.

Ein wesentlicher Inhalt der Fernabsatzrichtlinie ist auch das Widerrufsrecht. Danach hat der Verbraucher die Möglichkeit, innerhalb von sieben Werktagen sein Angebot zu widerrufen. Kommt der Lieferer seiner zuvor genannten Informationspflicht nicht nach, verlängert sich die Frist auf drei Monate ab Wareneingang. Online-Banking und Vertragsabschlüsse von Wertpapierunternehmen und

Versicherungen sind von der Fernabsatzrichtlinie ausgenommen. Es ist geplant, für diese Bereiche eine eigenständige Verbraucherregelung zu schaffen.

5.6 Zahlungsmöglichkeiten im Internet

(156) Welche Zahlungsmöglichkeiten gibt es im Internet?

Derzeit werden im Bereich des E-Commerce unterschiedliche Modelle für die Bezahlung im Internet angeboten bzw. diskutiert. Man unterscheidet im wesentlichen das Cash-Modell, das Check-Modell und das Internet-Kreditkarten-System. Die Zahlungssysteme im Internet befinden sich in einer ständigen Weiterentwicklung. Jede Einführung eines neuen Zahlungssystems im Internet erfordert – nicht zuletzt wegen der Sicherheitsaspekte – eine lange Testphase. Noch ist nicht abzusehen, welches System sich als Standard durchsetzen wird.

(157) Wie funktioniert das Cash-Modell?

Beim Cash-Modell müssen sowohl der Kunde als auch der Händler ein Konto bei derselben Bank haben, die das Cash-Modell anbietet. Eine spezielle Software simuliert im Computer des Kunden ein »Portemonnaie« und im Computer des Händlers eine »Kasse«. Der Kunde bestellt zunächst bei der Bank das »elektronische Geld« über das Internet. Die Bank bucht den gewünschten Betrag vom Konto des Kunden ab und übermittelt ihn als digitales Geld. Jede dieser digitalen Zahlungseinheiten erhält durch Verschlüsselung eine digitale Unterschrift und damit gleichsam einen unverwechselbaren »Fingerabdruck«. Wenn sich diese Daten auf der Festplatte des Kunden, im »Portemonnaie«, befinden, kann er damit bezahlen. Auf eine Zahlungsanweisung des Händlers nach einer Bestellung des Kunden wird das digitale Geld aus dem »Portemonnaie« des Kunden in die »Kasse« des Händlers übermittelt. Das digitale Geld kann auch wieder an die Bank zurücküberwiesen und als »richtiges« Geld auf dem Konto verbucht werden.

(158) Wie funktioniert das Check-Modell?

Der Vorteil des Check-Modells besteht darin, daß der Kunde und der Händler nicht bei der gleichen Bank ein Konto unterhalten müssen. Allerdings trägt der Händler bei diesem Zahlungsmodell das Risiko, daß dem Kundenkonto die nötige Deckung fehlt.

Im Gegensatz zum Cash-Modell kommt es beim Check-Modell nicht auf eine digitale Unterschrift der Bank, sondern auf eine digitale Unterschrift des Kunden an. Mittels einer Software kann der Kunde ein Dokument erstellen, das neben der digitalen Unterschrift des Kunden auch die wichtigsten Angaben (Firma, Adresse etc.) des Händlers enthält. Dieses Dokument – der Check – wird dem Händler übersandt, der es – versehen mit seiner digitalen Unterschrift – an die Bank weiterleitet. Die Bank überprüft daraufhin die Signatur des Händlers und schreibt den Betrag vorläufig gut, dann wird der Check an die Bank des Kunden weitergeleitet. Diese wiederum prüft die Signatur des Kunden und überweist bei Deckung seines Kontos den Betrag an die andere Bank, die ihn dann dem Konto des Händlers endgültig gutschreibt.

Das Risiko, das der Händler durch eine möglicherweise fehlende Deckung des Kundenkontos eingeht, kann auf unterschiedliche Weise gemindert werden. So kann die digitale Signatur des Kunden beispielsweise durch eine neutrale Zertifizierungsstelle geprüft werden. Damit erfährt der Händler die Identität des Ausstellers und kann seine Ansprüche gegebenenfalls vor Gericht geltend machen.

(159) Wie funktioniert das Internet-Kreditkarten-System?

Die Bezahlung von Waren und Diensten mit Hilfe herkömmlicher Kreditkarten ist im Internet sehr verbreitet. Der Händler sendet die vom Kunden übermittelten Kreditkartendaten (Name des Kunden, Nummer und Ablaufdatum der Kreditkarte) an das Kreditkartenunternehmen, welches daraufhin das Konto des Kunden belastet. Einige Kreditkartenunternehmen sehen bereits die Möglichkeit vor, daß die Forderung des Vertragsunternehmens auch ohne die Vorlage eines vom Kunden unterschriebenen Beleges oder die Übermittlung einer PIN-Nummer beglichen werden.

Das Risiko, das Sie bei einer Kreditkartenzahlung im Internet eingehen, hängt von den Vertragsbedingungen des Kreditkartenunternehmens ab. Üblicherweise ist das Kreditkartenunternehmen nur bei Vorlage eines vom Kunden unterschriebenen Beleges oder bei der Übermittlung einer PIN-Nummer zur Zahlung verpflichtet. Das bedeutet, daß Sie bei einer Kreditkartenzahlung im Internet regelmäßig das Risiko eines Kreditkartenmißbrauchs tragen. Um das Haftungsrisiko bei einer Bezahlung per Kreditkarte im Internet zu verringern, sollten Sie wenigstens die Adreßdaten des Kunden abfragen und beim Kreditkartenunternehmen überprüfen, denn Unbefugte, die Kreditkartennummern über das Internet abfangen, kennen meistens nicht die Adresse des Kreditkarteninhabers.

(160) Welche Entwicklung gibt es bei der Kreditkartenzahlung im Internet?

Um das Abfangen von Kreditkartennummern über das Internet zu verhindern, haben große Unternehmen aus der Finanz- und der Computerbranche den Verschlüsselungsstandard SET (»Secure Electronic Transactions« = »sichere elektronische Geschäftsabschlüsse«) entwickelt. SET ermöglicht zum einen die Authentifizierung der Geschäftspartner und gewährleistet zum anderen die Sicherung der Verbindungsstrecke. Voraussetzung für den Einsatz von SET ist die Zertifizierung der Geschäftspartner. Dies geschieht über sogenannte Trust-Center, unabhängige Instanzen, die in Deutschland allerdings noch nicht existieren, vgl. Frage (176). International wird die Kreditkartenzahlung mit SET schon in größeren Feldversuchen erprobt, auch hierzulande gibt es Testläufe. Wann der SET-Standard flächendeckend zum Einsatz kommt, ist noch nicht abzusehen.

5.7 Besteuerung von Geschäften im Internet

(161) Wie werden meine Geschäfte im Internet besteuert?

Der Umsatzsteuer unterliegen nach § 1 Umsatzsteuergesetz (UStG) Lieferungen und sonstige Leistungen, die ein Unternehmer in Deutschland entgeltlich erbringt. Diese Regelung gilt auch für Geschäfte, die über das Internet abgewickelt werden. Seit der Anhebung des Umsatzsteuersatzes unterliegen Lieferungen und sonstige Leistungen dem Regelsteuersatz von 16 %. Ein ermäßigter Steuersatz von 7 % gilt für im UStG namentlich benannte Warengruppen, z. B. für die Lieferung von Büchern.

(162) Habe ich auch dann Umsatzsteuer zu erheben, wenn ich einem Auslandskunden körperliche Waren verkaufe?

Da bei einer Web-Präsenz im Internet zunehmend Geschäfte mit Auslandskunden geschlossen werden, stellt sich die Frage, ob in diesen Fällen Umsatzsteuer zu erheben ist. Der Verkauf von körperlichen Waren wird als Lieferung im Sinne des Gesetzes verstanden. Denn unter Lieferung wird die Verschaffung der Verfügungsmacht über einen Gegenstand verstanden. Grundsätzlich gilt, daß bei Lieferungen, die im Ausland ausgeführt werden, das deutsche Steuerrecht nicht zur Anwendung kommt. Umsatzsteuer nach deutschem Recht wird regelmäßig nur dann erhoben, wenn die Lieferung in Deutschland erfolgt. Wird der Gegenstand der Lieferung jedoch durch einen Dritten, z. B. durch ein Transportunternehmen, befördert oder versendet, gilt die Lieferung dort als ausgeführt, wo die Beförderung oder Versendung an den Abnehmer beginnt. Soweit dies in Deutschland geschieht, kommt daher auch bei einem Warenverkauf ins Ausland das deutsche Umsatzsteuerrecht zur Anwendung.

(163) Habe ich Umsatzsteuer zu erheben, wenn ich ausschließlich Auslandskunden Online-Informationen gegen Entgelt anbiete?

Wenn Sie Online-Informationen entgeltlich anbieten, dient das Internet nicht als bloßes Kommunikationsmittel für die Vorbereitung und den Abschluß des Vertrages (indirekter elektronischer Handel). Hier wird die – unkörperliche – Ware unmittelbar über das Internet geliefert (direkter elektronischer Handel). Beim Anbieten von Online-Informationen handelt es sich um eine sonstige Leistung im Sinne des Umsatzsteuergesetzes.

Sonstige Leistungen sind nur umsatzsteuerpflichtig, wenn sie in Deutschland erbracht werden. Eine sonstige Leistung wird nach der Definition des Umsatzsteuergesetzes an dem Ort ausgeführt, von dem aus der Unternehmer sein Unternehmen betreibt. Wenn sich Ihr Online-Dienst im Inland befindet, sind Sie daher auch dann umsatzsteuerpflichtig, wenn Sie mit Ihrem Informationsangebot ausschließlich ein ausländisches Publikum ansprechen.

(164) Mit welchen Entwicklungen ist im Umsatzsteuerrecht zu rechnen?

Im Rahmen der Harmonisierung der Rechtsvorschriften innerhalb der Europäischen Union werden zur Förderung des Electronic Commerce derzeit Überlegungen zur Angleichung der Regeln zur indirekten Besteuerung von Waren und Dienstleistungen angestellt. In einer Mitteilung der Kommission an den Rat und das Europäische Parlament vom 17. Juni 1998 (Dokument IP/98/535) wurden die Leitlinien für die indirekte Besteuerung des elektronischen Handels in der Europäischen Union skizziert. Es ist zu erwarten, daß die umsatzsteuerrechtlichen Regelungen vereinfacht und die Umsatzsteuersätze der einzelnen Mitgliedstaaten einander angeglichen werden. Zweck der anvisierten Änderungen soll es sein, den Unternehmen der Europäischen Union gleiche Ausgangsbedingungen im Wettbewerb zu vermitteln. Bis das geltende Steuersystem geändert wird, wird jedoch noch eine geraume Zeit vergehen, da sich die einschlägige Technologie des Electronic Commerce noch im Entwicklungsstadium befindet und auch die Handelsmuster noch nicht vorliegen.

5.8 Erteilung einer Quittung online

(165) Kann ich eine Quittung per E-Mail ausstellen?

Die Quittung ist in § 386 des Bürgerlichen Gesetzbuches (BGB) geregelt. Danach ist der Empfang einer Leistung schriftlich zu bestätigen. Ist durch Gesetz die schriftliche Form vorgeschrieben, so muß die Urkunde von dem Aussteller eigenhändig durch Namensunterschrift unterzeichnet werden (§ 126 BGB). Da dies bei einer E-Mail nicht möglich ist, kann per E-Mail keine wirksame Quittung ausgestellt werden.

5.9 Anwendbare Rechtsordnung

(166) Welche Rechtsordnung ist bei Abschluß von Verträgen mit Auslandskunden anwendbar?

Bei Streitigkeiten über die anwendbare Rechtsordnung helfen die Regelungen des Internationalen Privatrechts. Diese finden sich in dem Einführungsgesetz zum Bürgerlichen Gesetzbuch (EGBGB). Hiernach ist es möglich, mit dem Vertragspartner die anwendbare Rechtsordnung frei zu vereinbaren. Liegt keine Rechtswahl vor, richtet sich das anzuwendende Recht grundsätzlich nach Art. 28 EGBGB: Danach bestimmt sich das anzuwendende Recht nach dem Inhalt des Vertrages. Es gilt die Rechtsordnung desjenigen Landes, zu dem der Vertrag die engsten Beziehungen aufweist. Die Vertragsleistung, auf die es bei der Bestimmung dieser Beziehungen ankommt, ist die sogenannte »vertragstypische«. Dies ist im allgemeinen nicht die Geldleistung, sondern die Sachleistung. Es gilt nun die Faustregel: Anwendbar ist das Recht des Staates, in dem die Partei, welche die vertragstypische Leistung zu erbringen hat, ihren gewöhnlichen Aufenthalt hat. Danach scheinen Internet-Bestellungen unter das Recht des Verkäufers, also unter deutsches Recht zu fallen. Doch sieht Art. 29 Abs. 2 EGBGB eine Sonderregelung für Verträge mit Verbrauchern vor. Ist dem Vertragsabschluß im Ausland eine Werbung vorausgegangen und hat der Verbraucher auch die erforderlichen Rechtshandlungen im Ausland vorgenommen, so kommt das Recht desjenigen Staates zur Anwendung, an dem der Verbraucher seinen gewöhnlichen Aufenthalt hat, im Zweifel also das ausländische Recht. Da die ausländischen Rechtsordnungen kaum zu überschauen sind und man auch nur schwer einen einschlägig bewanderten Rechtsanwalt im Inland finden dürfte, sollte die Anwendbarkeit einer ausländischen Rechtsordnung tunlichst vermieden werden. Deshalb ist dringend zu empfehlen, die Anwendbarkeit der deutschen Rechtsordnung vertraglich zu vereinbaren.

(167) Führt die wirksame Wahl des deutschen Rechts zwingend zur Anwendung des deutschen Verbraucherschutzrechts?

Selbst wenn Sie mit Ihrem ausländischen Kunden die Anwendbarkeit des deutschen Rechts auf das Vertragsverhältnis vereinbart haben, bedeutet das noch nicht, daß auch das deutsche Verbraucherschutzrecht zur Anwendung kommt. Art. 29 Abs. 1 des Einführungsgesetzes zum Bürgerlichen Gesetzbuch bestimmt nämlich, daß dem Verbraucher nicht der Schutz entzogen werden darf, den er in seinem eigenen Staat genießt. Daher kommt jedenfalls dann das ausländische Verbraucherschutzrecht zur Anwendung, wenn dieses für den Verbraucher günstigere Regeln enthält. Auch wenn es deswegen nicht immer gelingt, den Vertrag in jeder Hinsicht dem deutschen Recht zu unterwerfen, ist es gleichwohl sinnvoll, die Anwendbarkeit deutschen Rechts zu vereinbaren.

(168) Welche besonderen Regeln gelten beim Abschluß von Kaufverträgen mit Auslandskunden?

Handelt es sich bei dem Vertrag um einen Kaufvertrag, was bei Geschäften im Internet sicherlich oft der Fall ist, ist grundsätzlich das UN-Kaufrecht anwendbar. Voraussetzung ist, daß der Heimatstaat des Vertragspartners das Wiener Abkommen über Verträge über den internationalen Warenkauf (CISG) unterzeichnet hat. Das UN-Kaufrecht gilt für Kaufleute wie auch für Nichtkaufleute. Die Anwendbarkeit des UN-Kaufrechtes bringt vor allem den Vorteil, daß über die anwendbaren rechtlichen Regeln Klarheit herrscht. Allerdings findet das Abkommen keine Anwendung auf den Kauf von Waren für den persönlichen Gebrauch. Die Parteien können die Anwendbarkeit des UN-Kaufrechtes im übrigen ausschließen.

(169) Wie kann eine Rechtswahlvereinbarung getroffen werden?

Für die Rechtswahlvereinbarung genügen einfache Formulierungen wie: »Auf diesen Vertrag ist deutsches Recht anwendbar.« Solche Vereinbarungen können auch per E-Mail vereinbart werden, denn sie bedürfen keiner besonderen Form; allerdings läßt sich die Rechtswahl dann später möglicherweise nicht beweisen. Nicht zu verwechseln ist die Rechtswahl mit der Wahl des Gerichtsstandes, vgl. hierzu Frage (172). Im einen Fall handelt es sich um die Frage der anwendbaren Rechtsordnung, im anderen um die Frage des entscheidenden Gerichts.

Nach allgemeiner Auffassung kann das anwendbare Recht auch in den Allgemeinen Geschäftsbedingungen (AGB) vereinbart werden. Möglicherweise ist eine Vereinbarung nicht gültig, wenn eine Rechtsordnung gewählt wird, die in keiner Beziehung zu dem Geschäft oder den Vertragspartnern steht.

(170) Welche Probleme bleiben bestehen trotz wirksamer Vereinbarung der deutschen Rechtsordnung?

Selbst wenn deutsches Recht anwendbar ist, birgt der Abschluß eines Vertrages mit einem Auslandskunden gewisse Risiken. Es dürfte in vielen Fällen schwierig sein, seinen gerichtlich anerkannten Anspruch durchzusetzen, da es mit vielen Ländern keine vollstreckungsrechtlichen Vereinbarungen gibt.

(171) Was kann ich tun, um die Verfahrensdauer von internationalen Rechtsstreitigkeiten abzukürzen?

Um die Verfahrensdauer von internationalen Rechtsstreitigkeiten abzukürzen, kann man mit seinem Vertragspartner für den Fall eines Rechtsstreits die Zuständigkeit eines Schiedsgerichts vereinbaren. Ein Schiedsgericht ist ein privates Gericht und besteht in der Regel aus einer oder drei von den Parteien frei gewählten Personen. In der Praxis enthalten heute 90 Prozent aller Wirtschaftsverträge eine Schiedsklausel. Grund hierfür ist, daß die Verfahren vor den staatlichen Gerichten oft sehr lange dauern und hohe Kosten verursachen. Weitere Vorteile der Schiedsgerichte sind die spezielle Fachkenntnis der Schiedsrichter und die Vertraulichkeit des Schiedsverfahrens.

5.10 Gerichtsstandsvereinbarung

(172) Kann ich mit meinem Kunden rechtswirksam einen deutschen Gerichtsstand vereinbaren?

Wenn Sie keinen wirksamen Gerichtsstand am Sitz Ihres Unternehmens vereinbart haben, kann das bedeuten, daß Sie im Falle eines Rechtsstreits Ihre Forderung an einem anderen Ort einklagen müssen. Für Sie ist es natürlich günstiger, wenn das Gericht am Sitz Ihres Unternehmens zuständig ist. So sparen Sie beispielsweise lange Wege, wenn Sie selbst an der Gerichtsverhandlung teilnehmen möchten oder Ihr persönliches Erscheinen angeordnet wird. Daher sollten Sie in Ihren Allgemeinen Geschäftsbedingungen (AGB) als Gerichtsstand den Ort des Sitzes Ihres Unternehmens benennen. Doch sollten Sie sich darüber bewußt sein, daß eine solche Gerichtsstandsvereinbarung nicht in allen Fällen wirksam ist. Schließen Sie einen Vertrag mit einem inländischen Kunden, so kommt § 38 der Zivilprozeßordnung (ZPO) zur Anwendung. Hiernach können Sie nur mit einem Kaufmann eine wirksame Gerichtsstandsvereinbarung treffen. Denn bei Nichtkaufleuten wird davon ausgegangen, daß sie die Bedeutung einer Gerichtsstandsvereinbarung nicht einschätzen können. Haben Sie mit einem Nicht-Kaufmann einen Gerichtsstand vereinbart, gilt daher dennoch der gesetzlich vorgesehene Gerichtsstand. Die Gerichtsstandsvereinbarung zwischen inländischen Kaufleuten ist an keine Form gebunden, so daß sie auch per E-Mail erfolgen kann.

Hat Ihr Kunde seinen Wohnsitz in einem anderen Mitgliedstaat der Europäischen Union, so ist das Übereinkommen über die gerichtliche Zuständigkeit und die Vollstreckung gerichtlicher Entscheidungen in Zivil- und Handelssachen (EuGVÜ) zu beachten. Dieses läßt in Art. 17 eine Gerichtsstandsvereinbarung zu. Diese kann schriftlich oder mündlich abgeschlossen werden. Eine mündliche Vereinbarung erfordert aber eine schriftliche Bestätigung. Eine E-Mail ist daher nicht ausreichend. Hat Ihr Kunde den Vertrag mit Ihnen als Verbraucher abgeschlossen, ist eine Gerichtsstandsvereinbarung gemäß Art. 15 EuGVÜ grundsätzlich nicht zulässig.

Vorsichtshalber sollten Sie in jedem Fall eine Gerichtsstandsvereinbarung in Ihre AGB aufnehmen. Wenn Sie einen Vertrag mit einem Auslandskunden außerhalb der Europäischen Union schließen, sollten Sie die Gerichtsstandsvereinbarung schriftlich treffen oder sich eine mündliche oder per E-Mail abgeschlossene Vereinbarung schriftlich bestätigen lassen.

5.11 Electronic Data Interchange

(173) Wie kann ich die Vertragsabschlüsse mit meinem Zulieferer/Zwischenhändler automatisieren?

Die UNO hat ein Projekt zur Standardisierung eines sicheren elektronischen Datentransfers initiiert: »Electronic Data Interchange« (EDI). Mit diesem System wird der automatische Abschluß von Verträgen ermöglicht. Auf eine Bestellung des einen Vertragspartners reagiert der Computer des anderen Vertragspartners automatisch, indem er die Lieferung der Bestellung einleitet. Technisch verläuft die Datenübermittlung über eine eigene Standleitung, über eine gemietete Telefonleitung und, wenn einige Sicherheitsprobleme gelöst sind, in Zukunft auch über das Internet. EDI ist insbesondere für Handelspartner interessant, zwischen denen eine dauerhafte Lieferbeziehung besteht oder geplant ist. Hier kann EDI erhebliche Einsparungen an Arbeit und Kosten bringen.

In vielerlei Hinsicht kann es beim EDI zu rechtlichen Problemen kommen. Da der Gesetzgeber EDI nicht geregelt hat, empfiehlt es sich, vertragliche Vereinbarungen zu treffen.

Hier kann beispielsweise das Erfordernis einer Rückbestätigungspflicht geregelt werden, um das Risiko einer fehlerhaften Datenübermittlung zu verringern. Für EDI-Vereinbarungen gibt es internationale Vertragsvorlagen von der UN-Wirtschaftskammer, der EU-Kommission und der Internationalen Handelskammer. Inzwischen gibt es auch einen deutschen EDI-Rahmenvertrag. Bei Schriftstücken, die eine eigenhändige Unterschrift benötigen, kann EDI noch nicht eingesetzt werden. Dazu wäre eine Kombination mit der digitalen Signatur erforderlich.

5.12 Digitale Signatur

(174) Wozu dient eine digitale Signatur?

Die digitale Signatur soll im elektronischen Geschäftsverkehr das leisten, wozu bisher handgeschriebene Unterschriften ausgereicht haben. Mit der Unterschrift unter einen Vertrag bestätigen Sie, dessen Inhalt gelesen zu haben und ihn befolgen zu wollen – der Vertrag wird mit der Unterschrift in der Regel rechtsverbindlich. Die Unterschriften der Vertragsparteien beweisen im Streitfall den Vertragsschluß. Die Unterschrift dient ferner der Identifikation des Unterzeichnenden. Sie ist einzigartig und von anderen nur schwer nachzuahmen.

Eine einfache E-Mail vermag all dies nicht zu leisten. Die Kommunikation über das Internet birgt Sicherheitsrisiken. Daten können auf ihrem Weg durch das Netz mitgelesen, abgefangen und verändert werden. Mit ein wenig technischem Know-how läßt sich eine E-Mail anonymisieren oder ein falscher Absender einfügen.

Von der digitalen Signatur erhofft man sich die Lösung eines großen Teils dieser Probleme. Manipulationen am Inhalt sollen erkennbar werden, Sender und Absender eindeutig identifizierbar sein. Hingegen dient sie nicht dem Schutz der Vertraulichkeit versendeter Informationen. Auch eine digital signierte E-Mail bleibt für technisch Versierte einsehbar. Wer seine E-Mail vor fremden Blicken schützen will, muß diese verschlüsseln.

(175) Wie funktioniert eine digitale Signatur?

Die Funktionsweise einer digitalen Signatur ist weniger eine juristische als eine technische Frage. Eine gewisse Vorstellung vom technischen Verfahren erleichtert es, Vor- und Nachteile einer digitalen Signatur abzuwägen, zukünftige Entwicklungen zu verstehen und ein Problembewußtsein zu entwickeln.

Eine digitale Signatur ist nicht, wie man vermuten könnte, eine digital codierte Version Ihres Namens, die Sie einfach statt einer handschriftlichen unter Ihre Mail setzen. Es handelt sich vielmehr um ein Verschlüsselungsverfahren, das mit zwei Schlüsseln arbeitet, dem öffentlichen und dem privaten Schlüssel des Versenders. Die Kombination zweier verschiedener Schlüssel zur Codierung von Informationen wird als asymmetrische Verschlüsselung bezeichnet.

Wenn Sie eine digital signierte E-Mail versenden wollen, verschlüsseln Sie Ihre Mitteilung mit einem nur Ihnen bekannten Code – dem privaten Schlüssel – und hängen die verschlüsselte Fassung der E-Mail einfach an die unverschlüsselte Fassung derselben Mail an. Der Empfänger erhält dann Ihre E-Mail in unverschlüsselter Form zusammen mit der verschlüsselten Version derselben Mail im Anhang. Um nun zu kontrollieren, daß auf ihrem Weg durch das Netz keine Veränderung an der Nachricht vorgenommen wurde, kann er die angehängte verschlüsselte Fassung der E-Mail mit einem zweiten Code entschlüsseln, nämlich dem öffentlichen Schlüssel, den er sich entweder von Ihrer eigenen oder der Web-Site eines Dritten heruntergeladen hat. Stimmt nun die entschlüsselte Version mit der unverschlüsselten Version überein, kann der Empfänger daraus schließen, daß die E-Mail unterwegs nicht manipuliert worden ist.

Für alle, die sich etwas genauer für die der digitalen Signatur zugrundeliegenden Technik interessieren, sei noch kurz das wichtige Hash-Verfahren erläutert: Um die E-Mail nicht unnötigerweise zweimal zu versenden – einmal in verschlüsselter und einmal in unverschlüsselter Form – und um lange Ver- und Entschlüsselungszeiten zu vermeiden, bedient man sich eines technischen Tricks, der mit den bekannten Komprimiertechniken vergleichbar ist. Nicht die gesamte Nachricht wird verschlüsselt, sondern lediglich ein zuvor hergestelltes Komprimat, das an die Original-E-Mail angehängt wird. Der Empfänger entschlüsselt nun mit dem öffentlichen Schlüssel das angehängte Komprimat und komprimiert seinerseits auf die gleiche Weise wie zuvor der Absender den unverschlüsselten Text. Stimmen nun das vom Empfänger entschlüsselte Komprimat und der von ihm seinerseits komprimierte Volltext überein, so kann daraus geschlossen werden, daß die empfangene Nachricht nicht verändert wurde. Beim Hash-Verfahren werden also nicht die verschlüsselten Volltexte miteinander verglichen, sondern lediglich deren Komprimate.

Dies alles klingt komplizierter, als es tatsächlich ist. Da dieses und noch einige andere verbreitete Verfahren automatisch und unter der Benutzeroberfläche ablaufen, bleibt der Signierende von dem technischen Vorgang fast unbehelligt.

(176) Wozu bedarf es einer Zertifizierungsstelle?

Den Empfänger einer E-Mail interessiert nicht nur, ob die Nachricht unterwegs von einem Dritten verändert wurde, sondern auch, ob sie tatsächlich von dem angegebenen Absender stammt. Möglich ist, daß nicht Sie, sondern jemand anderes die E-Mail mit Ihrem Absender verschickt hat.

Um sicherzustellen, daß der digital Signierende auch tatsächlich derjenige ist, für den er sich ausgibt, bedarf es einer Instanz, die sicherstellt, daß ein bestimmter öffentlicher Schlüssel eindeutig einer bestimmten Person zugeordnet werden kann. Diese Aufgabe übernehmen Zertifizierungsstellen, Trust-Center oder Trusted Third Parties. Diesen gegenüber müssen Sie sich einmal identifiziert haben, um ein Schlüsselpaar aus öffentlichem und privatem Schlüssel zur Signierung Ihrer Nachrichten zu erhalten.

Über ein im Internet abrufbares Verzeichnis, in dem jeder von einem Trust-Center ausgegebene öffentliche Schlüssel seinem jeweiligen Verwender zugeordnet ist, läßt sich der Absender einer signierten E-Mail verläßlich identifizieren. Der private Schlüssel bleibt dabei dem Signierenden vorbehalten. Hier wird nochmals deutlich, warum zwei Schlüssel vonnöten sind.

Zur persönlichen Identifikation vor der Zertifizierungsstelle kann je nach Trust-Center eine einfache E-Mail ausreichen, es kann aber auch die Vorlage einer Kopie des Personalausweises oder sogar dessen Original gefordert sein. Das Vertrauen in das Trust-Center und die von ihm vergebenen Schlüssel wird davon abhängen, welches Verfahren es zur Feststellung der Identität verwendet.

(177) Was hat sich durch das Signaturgesetz verändert, und was will es erreichen?

Auch der Gesetzgeber hat erkannt, daß die weitere kommerzielle Entwicklung des Internet von der Sicherheit der Datenübertragung abhängt. Das Signaturgesetz (SigG) schafft gemeinsam mit der Signaturverordnung (SigV) die rechtliche Grundlage für die weitere Entwicklung von digitalen Signaturen und Trust-Centern. Um das Vertrauen und die Sicherheit zu gewährleisten, wurden hier technische Anforderungen und ein Genehmigungsverfahren für Trust-Center festgeschrieben. So müssen staatlich genehmigte Trust-Center z. B. sicherstellen, daß nur entsprechend informationstechnisch und juristisch geschultes Fachpersonal mit der Zertifikation betraut wird. Wer eine Signatur haben möchte, muß sich durch Vorlage eines Personalausweises identifizieren. Falls Sie hierzu nähere Informationen benötigen, sollten Sie die erwähnten Gesetze einsehen.

Das Signaturgesetz verbietet nicht die Verwendung bereits bestehender oder nicht genehmigter Signaturverfahren. Es versucht jedoch, mit Hilfe der gesetzlichen Kontrolle das Vertrauen in behördlich genehmigten Trust-Center zu stärken. Dieses besondere Vertrauen kann in einer gerichtlichen Auseinandersetzung unter Umständen entscheidend sein, denn das Gericht wird den Beweiswert einer von einer behördlich genehmigten Stelle ausgegebenen Signatur ungleich höher einschätzen, als den von der einer nicht genehmigten Stelle.

(178) Ist eine Chip-Karte für den privaten Schlüssel sinnvoll?

Das Vertrauen in die digitale Signatur ist nur dann sichergestellt, wenn der private Verschlüsselungscode tatsächlich privat bleibt. Sobald ein Dritter den Code Ihres privaten Schlüssels herausfindet, kann er in Ihrem Namen Nachrichten versenden. Befindet sich der Code auf einer Chip-Karte, deren Verwendung bei jeder Verschlüsselung nötig ist, ist er vor dem Zugriff Dritter weitgehend geschützt – so meint zumindest der Gesetzgeber. Um eine solche Chip-Karte zu verwenden, muß ein Kartenlesegerät an den Rechner angeschlossen werden. Die Hersteller von Hardware freuen sich bereits darauf, Ihnen diese Geräte verkaufen zu können.

(179) Wo liegen die Grenzen und wo die Möglichkeiten der Verwendung einer digitalen Signatur?

Eine digitale Signatur hebt den Beweiswert einer Nachricht dadurch, daß deren Absender als derjenige zu identifizieren ist, dem die digitale Signatur zugeordnet werden kann. Allerdings hat der Gesetzgeber es bislang versäumt, das Zivilprozeßrecht entsprechend zu ändern. Die Zivilprozeßordnung (ZPO) unterscheidet zwischen dem Urkundsbeweis und dem Augenscheinsbeweis, wobei der Urkunde ein höherer Beweiswert beigemessen wird. Eine Urkunde bedarf jedoch der eigenhändigen Unterschrift. Eine E-Mail wird daher nicht bereits dadurch zu einer Urkunde, daß sie digital siniert wird. Sie bleibt ein Augenscheinsobjekt. Der Richter entscheidet nach seiner Überzeugung, ob derjenige, der als Absender der E-Mail bezeichnet ist, diese auch tatsächlich abgeschickt hat. Jedoch spricht einiges dafür, daß die Gerichte nach Einführung des Signaturgesetzes eine diesem entsprechende Signatur als Beweis anerkennen werden.

Vorstellbar ist allerdings auch, daß Gerichte zukünftig davon ausgehen werden, daß z. B. ein Dritter, der mit Ihrer digitalen Signatur eine E-Mail versendet, von Ihnen dazu bevollmächtigt wurde – er hatte schließlich Ihren privaten Schlüssel; damit spricht der Anschein für seine Bevollmächtigung.

An seine Grenzen stößt die digitale Signatur überall dort, wo das Gesetz eine eigenhändige Namensunterschrift verlangt. Bürgschaftserklärungen im nichtkaufmännischen Verkehr, Schuldanerkenntnisse oder Schuldversprechen können daher auch nicht durch digital signierte E-Mails abgegeben werden. Auch viele Verwaltungsvorgänge erfordern eine eigenhändige Unterschrift. Es ist jedoch vorstellbar, daß der Gesetzgeber gerade in diesem Bereich die Gesetze im Zuge einer bürgerfreundlicheren und effizienteren Verwaltung entsprechend ändern wird. Verlockend ist der Gedanke, nicht mehr stundenlang auf den harten Bänken des Einwohnermeldeamtes ausharren zu müssen, um einen Reisepaß-Antrag abzugeben, sondern ihn stattdessen bequem vom heimischen Bildschirm aus stellen zu können.

(180) Welche Neuerungen wird eine EU-Signaturrichtlinie bringen?

Auch die Mitgliedstaaten der Europäischen Union haben die Bedeutung rechtsverbindlicher Kommunikation im Netz erkannt und wollen mit einer Richtlinie die Mitgliedstaaten verpflichten, hier gesetzgeberisch tätig zu werden. Da Deutschland in diesem Bereich jedoch mit der Einführung des Signaturgesetzes und der Signaturverordnung Vorreiter ist, bedarf es hierzulande keiner Umsetzung der künftigen EU-Signaturrichtlinie in nationales Recht mehr.

6. Datenschutz

Wenn Sie Ihre Web-Site nicht nur als Ihr weltweites Aushängeschild betrachten, sondern darüber hinaus über das Internet Geschäfte abwickeln, werden Sie elektronisch personenbezogene Daten erheben und verarbeiten müssen. Dabei haben Sie rechtliche Bestimmungen des Datenschutzes zu beachten. Sie finden nachfolgend die einschlägigen gesetzlichen Grundlagen sowie Ihre wesentlichen Rechte und Pflichten.

6.1 Gesetzliche Grundlagen

(181) Welche Datenschutzgesetze sind in meinem Fall anwendbar?

Wer im geschäftlichen Verkehr Daten über Dritte erhebt oder verarbeitet, muß bedenken, daß jedermann ein verfassungsrechtlich geschütztes Recht auf informationelle Selbstbestimmung besitzt. Das Bundesverfassungsgericht hat das Recht auf informationelle Selbstbestimmung in der Volkszählungsentscheidung vom 15. Dezember 1983 aus dem allgemeinen Persönlichkeitsrecht als Ausprägung der Menschenwürde hergeleitet (BVerfGE 65, 1 ff.).

Um das informationelle Selbstbestimmungsrecht des einzelnen zu sichern, hat der Gesetzgeber mehrere Gesetze erlassen: Hierzu zählen unter anderem das Bundesdatenschutzgesetz (BDSG), die Landesdatenschutzgesetze (LDSG), das Teledienstedatenschutzgesetz (TDDSV), Datenschutz nach dem Mediendienste-Staatsvertrag (MdStV) sowie das Telekommunikationsgesetz (TKG). Das Telekommunikationsgesetz richtet sich in erster Linie an Unternehmen, die elektronische Kommunikationstechnik verfügbar machen – wie z. B. Provider. Datenschutz nach dem Mediendienste-Staatsvertrag gilt für diejenigen, die der Allgemeinheit Informationen anbieten – wie z. B. den Herausgeber eines Online-Magazins. Das Teledienstedatenschutzgesetz hat jeder, der Teledienste anbietet, – z. B. Telebanking, Teleshopping – zu beachten. Das Bundesdatenschutzgesetz gilt für alle übrigen Personen, die sich mit der Erhebung und Verarbeitung von Daten befassen. Seine Regeln kommen darüber hinaus neben den datenschutzrechtlichen Spezialgesetzen ergänzend zur Anwendung. Die Landesdatenschutzgesetze dagegen wenden sich vor allem an öffentliche Stellen und an Private, die Aufgaben der öffentlichen Verwaltung wahrnehmen.

Die Ausführungen zu den folgenden Fragen stellen die Rechtslage nach dem Teledienstedatenschutzgesetz dar. Die anderen genannten

Datenschutzgesetze folgen jedoch ähnlichen Grundsätzen.

(182) Welche Konsequenzen drohen mir bei der Verletzung datenschutzrechtlicher Bestimmungen?

Wenn Sie datenschutzrechtliche Bestimmungen verletzen, können Sie schadensersatzpflichtig werden oder sich sogar strafbar machen. Darüber hinaus können die zuständigen Behörden Geldbußen verhängen. Um für die Einhaltung der datenschutzrechtlichen Bestimmungen sorgen zu können, besitzen die zuständigen Behörden weitgehende Kontrollrechte. Beispielsweise können sie – unabhängig davon, ob sie Anhaltspunkte für eine etwaige Rechtsverletzung haben – den datenverarbeitenden Betrieb während der Geschäftszeiten gegen den Willen des Geschäftsinhabers betreten, kontrollieren und im äußersten Fall dessen Datenverarbeitungsanlagen abschalten.

(183) Wann muß ich einen Beauftragten für den Datenschutz benennen?

Wenn in Ihrem Unternehmen – unabhängig von dessen Größe – mehr als fünf Personen ständig mit der automatisierten Datenverarbeitung beschäftigt sind, ist die schriftliche Benennung eines Beauftragten für den Datenschutz erforderlich. Dies schreibt das Bundesdatenschutzgesetz in den §§ 36ff. vor. Gleichgültig ist, ob es sich bei dem Datenschutzbeauftragten um einen externen Berater oder einen internen Angestellten handelt. Der Beauftragte für den Datenschutz ist Kontaktperson in allen Fragen des Datenschutzes und verantwortlich für die Beachtung der datenschutzrechtlichen Bestimmungen.

(184) Ist zukünftig mit einer Änderung des Datenschutzrechts zu rechnen?

Die Europäische Union hat im Jahre 1995 die Datenschutzrichtlinie erlassen, die der Herstellung eines einheitlichen Datenschutzniveaus in den EU-Mitgliedstaaten dient und von diesen bis zum 24. Oktober 1998 in nationales Recht umzusetzen ist. Zur Umsetzung dieser EU-Richtlinie soll das Bundesdatenschutzgesetz novelliert werden. Der entsprechende Referentenentwurf enthält als wesentliche Neuerung die Bestimmung, daß das Bundesdatenschutzgesetz auch dann anzuwenden ist, wenn personenbezogene Daten durch ein Unternehmen mit Sitz im außereuropäischen Ausland im Inland erhoben, verarbeitet oder genutzt werden. Dadurch wird das Ausweichen eines deutschen Unternehmens auf ein Land außerhalb der Europäischen Union mit geringerem Datenschutzstandard unattraktiv. Im übrigen sieht der Referentenentwurf etliche Änderungen im Detail vor.

6.2 Geschützte Daten

(185) Welche Daten sind grundsätzlich geschützt?

Nur personenbezogene Daten genießen Schutz nach dem Teledienstedatenschutzgesetz. Das sind solche, die geeignet sind, eine bestimme – natürliche – Person (d. h. einen Menschen) zu identifizieren. Daher greift der Datenschutz beispielsweise nicht, wenn man auf seiner Web-Site einen Zugriffszähler installiert, mit dem man die Anzahl der Zugriffe auf die Site feststellen will. Der Nutzer, der eine Web-Site aufruft und dessen Zugriff – sichtbar – gezählt wird, geht nicht das Risiko einer Identifizierung ein und ist daher nicht schutzwürdig.

(186) Unter welchen Bedingungen darf ich personenbezogene Daten erheben und verarbeiten?

Grundsätzlich dürfen nach den Datenschutzgesetzen keine personenbezogenen Daten erhoben und verarbeitet werden. Von diesem Grundsatz kennt das Gesetz allerdings Ausnahmen, die im folgenden behandelt werden. Unproblematisch ist die Erhebung und Verarbeitung personenbezogener Daten dann, wenn die betroffene Person eine wirksame Einwilligung erteilt hat.

(187) Wie muß ich mit Daten umgehen, die den Internet-Nutzer sowie Tag und Uhrzeit der Verbindung identifizieren?

Grundsätzlich sind Sie verpflichtet, die Nutzung Ihres Teledienstes anonym zu ermöglichen. Hiervon sind Sie befreit, wenn dies technisch nicht möglich oder nicht zumutbar ist. Bei Daten, die den Nutzer sowie Tag und Uhrzeit der Verbindung identifizieren, spricht man von Nutzungsdaten. Da hier nicht nur die Person, sondern auch der Zugriff auf Ihre Web-Site festgehalten ist, handelt es sich um außerordentlich sensible Daten, die Sie spätestens nach Abschluß der Nutzung löschen müssen, es sei denn, der Betroffene hat in die Erhebung und Verarbeitung wirksam eingewilligt.

(188) Wie muß ich mit Daten umgehen, die ich für die Rechnungserstellung benötige?

Bei den Daten, die man für die Rechnungserstellung benötigt, handelt es sich um die sogenannten Abrechnungsdaten. Diese müssen Sie, sofern der Betroffenen nicht in eine dauerhafte Speicherung seiner Daten eingewilligt hat, löschen, sobald sie für Ihre Zwecke nicht mehr erforderlich sind. Das ist spätestens dann der Fall, wenn Sie eine Rechnung erstellt haben und diese auch beglichen ist. Bei Erstellung eines Einzelnachweises sind die Daten spätestens 80 Tage nach Versendung des Einzelnachweises zu löschen, es sei denn, Ihre Forderung wird bestritten oder trotz Zahlungsaufforderung nicht beglichen.

(189) Wie muß ich mit Daten umgehen, die ich für die Begründung und Abwicklung des Vertrags benötige?

Bei den Daten, die man für die Begründung und Abwicklung eines Vertrags benötigt, handelt es sich um die sogenannten Bestandsdaten. Diese müssen Sie nach Vertragsende löschen. Ohne wirksame Einwilligung des Betroffenen dürfen Sie die Bestandsdaten weder verwenden, um dem Kunden neue Produktinformationen zuzusenden, noch dürfen Sie sie zur Marktforschung einsetzen.

6.3 Einwilligung des Betroffenen

(190) Kann der Betroffene in die Erhebung und Verarbeitung seiner Daten auf elektronischem Wege einwilligen?

Nach dem Bundesdatenschutzgesetz war dies bislang nicht möglich, da die Einwilligung hiernach schriftlich vorgenommen werden mußte. Die Schriftform setzte jedoch eine Unterschrift voraus, die bislang auf elektronischem Wege nicht geleistet werden kann, vgl. Frage (174). Die Situation hat sich durch das Teledienstedatenschutzgesetz geändert: Danach ist unter folgenden Voraussetzungen auch eine elektronische Einwilligung des Betroffenen in die Erhebung und Verarbeitung seiner Daten wirksam: Der Diensteanbieter hat sicherzustellen, daß die Einwilligung nur durch eine eindeutige und bewußte Handlung des Nutzers erfolgen kann. Sie darf nicht unerkennbar verändert werden können. Der Urheber muß identifiziert werden können und die Einwilligung muß protokolliert werden. Der Inhalt der Einwilligung muß jederzeit vom Nutzer abgerufen werden können.

(191) Kann der Nutzer seine Einwilligung in die Verarbeitung und Nutzung seiner Daten widerrufen?

Der Nutzer kann seine Einwilligung in die Verarbeitung und Nutzung seiner Daten jederzeit mit Wirkung für die Zukunft widerrufen. Auf diese Möglichkeit müssen Sie ihn bereits vor der Abgabe seiner Einwilligungserklärung hinweisen.

(192) Wie kann ich meine Web-Site gestalten, um eine wirksame Einwilligung zur Erhebung und Verarbeitung personenbezogener Daten zu erhalten?

Bei der Gestaltung der Web-Site unter datenschutzrechtlichen Gesichtspunkten ist vor allen Dingen darauf zu achten, daß die Einwilligung durch eine eindeutige und bewußte Handlung des Nutzers erfolgt. Daher reicht es beispielsweise nicht aus, wenn sich neben der Verarbeitungsklausel (»Mit der Verarbeitung und Weitergabe der über mich erhobenen Daten bin ich einverstanden«) ein Kontrollkästchen befindet, das bereits angekreuzt ist. Ebensowenig reicht es aus, eine Klausel aufzunehmen, nach der der Nutzer sich durch das Abschicken der Daten mit deren Verarbeitung und Weitergabe schlüssig einverstanden erklärt. Vielmehr ist erforderlich, daß der Nutzer bei der Erklärung der Einwilligung aktiv mitwirkt. Das können Sie zum Beispiel erreichen, wenn Sie neben der Verarbeitungsklausel ein Kästchen anbieten, das der Nutzer selbst anzukreuzen hat. Denkbar ist auch, daß Sie neben dem Button, mit dem der Nutzer seine Daten übertragen kann (»Abschicken«), einen weiteren Button aufnehmen, dessen Betätigung die Einwilligung zum Ausdruck bringen soll. Daneben müssen Sie einen Hinweis auf die Widerrufbarkeit der Einwilligung auf Ihrer Web-Site aufnehmen. Es bietet sich an, die Verarbeitungsklausel durch einen entsprechenden Hinweis zu ergänzen (»Mir ist bekannt, daß ich die Einwilligung jederzeit mit Wirkung für die Zukunft widerrufen kann.«).

(193) Darf ich meine Dienste von der Einwilligung in die Verarbeitungsklausel abhängig machen?

Sie haben nach dem Teledienstedatenschutzgesetz grundsätzlich die Möglichkeit, die Erbringung Ihrer Leistung gegenüber dem Nutzer unmittelbar von der Erteilung der Einwilligung für die Verarbeitung und Nutzung seiner Daten abhängig zu machen. Das gilt nur dann nicht, wenn Sie eine Monopolstellung für Ihre Dienstleistung innehaben oder wenn der Nutzer keine Möglichkeit hat, vergleichbare Teledienste in zumutbarer Weise in Anspruch zu nehmen.

6.4 Auskunftserteilung

(194) Muß ich dem Nutzer Auskunft über die zu seiner Person gespeicherten Daten erteilen?

Der Nutzer kann jederzeit Auskunft über die zu seiner Person gespeicherten Daten verlangen. Diese Auskunftserteilung hat unentgeltlich zu erfolgen. Bislang war es üblich, daß solche Auskünfte nur auf schriftliche Anfragen hin erteilt wurden. Das Teledienstedatenschutzgesetz sieht nunmehr die Regelung vor, daß der Nutzer auf einer elektronischen Auskunftserteilung bestehen kann.

6.5 Cookies

(195) Was sind Cookies?

Cookies sind kleine Datenpakete, die der Betreiber einer Web-Site an die Computer der Besucher seiner Internet-Seiten verschickt, um auf diesem Wege Informationen über die Besucher der Site zu erheben. Mit einem Cookie kann eine Web-Site den Besuch eines Internet-Teilnehmers dokumentieren und Informationen über diese Person einholen.

Sie können Ihre Web-Site so gestalten, daß der Browser des Besuchers Ihrer Site veranlaßt wird, einen kurzen Text in eine spezielle Datei (»cookies.txt«) auf dessen lokaler Festplatte zu schreiben. Angenommen, Sie betreiben ein virtuelles Kaufhaus: Dann kann Ihre Web-Site beispielsweise den Inhalt des virtuellen Einkaufskorbes, zu dessen Kauf der Besucher Ihrer Web-Site sich nicht sofort entschließen konnte, in die Cookie-Datei schreiben lassen. Besucht dieser Nutzer später Ihre Web-Site erneut, so liest sein Browser den Inhalt der Cookie-Datei. Diese Information wird an den Server Ihrer Web-Site gesendet, so daß der virtuelle Einkaufskorb mit den Gegenständen gefüllt werden kann, die Ihr Besucher bei seinem ersten Besuch gewählt hat.

(196) Darf ich auf dem PC des Nutzers Cookies plazieren?

Cookies sind datenschutzrechtlich dann problematisch, wenn die in der Cookie-Datei gespeicherten Informationen Rückschluß auf eine bestimmte natürliche Person zulassen. Das ist teilweise der Fall, weil es technisch möglich ist, durch den Browser aus der Windows-Systemdatei die Initialen des Nutzers auslesen zu lassen. Werden diese Informationen an den Betreiber der Web-Site übermittelt, handelt es sich um eine unzulässige Erhebung und Verarbeitung personenbezogener Daten, die nur durch eine wirksame Einwilligung des Betroffenen legalisiert werden könnte.

Wenn Sie also Cookies verwenden wollen, sollten Sie dafür Sorge tragen, daß Ihnen auf diese Weise keinesfalls personenbezogene Informationen übermittelt werden. Andernfalls müßten Sie eine wirksame Einwilligung des Betroffenen einholen, vgl. Frage (190).

6.6 Verschlüsselungsprogramme

(197) Darf ich auf meiner Web-Site ein Verschlüsselungsprogramm zur Übersendung meiner Daten verwenden?

Der Gesetzgeber hat zwar erwogen, die Verschlüsselung von elektronischen Informationen gesetzlich zu regeln, hat davon aber wieder Abstand genommen. Daher können Sie – jedenfalls zur Zeit noch – Verschlüsselungsprogramme zur Übermittlung Ihrer Daten einsetzen.

7. Rechtsstreit

Mit dem Vordringen der modernen Kommunikationsmittel gewinnt auch das Urheberrecht ständig an praktischer Bedeutung. Die weltweite Verfügbarkeit der angebotenen Inhalte und die einfachen Vervielfältigungsmöglichkeiten haben teilweise zu einem sorglosen Umgang mit den Urheberrechten Dritter geführt. Wie Sie sich vor einer unerlaubten Verwertung Ihrer Web-Site und der Gestaltungskomponenten schützen können, erfahren Sie hier. Andererseits ist nicht auszuschließen, daß Sie selbst eines Tages von Dritten wegen einer Rechtsverletzung in Anspruch genommen werden. Wir geben Ihnen Ratschläge für den Fall eines Rechtsstreites.

7.1 Verletzung der Urheberrechte

(198) Was muß man tun, um für eine Web-Site urheberrechtlichen Schutz zu erlangen?

Web-Sites genießen häufig als Datenbankwerk einen urheberrechtlichen Schutz gemäß § 4 Abs. 2 Urheberrechtsgesetz. Daneben kommt ein Schutz des Datenbankherstellers gemäß § 87 a UrhG in Betracht. Unabhängig davon können an der Web-Site und ihren Gestaltungskomponenten Urheber- oder Leistungsschutzrechte bestehen. Der Urheberrechtsschutz setzt das Erreichen einer gewissen gestalterischen Höhe voraus. Er entsteht aber unabhängig von der Eintragung in ein Register mit Schaffung des Werkes, vgl. Frage (38). Auch ist nicht erforderlich, das Werk mit einem Copyright-Vermerk (©) zu versehen. Der Vermerk schadet aber auch nicht, denn er weist auf die Bereitschaft des Urhebers hin, sein Recht zu verteidigen. Niemand kann sich darauf berufen, er habe das Werk für schutzlos gehalten. Der Leistungsschutz entsteht auch ohne ein gestalterisches Schaffen, vgl. Frage (38).

(199) Was kann ich dagegen tun, daß ein Dritter ohne meine Zustimmung eine meiner Gestaltungskomponenten verwendet?

Der Urheber hat das ausschließliche Recht, sein Werk in körperlicher Form zu verwerten – zum Beispiel durch Vervielfältigung und Verbreitung – oder sein Werk in unkörperlicher Form öffentlich wiederzugeben. Die Verwertungsrechte sollen dem Urheber die Möglichkeit geben, die Nutzung seines Werkes zu kontrollieren und wirtschaftliche Vorteile aus dieser Nutzung zu ziehen. Allerdings hat auch das Verwertungsrecht des Urhebers seine Grenzen. Dritte dürfen gemäß § 53 UrhG auch ohne Zustimmung des Urhebers unter bestimmten Voraussetzungen einzelne Vervielfältigungsstücke zum privaten und sonstigen eigenen, z. B. zum wissenschaftlichen Gebrauch, herstellen.

Werden Ihre Gestaltungskomponenten aber durch Dritte für gewerbliche Zwecke eingesetzt, können Sie dies unterbinden. Der erste Schritt ist, den Verletzer auf seine Verletzung aufmerksam zu machen. Das können Sie selbst tun oder aber Sie beauftragen einen Anwalt, den Verletzer abzumahnen. Gibt dieser daraufhin keine Unterlassungsverpflichtungserklärung ab, können Sie den Verletzer auf Unterlassung und Schadensersatzleistung verklagen. Da es bis zu einem rechtskräftigen Urteil ziemlich lange dauern kann, können Sie Ihre Rechte durch Erwirkung einer gerichtlichen einstweiligen Verfügung erst einmal sichern. Soweit Sie im Prozeß einen Schadensersatzanspruch geltend machen, brauchen Sie keinen Schaden nachzuweisen. Sie bekommen den Betrag zugesprochen, den Sie erhalten hätten, wenn der Verletzer einen ordnungsgemäßen Lizenzvertrag mit Ihnen geschlossen hätte.

(200) Wie kann ich beweisen, daß ich der Rechteinhaber bin?

Behauptet der Verletzer im Prozeß, daß er das Werk geschaffen habe, sind Sie verpflichtet, Ihre Urheberschaft nachzuweisen. Indem Sie eine Kopie Ihrer Web-Site, z. B. auf Diskette, versiegelt bei einem Notar hinterlegen, können Sie später jedenfalls den gerichtlichen Nachweis führen, daß das Werk zu einem bestimmten Zeitpunkt geschaffen war. Das Gericht hat dann im Rahmen der freien Beweiswürdigung zu entscheiden, ob Sie auch der Urheber waren.

Sie können sich aber auch anders behelfen: Stecken Sie eine Diskette mit einer Kopie Ihrer Web-Site in einem frankierten Briefumschlag und bringen Sie ihn zum Postamt. Achten Sie darauf, daß der Umschlag dort einen lesbaren Poststempel erhält. Sobald er Ihnen zugestellt wird, verwahren Sie ihn ungeöffnet. Das Gericht hat dann nach freier Überzeugung zu entscheiden, welche Bedeutung dem ungeöffneten Brief zukommt.

(201) Welche Urheberrechtsordnung kommt zur Anwendung, wenn Ihre Gestaltungskomponenten durch eine im Ausland befindliche Person unerlaubt verwertet werden?

Da Ihre Web-Site weltweit aufrufbar ist, ist es nicht unwahrscheinlich, daß Ihre Rechte durch die Handlung einer im Ausland befindlichen Person beeinträchtigt werden. Es kommt dann diejenige Urheberrechtsordnung zur Anwendung, die am Ort der Verletzungshandlung gilt. Zur Wahrung der Rechte der Urheber im Zeitalter des Internet ist es daher immens wichtig, daß in allen Ländern der Erde ein Urheberrechtsschutz existiert, der auch den Ausländern gewährt wird. Dies wird weitgehend durch die Revidierte Berner Übereinkunft in Verbindung mit dem TRIPs-Abkommen garantiert, vgl. Frage (42).

7.2 Rechtsverfolgung durch Dritte

(202) Entstehen durch eine Internet-Präsenz spezielle wettbewerbsrechtliche Risiken?

Eine Präsenz im Internet ist mit zahlreichen rechtlichen Fragen und Problemen verbunden. Viele dieser Probleme treten in gleicher Form auch im normalen Geschäftsverkehr auf. Die Globalität des Internet führt jedoch dazu, daß sich jedes gewerbliche Handeln Ihres Unternehmens im Netz überregional, ja sogar international auswirkt. Dies ist ja der Grund, warum das Internet für Ihr Unternehmen interessant ist. Das überregionale Auftreten hat zur Folge, daß Ihre Tätigkeit einer bedeutend größeren gesellschaftlichen Kontrolle ausgesetzt ist. Da Ihre Angebote von einer großen Öffentlichkeit wahrgenommen werden können, haben auch mehr Mitbewerber die Möglichkeit, Ihr Handeln auf Wettbewerbsverstöße hin zu überprüfen und gegebenenfalls zu ahnden. Hinzu kommt, daß Sie mit den wettbewerblichen Gepflogenheiten anderer Länder konfrontiert werden, wo die Gesetze möglicherweise strenger ausgelegt werden, als Sie es von zu Hause gewohnt sind. Auch im Bereich der Kennzeichenrechte bestehen spezielle Risiken beim Internet-Auftritt. Wer die Vereinbarkeit seines Domain-Namens mit den Rechten Dritter nicht hinreichend überprüft, kann schnell in einen kennzeichenrechtlichen oder wettbewerbsrechtlichen Konflikt geraten.

(203) Wie sollte ich mich verhalten, wenn ich wettbewerbsrechtlich abgemahnt werde?

Stellen Sie sich vor, Sie erhalten eines Tages eine anwaltliche Abmahnung. Hierin werden Sie aufgefordert, binnen zwei Wochen zu erklären, daß Sie künftig die beanstandete Wettbewerbshandlung unterlassen werden. Sie sollen sich verpflichten, bei Zuwiderhandlung einen größeren Geldbetrag zu zahlen. Für den Fall der Nichtabgabe der Erklärung wird Ihnen die Erhebung einer gerichtlichen Klage angedroht. Wie verhalten Sie sich in dieser Situation?

Prüfen Sie zunächst, ob der Abmahnende überhaupt berechtigt ist, gegen Sie Ansprüche geltend zu machen. Zum einen kann der unmittelbar Verletzte, der in einem konkreten Wettbewerbsverhältnis zu Ihnen steht, Unterlassungsansprüche gegen Sie geltend machen. Daneben können auch noch andere gegen den wettbewerbswidrig Handelnden vorgehen. Die Berechtigten sind in § 13 Abs. 2 des Gesetzes gegen den unlauteren Wettbewerb (UWG) abschließend aufgezählt. Danach können Wettbewerbsverstöße von Gewerbetreibenden, die Waren oder gewerbliche Leistungen gleicher oder verwandter Art auf demselben Markt vertreiben, von Verbänden zur Förderung gewerblicher Interessen, von Verbraucherschutzverbänden und von den Industrie- und Handelskammern oder den Handwerkskammern abgemahnt werden. Bei einem kennzeichenrechtlichen Abmahnverfahren kann nur der unmittelbar Verletzte, also der Inhaber des unberechtigt genutzten Kennzeichens, Unterlassungsansprüche geltend machen.

Besteht kein Zweifel, daß Sie eine wettbewerbliche Vorschrift verletzt haben, ist die Abmahnung also offensichtlich begründet, sollten Sie die geforderte Unterlassungsverpflichtungserklärung in der angegebenen Frist abgeben. Auf diese Weise können Sie einer gerichtlichen Verurteilung auf Unterlassung zuvorkommen.

Ein Unterlassungsanspruch setzt nämlich das Vorliegen einer Wiederholungsgefahr voraus. Die Abgabe der strafbewehrten Unterlassungsverpflichtungserklärung, also einer Unterlassungserklärung, die mit einer Vertragsstrafe abgesichert ist, läßt die Wiederholungsgefahr entfallen, da es nunmehr unwahrscheinlich ist, daß der Verletzer die Verletzungshandlungen erneut begeht. Würde er dies nämlich tun, wäre sofort die vereinbarte Vertragsstrafe fällig. Bei Abgabe der Unterlassungsverpflichtungserklärung sind Sie allerdings verpflichtet, die Abmahnkosten zu übernehmen, und die können in Einzelfällen recht hoch sein – bis zu mehreren tausend D-Mark.

(204) Welche Bedeutung hat die Abgabe einer strafbewehrten Unterlassungsverpflichtungserklärung?

Mit Abgabe der strafbewehrten Unterlassungsverpflichtungserklärung wird ein bindender Vertrag geschlossen, dessen Einhaltung durch eine in der Regel recht hohe Vertragsstrafe abgesichert wird. Begehen Sie nun die Verletzungshandlung erneut, wird die vereinbarte Vertragsstrafe fällig. Verweigern Sie die Zahlung, kann der Betrag eingeklagt werden. Das Gericht prüft dann nicht, ob Ihre Handlung, wegen der Sie abgemahnt worden sind, tatsächlich rechtswidrig war, sondern lediglich, ob der Vertrag wirksam geschlossen wurde. Wenn das der Fall ist, wird Sie das Gericht zur Zahlung der Vertragsstrafe verurteilen, selbst wenn die ursprüngliche Abmahnung unberechtigt war. Geben Sie als vermeintlicher Verletzer also eine Unterlassungsverpflichtungserklärung ab, erkennen jedoch später, daß Ihr Handeln nicht rechtswidrig war, bleiben Sie gleichwohl an Ihre Erklärung gebunden. Das bedeutet, daß bei den geringsten Zweifeln an der Rechtmäßigkeit der Abmahnung anwaltlicher Rat eingeholt werden sollte, um die Rechtslage zu klären. Sollte die gesetzte Frist dafür nicht ausreichend sein, bitten Sie den Abmahnenden um eine Fristverlängerung.

(205) Sollte ich im Rahmen der Unterlassungsverpflichtungserklärung auch einen möglichen Schadenersatzanspruch dem Grunde nach anerkennen?

Besondere Vorsicht ist geboten, wenn neben der Unterlassungsverpflichtungserklärung gefordert wird, einen möglichen Schadensersatzanspruch dem Grunde nach anzuerkennen. Diese Anerkennung hat nichts mit der Unterlassungsverpflichtungserklärung zu tun. Letztere ist auch ohne die Anerkennung einer Schadensersatzpflicht wirksam.

In aller Regel dürfte es insbesondere bei Wettbewerbsrechtsverletzungen dem Rechtsinhaber schwerfallen, einen durch Ihre Handlung verursachten Schaden nachzuweisen. Erkennen Sie die Pflicht zur Zahlung eines Schadensersatzes dem Grunde nach an, muß er im Streitfall vor Gericht nicht mehr nachweisen, daß Sie zum Schadensersatz verpflichtet sind. Sie können dann allenfalls noch die genaue Schadenshöhe in Frage stellen. Ist der Schadensersatzanspruch aber berechtigt, könnten Sie durch die Anerkennung des Schadensersatzanspruches einer möglichen Klageerhebung vorbeugen, um die auf Sie zukommenden Kosten des Rechtsstreits zu umgehen. Bei Unklarheiten bezüglich der Rechtslage empfiehlt es sich ebenfalls, den Rat eines erfahrenen Fachanwalts einzuholen.

(206) Was kann ich tun, wenn ich die Unterlassungsverpflichtungserklärung nicht abgeben will?

Entscheiden Sie sich nach Prüfung der Rechtslage dafür, die geforderte Unterlassungsverpflichtungserklärung nicht abzugeben, sind Sie verpflichtet, dies dem Abmahnenden fristgemäß mitzuteilen. Anschließend können Sie entweder das angekündigte gerichtliche Vorgehen des Abmahnenden abwarten oder selbst in die Offensive gehen. Sie haben die Möglichkeit, vor Gericht Klage auf Feststellung zu erheben, daß dem Abmahnenden die von ihm geltend gemachten Ansprüche nicht zustehen (sogenannte negative Feststellungsklage).

Von diesem Mittel sollten Sie jedoch nur in Ausnahmefällen Gebrauch machen, da eine Klageerhebung, auch wenn Sie am Ende gewinnen sollten, immer mit einem gewissen finanziellen Aufwand verbunden ist (Gerichtskostenvorschuß, Anwaltshonorare, etc.).

(207) Muß ich bei mehreren Abmahnungen mehrfach die Abmahnkosten bezahlen?

Sollten Sie wegen einer Wettbewerbsrechtsverletzung von mehreren Berechtigten, z. B. von verschiedenen Verbänden, abgemahnt worden sein, läßt die Abgabe der Unterlassungsverpflichtungserklärung gegenüber einem Abmahnenden die Wiederholungsgefahr gegenüber allen entfallen. Es genügt deshalb, wenn die Erklärung gegenüber einem Abmahnenden abgegeben wird. Sie haben jedoch dann die Pflicht, alle anderen Abmahnenden innerhalb der von diesen gesetzten Frist über die Abgabe der Erklärung zu informieren.

Problematisch ist die Frage, ob Sie auch die Abmahnkosten nur einmal zahlen müssen oder ob auch die anderen Abmahnenden ihre Unkosten geltend machen können. Bei Abmahnungen durch Verbände entfällt ein Erstattungsanspruch, wenn die Unterlassungsverpflichtungserklärung zum Zeitpunkt der Absendung der Zweitabmahnung bereits abgegeben war. Verbände können einen Erstattungsanspruch nur aus einer sogenannten Geschäftsführung ohne Auftrag herleiten, deren Voraussetzungen aber mit dem Wegfall der Wiederholungsgefahr, also mit Abgabe der ersten strafbewehrten Unterlassungsverpflichtungserklärung, entfallen.

Anders ist die Rechtslage bei etwaigen direkt durch Ihre Verletzungshandlung Betroffenen. Diesen steht in der Regel ein Schadensersatzanspruch zu, wenn Sie die Verletzungshandlung schuldhaft (also vorsätzlich oder fahrlässig) begangen haben.

Dieser Schadensersatzanspruch umfaßt alle durch die Verletzungshandlung verursachten Kosten. Dazu zählen auch die Abmahnkosten, selbst wenn zwischenzeitlich eine strafbewehrte Unterlassungsverpflichtungserklärung gegenüber einem Dritten abgegeben wurde. Die von Ihnen durch die Verletzungshandlung gesetzte Ursache für den Schaden des Abmahnenden wird dadurch nicht berührt.

(208) Wann sollte ich den Anspruch eines Verbandes auf Erstattung der Abmahnkosten genau prüfen?

Geben Sie Ihre Unterlassungsverpflichtungserklärung gegenüber einem Verband ab, so hat dieser grundsätzlich gegen Sie einen Anspruch auf Erstattung der Abmahnkosten, vgl. Frage (207). Hatte der Verband aber einen Rechtsanwalt mit der Abmahnung beauftragt, so ist zweifelhaft, ob Sie die durch Einschaltung des Rechtsanwalts entstandenen Mehrkosten tragen müssen. Gegebenenfalls sollten Sie Ihrerseits einen Rechtsanwalt einschalten. Auch wenn eine Abmahnung mißbräuchlich erscheint, insbesondere weil sie vorwiegend dazu dient, einen Anspruch auf Ersatz von Aufwendungen entstehen zu lassen, ist ein Anspruch auf Ersatz der Abmahnkosten ausgeschlossen.

(209) Wie sollte ich reagieren, wenn ich keine Abmahnung erhalten habe, aber weiß, daß Klage erhoben werden soll und ich den Anspruch anerkennen möchte?

Im Zweifelsfall sollten Sie mit dem mutmaßlichen Kläger Kontakt aufnehmen und eine außergerichtliche Einigung anstreben, um die Kosten des Rechtsstreits zu vermeiden. Zwar bestimmt § 93 Zivilprozeßordnung (ZPO), daß dem Kläger die Prozeßkosten zur Last fallen, wenn der Beklagte den Anspruch sofort anerkennt, doch gilt dies nur, soweit er sich vor dem Prozeß nicht so verhalten hat, daß der Kläger annehmen mußte, nur durch einen Prozeß sein Ziel erreichen zu können.

(210) Was sollte ich tun, wenn gegen mich eine einstweilige Verfügung erlassen oder Klage erhoben wurde?

Führt die Abmahnung Ihres Gegners nicht zum gewünschten Erfolg, müssen Sie damit rechnen, daß er gerichtliche Schritte einleitet. Üblicherweise geht in Wettbewerbsstreitigkeiten der eigentlichen Klageerhebung das Verfügungsverfahren voraus, das der vorläufigen Sicherung des Anspruchs dient. Denn das Hauptsacheverfahren, das heißt der eigentliche Prozeß, kann bis zum Urteilsspruch etliche Monate dauern. Spätestens jetzt sollten Sie einen guten Fachanwalt einschalten.

(211) Vor welchem Gericht kann ich verklagt werden?

Werden Sie in Anspruch genommen, soweit sich Ihr Handeln in Deutschland auswirkt, ist gemäß § 32 der Zivilprozeßordnung (ZPO) bzw. gemäß § 24 Abs. 2 des Gesetzes gegen unlauteren Wettbewerb (UWG) grundsätzlich das Gericht zuständig, in dessen Bezirk die Handlung begangen wird. Der Begehungsort ist nicht nur der Ort des Erscheinens – für ein Internet-Angebot etwa der Standort des Server –, sondern jeder Ort, an dem das Medium Dritten bestimmungsgemäß und nicht bloß zufällig zur Kenntnis gebracht wird, d. h. dort, wo die Web-Site bestimmungsgemäß abgerufen werden kann. Da Ihre Web-Site in ganz Deutschland aufgerufen werden kann, müssen Sie damit rechnen, an einem beliebigen Ort in Deutschland verklagt zu werden. Für Verbände, die Sie wegen eines Wettbewerbsverstoßes verklagen, gilt allerdings der sogenannte fliegende Gerichtsstand des § 24 Abs. 2 UWG grundsätzlich nicht. Diese müssen Sie normalerweise am Sitz Ihres Unternehmens verklagen.

Werden Sie in Anspruch genommen, soweit sich Ihr Handeln international auswirkt, richtet sich die Gerichtszuständigkeit in erster Linie nach den einschlägigen internationalen Abkommen. Für die Europäische Union gilt beispielsweise das Übereinkommen über die gerichtliche Zuständigkeit und die Vollstreckung gerichtlicher Entscheidungen in Zivil- und Handelssachen (EuGVÜ), das ebenfalls eine Klage an dem Ort zuläßt, an dem der Erfolg der Verletzungshandlung eingetreten ist.

(212) Mit welchen Kosten muß ich bei einem Rechtsstreit rechnen?

Die Kosten für einen Rechtsstreit richten sich generell nach dem Streitwert des Verfahrens. Das Gericht setzt den Streitwert nach freiem Ermessen fest. Hierbei hat es zum Beispiel bei Klagen auf Unterlassung der Benutzung eines Domain-Namens auch die wirtschaftliche Bedeutung des geltend gemachten Unterlassungsanspruches zu berücksichtigen, vgl. [Leitsatz 92].

Anhang

Das Informationsangebot http://www.online-recht.de

Auf der Web-Site *http://www.online-recht.de* stellen wir Ihnen alle relevanten Informationen zum Online-Recht zur Verfügung. Im einzelnen finden Sie dort:

Entscheidungssammlung Online-Recht
Die Entscheidungen, auf die sich die unten aufgeführten Leitsätze beziehen, können Sie im Volltext in der Entscheidungssammlung Online-Recht nachlesen. Die Entscheidungssammlung Online-Recht ist mit mehr als 240 Urteilen, Beschlüssen und einstweiligen Verfügungen deutscher Gerichte sowie über 170 redaktionellen Leitsätzen (Stand 08/98) die größte auf ihrem Gebiet. Die fortlaufend ergänzten Entscheidungen und Leitsätze können Sie im Volltext durchsuchen.

Mailing-Liste Online-Recht: *online-recht@liste.akademie.de*
Die Mailing-Liste zum Online-Recht bietet Ihnen ein Forum für die Diskussion der rechtlichen Aspekte und Probleme von Computernetzen. Dabei stehen naturgemäß die Probleme des Internet im Mittelpunkt. Sie sind ausdrücklich eingeladen, Ihre eigenen Fragen, Antworten und Kommentare einzubringen und aktiv an der Diskussion teilzunehmen.

Link-Sammlung
Nutzen Sie unsere Link-Sammlung Online-Recht als Ausgangspunkt für Ihre Informationssuche im WWW. Wir haben die interessantesten Verweise zum Online-Recht für Sie ausgewählt und thematisch sortiert. Die Link-Sammlung wird regelmäßig aktualisiert.

Aktuelle Gesetzestexte, Verordnungen und Richtlinien
Unter *http://www.online-recht.de* können Sie auf alle Gesetze, Verordnungen und Richtlinien, die in diesem Buch erwähnt werden, im Volltext zugreifen.

Leitsätze zu den wichtigsten Entscheidungen

Zu Kapitel »1. Der Domain-Name«

[Leitsatz 1] Landgericht Hamburg
Urteil vom 16. Juni 1998 – 315 O 107/98 – »Emergency contra emergency.de«

1. Der durch die öffentliche Ankündigung im Titelschutzanzeiger, ein Computerspiel mit dem Titel »Emergency« herausbringen zu wollen, entstehende Titelschutz wird durch die Anmeldung und Nutzung der Domain *http://www.emergency.de* eines Dritten nicht verletzt, solange der entsprechende Verkehrskreis die Verwendung der Internet-Adresse nicht als Hinweis auf das Computerspiel auffaßt.
2. Dennoch erfüllen Computerspiele die Kriterien eines eigenständigen kennzeichenrechtlichen Werkbegriffs und sind insoweit dem Werktitelschutz nach § 5 Abs. 3 MarkenG zugänglich.
3. Auch entsteht der Titelschutz für ein Computerspiel bereits durch die öffentliche Ankündigung im Titelschutzanzeiger, wenn das Spiel danach in angemessener Frist unter dem Titel auf den Markt gebracht wird. Während für Zeitschriften diese Frist in der Regel nicht mehr als sechs Monate betragen sollte, ist bei Computerprogrammen bei der Beurteilung, ob die Frist angemessen ist, das Hinzukommen der aufwendigen Testphase im Pilotprojekt zu berücksichtigen.
4. Die Bezeichnung »Emergency« ist unterscheidungskräftig.
5. Das nach § 1 UWG wettbewerbswidrige »Domain-Grabbing« – das sittenwidrige Blockieren einer Internet-Domain zu Lasten des Marken- oder Titelinhabers – setzt das Bestehen eines Wettbewerbsverhältnisses voraus.

[Leitsatz 2] Oberlandesgericht München
Urteil vom 2. April 1998 – 6 U 4798/97 – »freundin.de«
(Vorinstanz LG München I: 21 O 17599/96)
Der Markeninhaber einer für die Dienstleistungen »Verbreitung von Informationen über Netze, Online-Dienste« geschützten Marke kann von demjenigen, der diese Marke als Domain verwendet, den Verzicht auf diese Domain verlangen.

[Leitsatz 3] Landgericht Hamburg
Urteil vom 25. März 1998 – 315 O 792/97 – »eltern.de«

1. Die Nutzung einer Internet-Domain-Adresse stellt eine kennzeichenmäßige Verwendung dar. Die Domain hat nicht nur die technische Zuordnungsfunktion zu einem Rechner, sondern bezeichnet auch – zumindest mittelbar – den dahinterstehenden Anbieter.
2. Die Marke »Eltern« hat als Zeitschriftentitel aufgrund ihrer Auflage von über 500 000 verkauften Exemplaren einen hohen Bekanntheitsgrad, so daß sie mindestens die Kennzeichnungskraft einer normalen Marke erlangt hat.
3. Zwischen der Marke und dem Titel »Eltern« sowie der Domain »eltern.de« bzw. »www.eltern.de« besteht die Gefahr von Verwechslungen.
4. Der Markeninhaber kann die Herausgabe der Domain und Ersatz für den durch die Verwendung der Domain entstandenen Schaden verlangen. Ferner hat der Inhaber der Domain der Übertragung der Domain gegenüber dem DE-NIC einzuwilligen.

[Leitsatz 4] Oberlandesgericht Hamm
Urteil vom 13. Januar 1998 – 4 U 135/97 OLG Hamm – »krupp.de«
(Vorinstanz LG Bochum: 14 O 33/97)

1. Nicht nur der bürgerliche Name wird vom Namensschutz des § 12 BGB umfaßt, sondern alle namensartigen Kennzeichnungen, Firmenabkürzungen und Firmenschlagworte.
2. Die Wahl einer Domain kann das Interesse des Namensträgers an der ungestörten Führung seines Namens verletzen.
3. Wollen zwei Träger des gleichen Namens ihren Namen als Domain nutzen, so ist nicht entscheidend, wer die Domain zuerst angemeldet und genutzt hat. Vielmehr ist der Konflikt unter Berücksichtigung der jeweiligen Namensrechte interessengerecht zu lösen.
4. Das Domain-Nutzungsinteresse desjenigen, der sein Namensrecht auf seinen bürgerlichen Namen und den Namen einer von ihm geführten Firma stützt (hier: Krupp), tritt gegenüber dem Interesse desjenigen zurück, der sein Namensrecht auf ein Firmenschlagwort stützt, das überragende Verkehrsgeltung erlangt hat (hier: Krupp AG).
5. Der sich aus der Beeinträchtigung des Namensrechts ergebende Unterlassungs- und Beseitigungsanspruch verpflichtet den Verletzer, die Registrierung und Nutzung der Domain aufzugeben. Ein Anspruch auf Unterstützung bei der Übertragung der Domain besteht hingegen nicht.

[Leitsatz 5] Landgericht Bochum
Urteil vom 27. November 1997 – 14 O 152/97 – »hellweg.de«
Der durch die Benutzung eines Firmennamens entstehende Kennzeichenschutz begründet einen Unterlassungsanspruch nach § 15 Abs. 2 und Abs. 4 MarkenG gegen denjenigen, der einen unterscheidungskräftigen und prägenden Bestandteil dieses Firmennamens unberechtigt als Bestandteil einer Internet-Domain nutzt.
vgl. auch einstweilige Verfügung vom 09. Juli 1997 – 14 O 97/97

[Leitsatz 6] Landgericht Köln
Beschluß vom 31. Oktober 1997 – 31 O 880/97 – »bahnhof.de«
Im Wege der einstweiligen Verfügung wird dem Antragsgegner gemäß §§ 1, 24, 25 UWG untersagt, die Domain-Bezeichnung »bahnhof.de« zu benutzen und/oder diese Domain-Bezeichnung an Dritte zu übertragen.

[Leitsatz 7] Landgericht Berlin
Urteil vom 30. Oktober 1997 – 16 O 236/97 – »esotera.de«
1. Die Nutzung eines Domain-Namens ist sittenwidrig, wenn sich das Interesse an der Nutzung darauf beschränkt, einen anderen an der Nutzung der Domain zu hindern. Der Anspruch auf Abgabe einer Freigabeerklärung ergibt sich aus § 826 BGB in Verbindung mit § 249 Satz 1 BGB.
2. Erklärt ein Anbieter in einer strafbewehrten Unterlassungserklärung gegenüber einem anderen, unter einem bestimmten Domain-Namen keine Dienstleistungen mehr anzubieten, so verwirkt er die vereinbarte Vertragsstrafe auch dann, wenn er zwar das Angebot selbst einstellt, jedoch einen Hinweis gibt, wo sein Angebot jetzt zu finden ist.

[Leitsatz 8] Landgericht Frankfurt am Main
Urteil vom 15. Oktober 1997 – 2/6 O 300/97 – »yellow pages«
Der Inhaber der Marke »Yellow Pages«, die als Marke für elektronische und gedruckte Telekommunikationsverzeichnisse eingetragen ist, hat gegen den Betreiber eines Adreßverzeichnisses im Internet unter dieser Bezeichnung gemäß § 14 Abs. 2 Nr. 1 MarkenG einen Anspruch auf Unterlassung.

[Leitsatz 9] Landgericht Düsseldorf
Urteil vom 30. September 1997 – 4 O 179/97 – »ufa.de«
1. Domain-Namen haben Namensfunktion. Das Namensrecht aus § 12 Satz 2 BGB umfaßt auch einen Anspruch auf Nutzung dieses Namens als Domain-Namen. Hält ein Dritter diesen Domain-Namen inne, so besteht ein Anspruch auf Freigabe und Unterlassung der Nutzung.
2. Der Umstand, daß der Domain-Name frei wählbar ist, rechtfertigt nicht den Schluß, daß diejenigen Adressen, die einen Namen enthalten, keine Namensfunktion besitzen.

3. Für den Teil einer Firmenbezeichnung kann der Schutz als Unternehmenskennzeichen im Sinne des § 5 Abs. 2 MarkenG beansprucht werden, sofern es sich hierbei um einen unterscheidungskräftigen Firmenbestandteil handelt, der sich im Verkehr als schlagwortartiger Hinweis auf das Unternehmen durchgesetzt hat.

[Leitsatz 10] Landgericht Frankfurt am Main
Urteil vom 10. September 1997 – 2/6 O 261/97 – »lit.de«

1. Der Inhaber einer geschäftlichen Bezeichnung hat gegen denjenigen, der diese Bezeichnung als Domain-Namen nutzt, einen Unterlassungsanspruch nach § 15 MarkenG.
2. Ein Domain-Name hat, anders als eine Telefonnummer oder eine Postleitzahl, Kennzeichen- und Namensfunktion.
3. Bei der Beurteilung, ob ein Domain-Name in ein fremdes Kennzeichenrecht eingreift, ist die Top-Level-Domain unbeachtlich.
4. Der besondere wirtschaftliche Wert von Internet-Adressen liegt für Unternehmen in der Nutzungsmöglichkeit als Werbemedium und damit in der Benutzung »im geschäftlichen Verkehr« im Sinne von § 15 MarkenG.

[Leitsatz 11] Landgericht Braunschweig
Urteil vom 5. August 1997 – 9 O 188/97 – »deta.com«

1. Die Absicht, einen Dritten am Gebrauch seiner Marke oder seines Namens zu hindern, oder der Versuch, Geldzahlungen für den Gebrauch zu erreichen, sind eine Behinderung im Sinne des § 1 UWG und daher wettbewerbswidrig.
2. Die Reservierung einer Domain in dem Wissen, damit in ein fremdes Kennzeichenrecht einzugreifen, stellt einen Wettbewerbsverstoß im Sinne der §§ 1, 3 UWG dar.
3. Es ist naheliegend, daß das Reservieren einer Domain in der Absicht, sie dem eigentlichen Namensträger oder Markeninhaber zu verkaufen, den Tatbestand einer sittenwidrigen Schädigung nach § 826 BGB erfüllt.
4. Hierin kann auch ein Eingriff in den eingerichteten und ausgeübten Gewerbebetrieb (Schutzbereich des § 823 BGB) gesehen werden.
5. Eine Domain wird im Sinne des § 14 Abs. 2 Nr. 2 MarkenG schon zum Zeitpunkt der Reservierung benutzt.
6. Domains werden unter Berücksichtigung des beteiligten Verkehrskreises unternehmenskennzeichnend verwendet und sind nicht mit Telefonnummern oder Postleitzahlen vergleichbar. Sie sind keine wahllos zusammengestellten Zahlenfolgen, sondern in der Regel sinnvolle Buchstabenzusammenstellungen. Die nicht kennzeichnende Ziffernfolge der IP-Adresse wird durch eine kennzeichnende Buchstabenfolge ersetzt.
7. Da jeder Internet-Nutzer weiß, daß die Top-Level-Domain keine individuelle Kennzeichnung ist, ist diese bei der Beurteilung einer bestehenden Verwechselungsgefahr unbeachtlich.

8. Für den Unterlassungsanspruch ist nicht Voraussetzung, daß es bereits zu Verwechselungen gekommen ist. Die Gefahr künftiger Verwechselungen reicht aus.
9. Nicht nur die vollständige Firma, sondern auch Firmenbestandteile, die als Schlagwort oder Abkürzung dienen, werden von den §§ 12 und 37 HGB geschützt. Beansprucht ein Dritter diese Abkürzung als Domain für sich, so greift er in diese Rechte ein.
10. Die Toplevel-Domain stellt keine individuelle Kennzeichnung dar, da sie durch die Domainstruktur vorgegeben ist. Bei der Beurteilung, ob eine Verwechselungsgefahr im Sinne des § 14 MarkenG besteht, ist allein die Secondlevel-Domain entscheidend.

[Leitsatz 12] Landgericht München I
Urteil vom 18. Juli 1997 – 21 O 17599/96 – »freundin.de«

1. Ob die Benutzung eines Domain-Namens eine Namens- oder Kennzeichenbenutzung ist, kann dahingestellt bleiben, solange keine markenrechtlichen Unterlassungs- bzw. Beseitigungsansprüche bestehen.
2. Der Markeninhaber hat grundsätzlich nur dann einen Unterlassungsanspruch gegen den Betreiber, wenn die unter der Marke und der Domain angebotenen Waren und Dienstleistungen ähnlich sind.
3. Etwas anderes gilt nur dann, wenn der Bekanntheitsgrad des fremden Zeichens in unlauterer Weise ausgenutzt wird oder der Domain-Name mit Behinderungsabsicht angemeldet wird.

[Leitsatz 13] Landgericht Stuttgart
Beschluß vom 9. Juni 1997 – 11 KfH O 82/97 – »hepp.de«

Die Reservierung eines Domain-Namens in Behinderungsabsicht ist wettbewerbsrechtlich anstößig und gemäß § 1 UWG zu unterlassen.

[Leitsatz 14] Landgericht München I
Urteil vom 10. April 97 – 17 HKO 3447/97 – »sat-shop.com«

1. Der Namensschutz einer juristischen Person erstreckt sich nur auf unterscheidungskräftige wesentliche Teile ihres Firmennamens.
2. Dritten ist es nicht nach § 15 Abs. 2 MarkenG untersagt, unter dem nicht unterscheidungsfähigen Namen eines Unternehmens (hier: Sat-Shop Gmbh) ihre Homepage (hier: »sat-shop.de«) zu betreiben.
3. Das für freihaltebedürftige Begriffe geltende Eintragungsverbot ist auf die Domain-Namen weder direkt noch analog anwendbar.
4. Das Betreiben einer Homepage unter einer freien Sachbezeichung stellt noch keinen Wettbewerbsverstoß gemäß § 1 und § 3 UWG dar.

vgl. auch LG München I: Beschluß vom 24. Februar 1997 – 17 HKO 3447/97

[Leitsatz 15] Landgericht Düsseldorf
Urteil vom 4. April 1997 – 34 O 191/96 – »epson.de«

1. Die Verwendung einer eingetragenen Marke als Teil einer Domain verstößt gegen § 15 MarkenG.
2. Bei einer Verletzung des § 15 MarkenG liegt regelmäßig auch eine Verletzung des Namensrechts nach § 12 Satz 2 BGB vor.
3. Aus der Registrierung einer Domain ergibt sich nicht ohne weiteres der subjektive Wille zur Benutzung, so daß eine konkrete Begehungsgefahr im Sinne des Unterlassungsanspruchs nach § 14 Abs. 5 MarkenG erst gegeben ist, wenn sich aus der subjektiven Verhaltensweise des in Anspruch Genommenen die Begehungsgefahr ergibt.
4. Bei der Bewertung, ob eine Verwechselungsgefahr im Sinne des Markengesetzes besteht, kommt es nicht darauf an, welche Waren oder Inhalte auf einer Homepage angeboten werden; die verwechselungsfähige Ware bzw. Dienstleistung ist die unter der Domain aufzurufende Homepage als solche.
5. Der Toplevel-Domain ».de« kommt keine eigenständige, unterscheidbare Bedeutung zu. Sie ist lediglich regionales Zuordnungskriterium und findet bei der Bewertung einer Marken- oder Namensverletzung keine Beachtung.

[Leitsatz 16] Kammergericht (Berlin)
Urteil vom 25. März 1997 – 5 U 659/97 – »concert-concept.de/concert-concept.com«
(Vorinstanz LG Berlin: Urteil vom 20. November 1996 – 97 O 193/96)

1. Domain-Namen sind in der Regel frei wählbar und erfüllen daher häufig die Funktion der geschäftlichen Individualisierung und Identifizierung eines Wirtschaftsunternehmens. Sie können daher bewußt in die Kennzeichnungsstrategien eines Unternehmens einbezogen werden.
2. Zwar wird durch den Domain-Namen in erster Linie kein bestimmtes Rechtssubjekt identifiziert, sondern lediglich der Rechner benannt, der »Anlaufstation« der Botschaften ist. Der Domain kommt jedoch Namensfunktion zu, soweit sie als Bezeichnung derjenigen Person oder Firma aufgefaßt wird, die über das angesteuerte Gerät zu erreichen ist.
3. Wer sich die geschützte Firmenbezeichnung eines anderen als Domain-Namen im Internet reservieren läßt, verletzt dessen Namensrecht nach § 12 BGB.
4. Nimmt der beteiligte Verkehrskreis eine Identität des Unternehmens an, besteht eine Verwechselungsgefahr im engeren Sinne auch bei Branchengleichheit oder Branchennähe.
5. Ein bestehender Anspruch auf Freigabe einer reservierten Domain kann nicht damit beanstandet werden, daß die Domain weltweit nicht weiter genutzt werden kann, obwohl das Verbot nur in Deutschland gilt. Dies liegt an den derzeitigen tatsächlichen Gegebenheiten, da eine universelle Zuständigkeit im Internet bisher weder national noch international geschaffen worden ist.

vgl. LG Berlin: Urteil vom 20. November 1996 – 97 O 193/96

[Leitsatz 17] Oberlandesgericht Celle
Beschluß vom 21. März 1997 – 13 U 202/96 – »celle.de/celle.com«
(Vorinstanz LG Lüneburg: 2 O 380/96)
Es ist eher zweifelhaft, ob der Gebrauch der Domain »celle.com« aufgrund des Suffixes Namensgebrauch der Stadt Celle im Sinne des § 12 BGB ist.

[Leitsatz 18] Landgericht Frankfurt am Main
Urteil vom 26. Februar 1997 – 2/6 O 633/96 – »das.de«
1. Eine Domain hat Namensfunktion.
2. Der Schutzumfang des Namensrechts nach § 12 BGB ist auch innerhalb einer Domain nicht auf den vollen Namen einer juristischen Person beschränkt, sondern umfaßt auch Abkürzungen und Schlagworte.

[Leitsatz 19] Oberlandesgericht Frankfurt am Main
Beschluß vom 13. Februar 1997 – 6 W 5/97 – »wirtschaft-online.de«
(Vorinstanz LG Frankfurt: Beschluß vom 3. Dezember 1996 – 2/6 O 624/96)
1. Eine analoge Anwendung des Eintragungsverbotes des § 8 Abs. 2 Nr. 1, 2 MarkenG, das eine Eintragung von nicht unterscheidungskräftigen und freihaltebedürftigen Marken ausschließt, auf die Registrierung und den Gebrauch von Domain-Namen kommt nicht in Betracht.
2. Rein beschreibende Begriffe (hier: Wirtschaft) dürfen als Domain oder in einer Domain verwendet werden.
3. Die Wahl eines Domain-Namens ist durch die allgemeinen Vorschriften des Wettbewerbsrechts (§§ 1, 3 UWG) begrenzt.

[Leitsatz 20] Landgericht Braunschweig
Urteil vom 28. Januar 1997 – 9 O 450/96 – »braunschweig.de«
1. Auch öffentliche Körperschaften sind gegen eine unbefugte Benutzung ihres Namens im privatrechtlichen Verkehr durch § 12 BGB geschützt.
2. Durch die Verwendung des Namens »braunschweig.de« wird der Anschein erweckt, die Stadt Braunschweig sei als Namensträgerin im Internet tätig.
3. Erfolgt die Anmeldung einer Internet-Adresse, um einen Dritten an seiner geplanten Nutzung zu hindern oder um ihn zu Geldzahlungen zu zwingen, so ist dieses Verhalten bösgläubig im Sinne des § 50 Abs. 1 Nr. 4 MarkenG.

[Leitsatz 21] Landgericht München
Beschluß vom 9. Januar 1997 – 4 HKO 14792/96 – »dsf.de« – »eurosport.de« – »sportschau.de«
1. Die Reservierung einer Domain zum Zwecke der Behinderung eines Dritten ist sittenwidrig und damit wettbewerbswidrig gemäß § 1 UWG.
2. Durch die Verwendung eines Kürzels, das einen anderen kennzeichnet, als Domain werden die Verbraucher in die Irre geführt und der gute Ruf des Trägers des Kürzels ausgenutzt. Darüber hinaus wird der gute Ruf

nachteilig belastet, weil der Informationsinteressent verärgert über den Träger des Kürzels ist, wenn er ihn nicht unter dieser Domain erreicht. Diese Irreführung der Verbraucher und die Anlehnung an den guten Ruf, verbunden mit der Rufschädigung, ist gemäß § 1 UWG sittenwidrig und damit wettbewerbswidrig.

3. § 1 UWG umfaßt einen Anspruch auf Unterlassung der Benutzung der Domain sowie auf Schadensersatz. In Form der Naturalrestitution gemäß § 249 BGB ist die zu Blockadezwecken in Behinderungsabsicht besetzte Internet-Adresse freizugeben.

[Leitsatz 22] **Landgericht Köln**
Urteil vom 17. Dezember 1996 – 3 O 477/96 – »kerpen.de«
Domain-Namen erfüllen keine Namensfunktion im Sinne des § 12 BGB, da sie nicht in einem erkennbaren Zusammenhang mit dem Namen des Benutzers stehen. Sie sind als Zahlen- und Buchstabenkombinationen frei wählbar und daher rechtlich wie Telefonnummern, Bankleit- oder Postleitzahlen zu bewerten.
vgl. LG Köln: Urteil vom 17. Dezember 1996 – 3 O 478/96
vgl. LG Köln: Beschluß vom 17. Dezember 1996 – 3 O 507/96

[Leitsatz 23] **Landgericht Berlin**
Beschluß vom 5. Dezember 1996 – 16 O 602/96 – »bally-wulff.de«
Nutzer des Internet, die eine Domain anwählen, die ein geschütztes Unternehmenszeichen enthält, erwarten, daß sich dahinter das Unternehmen verbirgt. Die Verwendung eines gemäß § 5 Abs. 1 MarkenG als geschäftliche Bezeichnung geschützten Unternehmenszeichens als Internet-Domain verstößt daher gegen §§ 5, 15 Abs. 2 MarkenG.

[Leitsatz 24] **Landgericht Berlin**
Urteil vom 20. November 1996 – 97 O 193/96 – »concert-concept.de/concert-concept.com«
Wird eine geschützte Firmenbezeichnung als Domain-Name von einem Dritten reserviert, so besteht schon vom Gesichtspunkt der Erstbegehungsgefahr eine Verwechselungsgefahr. Die Voraussetzungen des § 15 Abs. 2 und 4 MarkenG sind insoweit erfüllt.

[Leitsatz 25] **Landgericht Hamburg**
Beschluß vom 17. September 1996 – 404 O 135/96
Internet-Adressen sind individuelle namensartige Kennzeichen, die dem Schutz des § 12 BGB unterliegen. Die Buchstabenzusammenstellung ist nicht mit einer bloßen Telefonnummer, die nicht schutzfähig ist, zu vergleichen.

[Leitsatz 26] Landgericht Mannheim
Urteil vom 8. März 1996 – 7 O 60/96 – »heidelberg.de«
Die unbefugte Verwendung eines fremden Namens in einer Internet-Adresse verletzt das Namensrecht und begründet einen Unterlassungsanspruch nach § 1004 BGB.

[Leitsatz 27] Hanseatisches Oberlandesgericht (Hamburg)
Urteil vom 28. September 1995 – 3 U 170/95 – »TV live«
(Vorinstanz LG Hamburg: 315 O 212/95)

1. An eine Titelschutzanzeige, die sich auf »alle Medien« (also auch auf eine Veröffentlichung im Internet) erstreckt, sind in Hinblick auf die Angemessenheit der Frist der damit bewirkten »Sperrwirkung« besondere Anforderungen zu stellen.
2. Die Angemessenheit der Frist ist nach den Erfordernissen der Version zu bestimmen, die die längere Vorbereitungszeit braucht. Mit dem nachträglichen Verzicht auf die Version mit der längeren Vorbereitungszeit (hier die Druckversion) geht die Schutzwirkung für die Version mit der kürzeren Vorbereitungszeit (hier die Version für das Internet) jedoch nicht verloren.

Zu Kapitel »2. Internet-Zugang und Webhosting«

[Leitsatz 28] Amtsgericht Pinneberg
Urteil vom 5. Mai 1998 – 63 C 4/98 – »Beweiswert der Telekomrechnung«

1. Die Aufstellung auf der Telefonrechnung von über einen Btx-Anschluß abgerufenen Leistungen reicht als Beweis für die tatsächliche Inanspruchnahme nicht aus.
2. Dies gilt auch dann, wenn der Btx-Zugang durch ein persönliches Kennwort geschützt ist, da aufgrund der jüngsten Erkenntnisse zum Sicherheitsstandard der T-Online-Software nicht ausgeschlossen werden kann, daß es auch einem Dritten möglich ist, das persönliche Kennwort in Erfahrung zu bringen.

[Leitsatz 29] Landgericht Köln
Urteil vom 17. September 1997 – 20 O 437/97 – »spiele.de«
Verwaltet ein Provider eine Domain, so darf er die Domain auch dann nicht an einen Dritten übertragen, wenn die für die Verwaltung vereinbarten Zahlungen ausbleiben. Dem Provider steht lediglich ein Zurückbehaltungsrecht an der Domain zu. Der Inhaber der Domain hat gegen den Dritten einen Anspruch auf Rückübertragung, sofern der Dritte diese Umstände kannte.

[Leitsatz 30] Amtsgericht Berlin-Charlottenburg
Beschluß vom 22. April 1997 – 18 C 1003/97 – »big.de«
Ein Provider-Vertrag ist ein Geschäftsversorgungsvertrag mit Dienstvertragscharakter im Sinne der §§ 675, 611, 626 BGB.

[Leitsatz 31] Landgericht Aachen
Urteil vom 31. Oktober 1996 – 8 O 244/96
Die Beweislast über die Überhöhung der Gebührenforderung trägt der Inhaber des Btx-Anschlusses.

[Leitsatz 32] Landgericht Hamburg
Beschluß vom 17. September 1996 – 404 O 135/96
1. Ein Provider-Vertrag ist ein Dienstvertrag, der eine Geschäftsbesorgung zum Gegenstand hat (§§ 611, 675 BGB). Eine Kündigung nach § 671 BGB ist insofern nicht möglich.
2. Der Access-Provider hat bei Vertragsende die Nebenverpflichtung nach § 12 BGB, den Domain-Namen des Content-Providers freizugeben.
3. Dem Access-Provider steht ein Zurückbehaltungsrecht gemäß § 320 BGB am Domain-Namen des Content-Providers zu, wenn dieser die ihm obliegenden Leistungen nicht bewirkt.

[Leitsatz 33] Landgericht Bad Kreuznach
Urteil vom 9. Juli 1996 – 1 S 82/96
Es besteht eine Vermutung für die Richtigkeit der Abrechnungen über kostenpflichtige Dienstleistungen im Btx (heute: T-Online). Der Anschlußinhaber trägt daher den Beweis dafür, daß ein nicht vom ihm veranlaßter Mißbrauch des Anschlusses zu einer überhöhten Gebührenrechnung geführt hat.
vgl. AG Bad Kreuznach: Urteil vom 18. März 1996 – 2 C 447/95

[Leitsatz 34] Oberlandesgericht Köln
Urteil vom 30. April 1993 – 19 U 134/92 – »Btx-Sexgespräche«
(Vorinstanz LG Köln: 27 O 105/91)
1. Zur Konkretisierung des Nachweises der Inanspruchnahme der Leistungen eines Btx-Anbieters reicht es aus, wenn die Stornoliste Datum, Uhrzeit und Dauer der Inanspruchnahme aufschlüsselt.
2. Wer von seinem Btx-Anschluß kostenpflichtige Programme abruft, haftet vom Gesichtspunkt der Anscheinsvollmacht für entstandene Nutzungsgebühren, wenn der Anbieter dem Teilnehmer die Möglichkeit verschafft hat, durch ein persönliches Kennwort den unbefugten Zugriff Dritter auszuschließen.

[Leitsatz 35] Oberlandesgericht Oldenburg
Urteil vom 11. Januar 1993 – 13 U 133/92

1. Der Inhaber eines Btx-Anschlusses haftet nur dann nach den Grundsätzen der Rechtsscheinhaftung für von seinem Anschluß abgegebene Willenserklärungen, wenn er einen ihm zurechenbaren Rechtsschein veranlaßt hat. Es erscheint nicht sachgerecht, dem Teilnehmer das uneingeschränkte Mißbrauchsrisiko zu überbürgen, da wegen des Fehlens einer geeigneten Zugriffs- und Zugangskontrolle die Gefahr einer mißbräuchlichen Benutzung durch Unbefugte nicht ausgeräumt ist.
2. Der Inhaber haftet jedoch nach den Regeln der Anscheins- und Duldungsvollmacht, wenn er den unbefugten Gebrauch duldete oder hätte erkennen müssen und verhindern können und der Dritte nach Treu und Glauben davon ausgehen durfte, daß der Namensträger selbst handele und es verhindern könne, daß ein anderer handelt.
3. Die Beweislast für die Tatsache eines nicht veranlaßten Mißbrauchs des Btx-Anschlusses trägt der Anschlußinhaber.

[Leitsatz 36] Amtsgericht Stuttgart-Bad Cannstatt
Urteil vom 20. Dezember 1991 – 2 C 1925/91

1. Jeder Abruf einer Dienstleistung über das Btx-System ist als neuer Vertragsschluß zu bewerten.
2. Der Btx-Anbieter muß bei Zahlungsklagen darlegen, welche Dienstleistungen im einzelnen in Anspruch genommen worden sein sollen.
3. Die Vorlage der Stornoliste der Deutschen Bundespost reicht dazu nicht aus, da sich dieser lediglich Tag und Uhrzeit der behaupteten Inanspruchnahme entnehmen läßt.

[Leitsatz 37] Landgericht Ravensburg
Urteil vom 13. Juni 1991 – 2 S 6/91

Da Btx-Teilnehmer ihren Anschluß durch ihr persönliches Kennwort so sichern können, daß diesen außer ihnen niemand benutzen kann, ist ihnen das unbefugte Handeln sowohl der an sich zur Nutzung des Systems Berechtigten als auch der von vornherein Unberechtigten kraft Rechtsschein nach den Grundsätzen der Anscheinsvollmacht zuzuordnen. Dabei ist eine gewisse Dauer oder Häufigkeit des den Rechtsschein erzeugenden Verhaltens wegen der Eigenart des Btx nicht notwendige Voraussetzung.

[Leitsatz 38] Landgericht Koblenz
Urteil vom 17. September 1990 – 3 S 78/90
(Vorinstanz AG Westerburg: 2 C 1396/89)

Der Inhaber eines Btx-Anschlusses haftet nach den Gründen der Rechtsscheinhaftung für Willenserklärungen, die von seinem Btx-Anschluß abgegeben werden, wenn er das zur Teilnahmekennung gehörige Kennwort weitergibt. Dies gilt jedenfalls uneingeschränkt im kaufmännischen Bereich.

Zu Kapitel »3. Einrichten und Betreiben der Web-Site«

[Leitsatz 39] Amtsgericht München
Urteil vom 28. Mai 1998 – 8340 Ds 465 Js 173158/95 – »CompuServe«

1. Der Geschäftsführer einer deutschen GmbH (hier: CompuServe Deutschland) macht sich der Verbreitung pornografischer Schriften schuldig, wenn er die Sperrung von eindeutigen Foren unterläßt und so Kunden der Muttergesellschaft ermöglicht, von Deutschland via Standleitung auf in diesen Foren von Dritten abgelegte harte pornografische Darstellungen zuzugreifen.
2. Dem Geschäftsführer der 100%igen Tochtergesellschaft ist in diesem Fall eine Sperrung der Standleitung zu den US-amerikanischen Servern – auch gegen den Willen der Muttergesellschaft – zumutbar.
3. Der deutsche Geschäftsführer muß sich den Tatbeitrag der Muttergesellschaft zurechnen lassen, wenn dieser aufgrund gemeinsamen Tatentschlusses erfolgte.

[Leitsatz 40] Landgericht Hamburg
Urteil vom 12. Mai 1998 – 312 O 85/98

1. Derjenige, der einen Link auf eine fremde Web-Site setzt, macht sich – sofern er sich nicht ausreichend distanziert – dessen Inhalt zu eigen.
2. Der Verweis auf die Verantwortlichkeit des Autors der fremden Web-Site ist nicht ausreichend, sondern stellt eine eigene Verbreitung von deren Inhalt dar.
3. Enthält die fremde Web-Site ehrverletzende oder beleidigende Tatsachenbehauptungen, so hat – unabhängig von der Haftung des jeweiligen Autors – derjenige, der den Link auf sie gesetzt hat, nach § 823 Abs. 1 und Abs. 2 BGB in Verbindung mit §§ 186 StGB, 824 BGB Schadensersatz zu leisten.

[Leitsatz 41] Oberlandesgericht München
Urteil vom 26. Februar 1998 – 29 U 4466/97 – »Haftung für Last-Minute-Angebote Dritter«
(Vorinstanz LG München I: 21 O 17492/96)

1. Der Betreiber eines Internet-Server ist für die auf seinem Server gespeicherten wettbewerbswidrigen Inhalte verantwortlich.
2. Die Verantwortung erstreckt sich auch auf die gespeicherten Angebote Dritter, wenn es dem Betreiber mit den zur Verfügung stehenden technischen Mitteln zumutbar ist, den Inhalt des Angebots zu überprüfen. Dies gilt zumindest dann, wenn auf den Internet-Seiten nicht erkennbar ist, daß das Angebot von einem Dritten stammt.

3. Besteht die Möglichkeit, durch ein geeignetes Programm die wettbewerbswidrigen Inhalte Dritter herauszufiltern, so ist der Einsatz eines solchen Programms zumutbar. Hat der Betreiber selbst hierzu nicht die notwendigen Kenntnisse, so ist er verpflichtet, sich diese zu verschaffen.

Anmerkung: Das Gericht hat seine Entscheidung nicht auf die Verantwortlichkeitsregeln des § 5 Teledienstegesetz (TDG), sondern auf die allgemeinen Grundsätze der wettbewerbsrechtlichen Störerhaftung gestützt. Dies kann aufgrund § 5 Abs. 4 TDG, wonach die Verpflichtung zur Sperrung rechtswidriger Inhalte nach den allgemeinen Gesetzen unberührt bleiben soll, begründet sein.

[Leitsatz 42] Landgericht Mannheim
Urteil vom 1. August 1997 – 7 O 291/97 – »Suchmaschinen«

1. Der Betreiber einer Homepage ist für den Verweis einer Suchmaschine auf seine URL rechtlich verantwortlich.
2. Ist der Verweis Ergebnis einer Suche unter einem Begriff, der der geschäftlichen Bezeichnung eines Dritten dient, so liegt ein Wettbewerbsverstoß gemäß § 1 UWG vor, wenn der Verweis den Eindruck einer wirtschaftlichen und/oder gesellschaftlichen Verbindung zwischen dem Betreiber der Homepage und dem Dritten erweckt.
3. Unbeachtlich ist, ob der Betreiber selbst oder ein Dritter den Eintrag in die Datenbank der Suchmaschine veranlaßt hat, sofern er den Verweis verhindern kann.

[Leitsatz 43] Amtsgericht Berlin-Tiergarten
Urteil vom 30. Juni 1997 – 260 DS 857/96 – »Link/Radikal«

1. Wird auf der eigenen Homepage ein Link auf die Web-Site eines anderen gesetzt und speist dieser nach der Verknüpfung ein Dokument mit strafbewehrtem Inhalt ein, so wird durch das Setzen des Links der subjektive Tatbestand einer Beihilfehandlung nur dann erfüllt, wenn der Link in Kenntnis des strafbewehrten Inhalts bewußt und gewollt aufrechterhalten wird.
2. Das Unterlassen einer Überprüfung der gesetzten Links steht einer Verknüpfung nicht gleich und kann insoweit die Strafbarkeit nicht begründen. Etwas anderes ergibt sich auch nicht aus dem Gesichtspunkt der Ingerenz.
3. Inwieweit das Setzen oder Aufrechterhalten eines Links auf eine Web-Site mit strafbewehrtem Inhalt den objektiven Tatbestand einer Beihilfehandlung erfüllt, wird offengelassen.

[Leitsatz 44] Staatsanwaltschaft bei dem Landgericht München I
Bescheid vom 16. Januar 1997 – 467 Js 319998/96

1. Werden von den Besuchern eines Internet-Cafés pornografische, insbesondere kinderpornografische Seiten aus dem Netz abgerufen, so bietet dies noch keinen ausreichenden Anhaltspunkt dafür, weitere strafrechtliche Ermittlungen gegen die Betreiber zu führen.

2. Der Betreiber eines Internet-Cafés kann davon ausgehen, daß der durchschnittliche Benutzer die zur Verfügung gestellten Geräte nicht für Straftaten benutzt.
3. Der Betreiber eines Internet-Cafés ist auch kein Garant dafür, daß über die von ihm zur Verfügung gestellten Geräte und Datennetze keine Schriften strafbaren Inhalts verbreitet werden. Eine Rechtspflicht des Betreibers, die Benutzer seiner Geräte an Straftaten zu hindern oder den Benutzern die Kenntnisnahme der von ihnen angeforderten Daten in Einzelfällen zu verwehren, besteht insoweit nicht.

[Leitsatz 45] **Oberlandesgericht Düsseldorf**
Urteil vom 14. Mai 1996 – 20 U 126/95
(Vorinstanz LG Düsseldorf: 12 O 368/94)

1. Die elektronische Archivierung von Schriftwerken setzt eine Vervielfältigung voraus, die nach § 15 Abs. 1 Nr. 1, § 16 Abs. 1 UrhG dem Urheber vorbehalten ist.
2. Die durch das Urheberrecht eingeschränkte Vervielfältigungsfreiheit des § 53 UrhG ist in Hinblick auf Artikel 14 GG eng auszulegen.
3. Die elektronische Archivierung ist von der Ausnahmevorschrift des § 53 Abs. 2 Nr. 2 UrhG nicht umfaßt, da sie Nutzungsmöglichkeiten bietet, die über die der herkömmlichen Papier- und Mikrofilmarchive hinausgehen.

[Leitsatz 46] **Landgericht Hamburg**
Urteil vom 2. Mai 1996 – 308 O 88/96

1. Sowohl die Digitalisierung von Publikationen mittels eines Scanners als auch das Übersenden dieser Daten an einen dritten Rechner ist eine Vervielfältigung im Sinne des § 16 UrhG.
2. Ein »elektronisches Archiv«, das den angeschlossenen Nutzern einen direkten Zugriff auf die gespeicherten Beiträge ermöglicht, ist kein Archiv im Sinne des § 53 Abs. 2 Nr. 2 UrhG.

[Leitsatz 47] **Oberlandesgericht Frankfurt am Main**
Urteil vom 19. Dezember 1995 – 6 U 11/94
(Vorinstanz LG Frankfurt: 2/3 O 338/92)

1. Der Anbieter eines Recherchedienstes darf Beiträge aus Publikationen (hier: Zeitungsartikel) ohne Genehmigung des Urhebers nicht an Dritte weitergeben.
2. Ein Nutzungsvertrag zwischen dem Anbieter einer Volltext-Online-Datenbank, der im Auftrag des Urhebers handelt, und einem Dritten ist nur in dem Umfang wirksam, in dem dem Anbieter der Online-Datenbank Nutzungsrechte vom Urheber tatsächlich übertragen worden sind.
3. Ein Recherchedienst, der Daten Dritten zur Verfügung stellt, kann sich auf eine Vervielfältigungsfreiheit nach § 53 Abs. 2 Nr. 4a UrhG nicht berufen.

[Leitsatz 48] Amtsgericht Nagold
Urteil vom 31. Oktober 1995 – Ds 25 Js 1348/94 – »Mailbox:Download«

1. Der Betreiber einer Mailbox macht sich eines Vergehens nach § 106 Abs. 1 UrhG schuldig, wenn er in seiner Mailbox urheberrechtlich geschützte Programme Dritten zum Downloaden bereithält. Dabei kommt es nicht darauf an, ob er selbst oder Dritte diese Programme eingespeist haben.
2. Der Betreiber einer Mailbox ist verpflichtet, urheberrechtlich geschützte Computerprogramme gegen das Downloaden durch Dritte zu sichern. Er muß dafür Sorge tragen, daß von Dritten eingespielte, urheberrechtlich geschützte Programme nicht abgerufen werden können.

[Leitsatz 49] Oberlandesgericht Frankfurt am Main
Urteil vom 5. Oktober 1989 – 6 U 91/89 – »ETB/Teleauskunft«
(Vorinstanz LG Frankfurt: 2/6 O 47/89)
Die Verwendung eines Begriffs als Suchwort, das der angesprochene Verkehrskreis als Herkunftsbezeichnung eines anderen auffaßt, ist nach § 1 UWG unzulässig.

[Leitsatz 50] Landgericht Stuttgart
Urteil vom 17. November 1987 – 17 O 478/87
Der Inhaber einer privaten und ohne wirtschaftliches Interesse betriebenen Mailbox, die er als Kommunikationsforum für jedermann zur Verfügung stellt, ist nicht verpflichtet, jede Nachricht auf ihre rechtliche Unbedenklichkeit zu überprüfen, bevor er ihre Speicherung und damit ihre Abrufbarkeit zuläßt. Insoweit ist seine Verantwortlichkeit der eines Zeitungsverlegers für den Anzeigenteil vergleichbar.

Zu Kapitel »4. Marketing im Internet«

[Leitsatz 51] Oberlandesgericht Nürnberg
Beschluß vom 26. Juni 1998 – Ws 1603/97 – »Schwein am Kreuz«
Die Darstellung eines gekreuzigten Schweins im Internet verletzt das religiöse Empfinden gläubiger Christen und ist insoweit geeignet, den öffentlichen Frieden zu stören. Eine solche Darstellung ist eine öffentliche Beschimpfung religiöser Bekenntnisse im Sinne des § 166 StGB.

[Leitsatz 52] Landgericht Nürnberg-Fürth
Urteil vom 20. Mai 1998 – 3 O 1435/98 – »Anwaltsgästebuch«

1. Ein Rechtsanwalt, der sich auf seiner Web-Site ein Gästebuch für die Besucher der Site bereithält, in dem sie unter anderem auch ihre Meinung über den Gastgeber und dessen Leistungen eintragen und die bereits bestehenden Eintragungen einsehen können, wirbt in unsachlicher Weise und ist nach § 43 b BRAGO und § 1 UWG zur Unterlassung verpflichtet.
2. Die Standesregeln der Rechtsanwälte der Europäischen Gemeinschaft gehen mangels Normqualität der BRAO nicht vor.

[Leitsatz 52a] Landgericht Berlin
Beschluß vom 14. Mai 1998 – 16 O 301/98 – »E-Mail-Werbung«,

1. Die unaufgeforderte Zusendung von E-Mails verstößt gegen § 823 Abs. 1 BGB.
2. Für die Frage der Unzulässigkeit entsprechender Werbemaßnahmen ist es unerheblich, ob der Empfänger derselben eine Privatperson, Freiberufler oder Gewerbetreibender ist.

[Leitsatz 52b] Landgericht Berlin
Beschluß vom 2. April 1998 – 16 O 201/98 – »E-Mail-Werbung«

Die Zusendung von E-Mails ohne vorheriges Einverständnis oder in Fällen, in denen nicht bereits eine Geschäftsverbindung besteht, ist wettbewerbswidrig und verstößt gegen § 1 UWG, § 823 Abs. 1 BGB.

[Leitsatz 53] Oberlandesgericht Karlsruhe
Urteil vom 11. März 1998 – 6 U 141/97 – »Nettopreisangaben«
(Vorinstanz Landgericht Karlsruhe: O 7/97 KfH II)

1. Ein Preisangebot auf einer Web-Site ohne Angabe der Umsatzsteuer verstößt dann nicht gegen die Preisangabeverordnung, wenn sich die Werbung in erster Linie an den in § 7 Abs. 1 Nr. 1 PAngV umschriebenen Personenkreis wendet.
2. Dies ist der Fall, wenn für den flüchtigen Leser der Web-Site ohne weiteres ersichtlich ist, daß er als Privatperson nicht mehr Adressat der Preiswerbung ist.

[Leitsatz 54] Bundesgerichtshof
Urteil vom 5. Februar 1998 – I ZR 211/95
(Vorinstanzen Oberlandesgericht München, Landgericht München I)

1. Im Rahmen der Generalklausel des § 1 UWG kann der Inhalt einer EG-Richtlinie auch dann im Wege der richterlichen konformen Auslegung berücksichtigt werden, wenn die Umsetzungsfrist noch nicht abgelaufen ist.
2. Vergleichende Werbung ist jede Werbung, die unmittelbar oder mittelbar (zumindest) einen Mitbewerber oder die Erzeugnisse oder Dienstleistungen, die von einem Mitbewerber angeboten werden, erkennbar macht.
3. Vergleichende Werbung ist grundsätzlich zulässig, sofern die in Art. 3a Abs. 1 lit. a–h der Richtlinie 97/55/EG genannten Voraussetzungen erfüllt sind (Aufgabe der bisherigen Rechtsprechung, nach der vergleichende Werbung grundsätzlich wettbewerbswidrig ist).

[Leitsatz 55] Landgericht Trier
Urteil vom 30. Dezember 1997 – 7 HO 100/97 – »Zahnarztwerbung«

1. Die Internet-Präsenz eines Zahnarztes ist grundsätzlich mit dem Standesrecht vereinbar und nicht wettbewerbswidrig, sofern es sich nicht um berufswidrige Werbung handelt.

2. Beschränkungen der Berufsausübungsfreiheit durch Berufsordnungen sind mit Artikel 12 Abs. 1 GG nur vereinbar, wenn sie vernünftigen Zwecken des Gemeinwohls dienen und den Berufstätigen nicht übermäßig oder unzumutbar treffen. Werbeverbote in ärztlichen Berufsordnungen sind daher nur mit der Maßgabe als verfassungsmäßig anzusehen, daß nicht jede, sondern lediglich die berufswidrige Werbung verboten wird.
3. Bei der Beurteilung, ob Werbung berufswidrig ist, sind die Eigenarten und besonderen Darstellungsmöglichkeiten des Mediums zu berücksichtigen. Es besteht daher kein zwingender Grund, bei der Nutzung des Internet von vornherein auf Interaktivität und Visualisierung zu verzichten.
4. Angesichts der Internationalität des Mediums und seiner globalen Reichweite erscheint auch eine Anpassung deutscher Sichtweisen an international übliche Standards gerechtfertigt. Angehörigen freier Berufe kann es nicht verwehrt sein, ihre Außendarstellung den gewandelten Verhältnissen anzupassen; was als noch üblich, als angemessen oder übertrieben bewertet wird, unterliegt zeitbedingten Veränderungen.
5. Als berufswidrig sieht das Gericht jedoch ein »virtuelles Schaufenster« an, in dem verschiedene Produkte unter Angabe von Preisen angeboten werden, da dies den Eindruck des Kommerzes hervorruft. Außerdem ist das Werben mit dem Anbringen von »ca. 60 verschiedenen Symbolen aus Gold« mit dem Berufsbild eines Zahnarztes nicht zu vereinbaren. Ein solcher Hinweis dient nicht der Gesundheitsvorsorge, sondern zielt auf Gelderwerb ab.
6. Ferner ist ein Gästebuch, in das sich Besucher der Web-Site eintragen können, berufswidrig, soweit dadurch Adressen gesammelt werden, um unmittelbaren Kontakt zu Kunden aufzunehmen und diese anzuwerben.
7. Durch eine »virtuelle« Bilderausstellung, in der Werke eines Künstlers dargeboten werden, geht der Zahnarzt über den Rahmen einer sachlichen Darstellung der angebotenen Dienstleistungen hinaus und macht sich den Werbeeffekt der dargestellten Kunstwerke zunutze. Diese Art der Werbung ist nicht sachgerecht.
8. Desgleichen ist die Veranstaltung von Gewinnspielen zu verbieten, weil solche verkaufsfördernden und interesseweckenden Maßnahmen einen marktschreierischen Charakter haben und auf keinen Fall mit dem Berufsbild eines Arztes in Einklang zu bringen sind.

[Leitsatz 56] Landgericht Traunstein
Beschluß vom 18. Dezember 1997 – 2 HKO 3755/97 – »E-Mail-Werbung«

1. Das unverlangte Versenden von Werbung an private E-Mail-Anschlüsse ist nach § 1 UWG wettbewerbswidrig, da ein Anschwellen aus folgenden Gründen zu erwarten ist: E-Mail-Werbung ist für Werbende attraktiv und billig, kann schnell und massenhaft in Wohnungen und Büros gebracht werden und dabei auch bewegte Bilder, Sprache und Ton einsetzen. Zudem hat das Anschwellen der Werbung in allen Medien das Interesse der Bürger an weiterer Werbung sinken lassen.

2. Weder die Möglichkeit des Einsatzes von Filterprogrammen noch die Erkennbarkeit des gewerblichen Charakters lassen die Wettbewerbswidrigkeit entfallen. Selbst eine Beschränkung des Werbenden durch Abgleich mit einer Negativ-Liste (z. B. Robinson-Liste) auf bestimmte Empfänger bleibt aufgrund des Sogeffekts auf nachahmende Konkurrenten wettbewerbswidrig.

vgl. LG Traunstein: Beschluß vom 14. Oktober 1997

[Leitsatz 57] Landgericht Traunstein
Beschluß vom 14. Oktober 1997 – 2 HKO 3755/97 – »E-Mail-Werbung«
Das unverlangte Schicken von Werbematerial an eine private E-Mail-Adresse ist gemäß §§ 13, 24, 25, 27, 1 UWG wettbewerbswidrig und begründet einen Unterlassungsanspruch.

[Leitsatz 58] Landgericht Mannheim
Urteil vom 1. August 1997 – 7 O 291/97 – »Suchmaschinen«

1. Der Betreiber einer Homepage ist für den Verweis einer Suchmaschine auf seine URL rechtlich verantwortlich.
2. Ist der Verweis Ergebnis einer Suche unter einem Begriff, der der geschäftlichen Bezeichnung eines Dritten dient, so liegt ein Wettbewerbsverstoß gemäß § 1 UWG vor, wenn der Verweis den Eindruck einer wirtschaftlichen und/oder gesellschaftlichen Verbindung zwischen dem Betreiber der Homepage und dem Dritten erweckt.
3. Unbeachtlich ist, ob der Betreiber selbst oder ein Dritter den Eintrag in die Datenbank der Suchmaschine veranlaßt hat, sofern er den Verweis verhindern kann.

[Leitsatz 59] Oberlandesgericht Koblenz
Urteil vom 13. Februar 1997 – 6 U 1500/96 – »Zahnarztwerbung«
(Vorinstanz LG Trier: Urteil vom 19. September 1996 – 7 HO 113/96)

1. Für die Vereinbarkeit einer Werbung eines Zahnarztes mit dessen Berufsordnung ist nicht die Art des als Werbeträger genutzten Mediums entscheidend, sondern allein die Art und Weise der Außendarstellung.
2. Die Repräsentation eines Zahnarztes im Internet ist mit § 13 Abs. 1 BO der Zahnärzte vereinbar, solange sie auf jede Form der kommerziellen Werbung verzichtet.

[Leitsatz 60] Landgericht Nürnberg-Fürth
Urteil vom 29. Januar 1997 – 3 O 33/97 – »Steuerberaterwerbung«

1. Soweit einem Steuerberater Werbung gestattet ist, kann diese ohne weiteres auch durch Nutzung elektronischer Medien, Netze und Netzdienste erfolgen.
2. Die Möglichkeit der Kontaktaufnahme über eine auf der Homepage installierte Mailbox ist nicht auf die Erteilung eines standeswidrigen Einzelauftrages gerichtet.

[Leitsatz 61] Landgericht Trier
Urteil vom 19. September 1996 – 7 HO 113/96 – »Zahnarztwerbung«

1. Die Nutzung von Datennetzen zu Wettbewerbszwecken ist rechtlich genauso wie die Nutzung anderer Medien und Werbemittel zu beurteilen.
2. Das Internet ist allgemein zugänglich und daher – ebenso wie Zeitung und Fernsehen – als öffentliches Medium anzusehen.
3. Die Präsentation eines Zahnarztes im Internet ist nicht zu beanstanden, solange sie nicht im Verdacht der Kommerzialisierung steht.
4. Aufgrund fehlender berufsständischer Empfehlungen und Übung kann die Aufmachung einer Internet-Präsentation eines Zahnarztes mit seriösen Einrichtungen – wie beispielsweise Universitäten und wissenschaftlichen Institutionen – verglichen werden.

[Leitsatz 62] Landgericht Berlin
Urteil vom 21. Mai 1996 – 16 O 171/96 – »Jobstar«

1. Die Übernahme von Stellenanzeigen einer Tageszeitung in einem Online-Stellenmarkt stellt eine sittenwidrige Ausbeutung fremder Leistung dar und begründet einen Unterlassungsanspruch des Zeitungsverlegers nach § 1 UWG.
2. Eine grafische Umgestaltung läßt den Unterlassungsanspruch nicht entfallen, da es entscheidend auf die inhaltliche Information der Stellenanzeige ankommt.

[Leitsatz 63] Oberlandesgericht Düsseldorf – »elektronisches Pressearchiv – Berufungsentscheidung«
Urteil vom 14. Mai 1996 – 20 U 126/95
(Vorinstanz LG Düsseldorf: 12 O 368/94)

1. Die Erstellung eines elektronischen Pressearchivs ist ohne Einwilligung der Urheber der einzelnen Beiträge unzulässig, da die elektronische Archivierung Vervielfältigungen voraussetzt, die nach § 15 Abs. 1 Nr. 1, § 16 Abs. 1 UrhG dem Urheber vorbehalten sind.
2. Die Erstellung eines elektronischen Pressearchivs erfordert eine mehrfache Vervielfältigung der jeweils urheberrechtlich geschützten Beiträge. So finden jeweils Vervielfältigungen beim Einlesen der Ganzseiten und bei ihrer Bearbeitung zwecks Aussonderung der einzelnen Artikel, bei der Übernahme der Artikel in den Datenspeicher, bei der Erstellung des den Kunden zu übermittelnden Datenträgers, bei der Übertragung von dort auf den Datenspeicher der Kunden und bei der Übertragung von diesem Speicher in den Arbeitsspeicher der Kundenanlagen vor jeder Sichtbarmachung der Beiträge statt.
3. Die Vervielfältigungen sind daher nicht nach § 53 Abs. 2 Nr. 2 oder 4a) UrhG zulässig, da es sich gerade nicht um »einzelne« Vervielfältigungsstücke handelt.
4. Elektronische Pressearchive bieten zudem Nutzungsmöglichkeiten, die über die nach § 53 Abs. 2 Nr. 2 zulässigen herkömmlichen Papier- und Mikrofilmarchive weit hinausgehen. Auf die Beiträge kann zum Beispiel

aus räumlicher Distanz und von einer praktisch unbegrenzten Vielzahl von Personen zugleich zugegriffen werden. Zudem ist der Suchvorgang ganz wesentlich verkürzt.

5. Ferner ist die Erstellung eines eigenen Archivs durch einen beauftragten Dritten unzulässig, da das Gesetz allein die Aufnahme urheberrechtlich geschützter Werke in ein eigenes Archiv privilegiert. Die Erstellung von Archiven zur Überlassung an andere ist davon nicht umfaßt. Nach § 53 Abs. 2 Nr. 2 UrhG darf allein die Herstellung der Vervielfältigungsstücke einem anderen übertragen werden, die Archivierungsleistung muß aber vom Archivbetreiber selbst erbracht werden.
6. Eine entsprechende Anwendung des § 53 UrhG scheidet aus, da dieser als eine das Urheberrecht einschränkende Vorschrift grundsätzlich eng auszulegen ist. Das Urheberrecht unterfällt der Eigentumsgarantie des Art. 14 GG.
   Die Entscheidung über eine Zulassung der elektronischen Archivierung urheberrechtlich geschützter Werke ohne Zustimmung des Urhebers ist wegen ihrer Tragweite dem Gesetzgeber vorbehalten.
7. Das Angebot, ausgewählte Beiträge in elektronisch gespeicherter Form zu erstellen, verstößt gegen die guten Sitten und führt zu einem ungerechtfertigten Vorsprung im Wettbewerb durch Rechtsbruch (§ 1 UWG), sofern der Nutzungsberechtigte dem nicht zustimmt.

[Leitsatz 64] Landgericht Hamburg
Urteil vom 2. Mai 1996 – 308 O 88/96 – »unzulässige elektronische Archivierung«

1. Digitalisiert ein beauftragter Dritter verschiedene Zeitungsbeiträge, um diese für den Auftraggeber in eine Datenbank zu stellen, so vervielfältigt er diese Beiträge in unzulässiger Weise, sofern der Nutzungsberechtigte der Beiträge nicht eingewilligt hat.
2. Auch wenn dem beauftragten Dritten von seinem Kunden ein eigenes Werkstück zur Verfügung gestellt wird, besteht die Gefahr, daß der beauftragte Dritte künftig kein eigenes Werkstück als Grundlage der Digitalisierung verwendet, so daß § 53 Abs. 2 Nr. 2 UrhG nicht eintritt.
3. Errichtet der beauftragte Dritte eine Datenbank, die bei seinem Kunden einer Vielzahl von Nutzern die Möglichkeit eines direkten Zugriffs auf die digitalisierten Beiträge bieten soll, so stellt eine solche Datenbank kein Archiv im Sinne des § 53 Abs. 2 Nr. 2 UrhG dar, so daß es sich nicht um eine Form der zulässigen Vervielfältigung des Beitrages handelt.
4. Dient die Datenbank bereits auf seiten des Auftraggebers nicht zu Archivierungszwecken – oder zu sonstigem erlaubten Gebrauch im Sinne des § 53 UrhG –, so ist der beauftragte Dritte Gehilfe der Urheberrechtsverletzung seines Kunden, so daß bereits die Erstellung des elektronischen Archivs zu untersagen ist.
5. Mit der elektronischen Erfassung und Übermittlung von Beiträgen werden Leistungsergebnisse des Urhebers in wettbewerbswidriger Weise unmittelbar übernommen und verwertet.

[Leitsatz 65] Oberlandesgericht Frankfurt am Main
Urteil vom 1. April 1996 – 6 U 49/95
(Vorinstanz LG Frankfurt: 2/6 O 649/94)

1. Der Betreiber eines Sex-Dialogsystems im Datex-J-Dienst (T-Online) muß die Teilnahme bezahlter Animateure besonders kenntlich machen, da ohne gegenteilige Hinweise davon auszugehen ist, daß es sich um externe Teilnehmer handelt.
2. Ein bloßer Hinweis darauf, daß der Gesprächspartner auch ein Mitarbeiter sein kann, reicht nicht aus.

[Leitsatz 66] Landgericht München I
Einstweilige Verfügung vom 25. März 1996 – 1 HKO 5953/96 – »Online-Anwalt«

1. Die Empfehlung eines Provider einer einzelnen Kanzlei als »Online-Anwalt« kann gegen § 3 UWG verstoßen.
2. Das Werben im Internet mit einer pauschalen Erstgebühr unabhängig vom Streitwert kann gegen § 49b BRAGO verstoßen.

[Leitsatz 67] Oberlandesgericht Frankfurt am Main
Urteil vom 19. Dezember 1995 – 6 U 11/94 – »Recherchedienste – Berufungsentscheidung«
(Vorinstanz LG Frankfurt: 2/3 O 338/92)

1. Das Angebot, gezielt Zeitungs- oder Zeitschriftenartikel zu recherchieren, diese zu kopieren und dem Auftraggeber zuzusenden, greift in unzulässiger Weise in die Verwertungsrechte des Urhebers ein.
2. Ein solches Angebot ist nicht von der Priviligierung des § 53 Abs. 2 Nr. 4a UrhG umfaßt.

[Leitsatz 68] Oberverwaltungsgericht Münster
Beschluß vom 22. September 1992 – 20 A 1183/91
(Vorinstanz VG Köln: 17 K 4217/90)

1. Das Gesetz über die Verbreitung jugendgefährdender Schriften ist auf Btx-Transfer als solchen nicht anwendbar, so daß eine Btx-Sendung als solche nicht in die Liste der jugendgefährdenen Schriften aufgenommen werden kann.
2. Sowohl § 1 Abs. 1 Satz 1 GjS als auch § 1 Abs. 3 GjS erfaßt als mögliche Indizierungsobjekte nur körperliche Gegenstände.
3. Ein im Btx-System gespeicherter und abrufbarer Text ist kein körperlicher Gegenstand, sondern ein ideelles, geistiges Produkt.

[Leitsatz 69] Oberlandesgericht Stuttgart
Beschluß vom 27. August 1991 – 5 Ss 560/90 – »Btx-Pornografie«
(Vorinstanzen AGBöblingen: 12 Ds 798/87; LG Stuttgart: 36 Ns 136/90)

1. Die im Btx-Verfahren verwendeten Datenträger sind »Bildträger« im Sinne des § 11 Abs. 3 StGB und damit Schriften im Sinne des § 184 StGB.

2. Ein »Zugänglichmachen« im Sinne des § 184 Abs. 1 Nummer 2 StGB liegt auch dann vor, wenn zwar der Datenträger selbst nicht zur Verbreitung bestimmt ist, wohl aber dessen Inhalt im Wege des Btx-Verfahrens.

[Leitsatz 70] Verwaltungsgericht Köln
Urteil vom 19. Februar 1991 – 17 K 3352/90

1. Das Gesetz über die Verbreitung jugendgefährdender Schriften ist auf Btx-Transfer als solchen nicht anwendbar, so daß eine Btx-Sendung als solche nicht in die Liste der jugendgefährdenden Schriften aufgenommen werden kann.
2. Nach § 1 Abs. 1 GjS können nur körperliche Gegenstände indiziert werden. Btx ist jedoch ein Übermittlungsvorgang. Die Übertragung und damit die Verbreitung bestimmter Informationen erfolgt allein mittels elektronischer Schwingungen und Impulse, und zwar im Unterschied zu Fernsehsendungen ausschließlich leitungsgebunden.
3. Die Übermittlungsform Btx steht dem Zweck des GjS entgegen, da durch eine Indizierung der Zugriff für den Erwachsenen nicht bloß zugangsbeschränkt, sondern gänzlich verwehrt wird.

[Leitsatz 71] Landgericht Stuttgart
Urteil vom 6. Juli 1990 – 36 Ns 136/90 – »Btx-Pornografie«
(Vorinstanz Amtsgericht Böblingen: 12 Ds 798/87)

1. Wer »pornografische Schriften« über das Btx-System anbietet, macht sich nach § 184 Abs. 1 StGB strafbar, wenn das Angebot auch Personen unter 18 Jahren zugänglich ist.
2. Inhalte innerhalb des Btx-Systems sind Jugendlichen zugänglich, da sie grundsätzlich die Möglichkeit haben, an Btx-Einrichtungen Abfragen vorzunehmen.
3. Der Beschluß der Bundesprüfstelle (BPS), einen Beitrag mit erotischem Inhalt nicht zu indizieren, steht einer eigenen Bewertung durch die Strafkammer im Rahmen des § 184 StGB nicht entgegen. Die Entscheidung der BPS ist für die Strafkammer nicht bindend, da die Prüfstelle nicht an Stelle eines Strafrichters für diesen bindend über die Anwendung einer strafrechtlichen Norm entscheiden kann.

[Leitsatz 72] Landessozialgericht Berlin
Beschluß vom 6. Februar 1987 – L 4 Ar 13/86 – »Btx: Stellenanzeigen«
(Vorinstanz Sozialgericht Berlin: S 62 Ar 3072/84)

Die Veröffentlichung von Stellenanzeigen bleibt – auch beim Bildschirmtextverfahren – im Vorfeld einer Arbeitsvermittlung.

Zu Kapitel »5. Electronic Commerce«

[Leitsatz 73] Landgericht Aachen
Urteil vom 31. Oktober 1996 – 8 O 244/96
Gespräche mit sexuellem Inhalt via Btx sind nicht sittenwidrig und lassen den Zahlungsanspruch des Dialoganbieters nicht nach § 138 Abs. 1 BGB entfallen.

[Leitsatz 74] Landgericht Osnabrück
Urteil vom 10. November 1995 – 2 O 60/94 – »Btx-Sexgespräche«
1. Kommunikation mit sexuellen Inhalten über Btx ist – anders als teilweise bei Telefongesprächen – nicht gemäß § 138 Abs. 1 BGB sittenwidrig und läßt einen Zahlungsanspruch des Sex-Anbieters nicht entfallen.
2. Teilnahmebedingungen eines Btx-Anbieters werden Vertragsbestandteil, wenn der Nutzer diese aus dem Eingangsmenü abrufen kann.

[Leitsatz 75] Oberlandesgericht Köln
Urteil vom 30. April 1993 – 19 U 134/92 – »Btx-Sexgespräche«
(Vorinstanz LG Köln: 27 O 105/91)
Das Zurverfügungstellen einer elektronischen Plattform, auf der Benutzer mit Dritten – auch erotisch – kommunizieren können, ist nicht sittenwidrig.

[Leitsatz 76] Oberlandesgericht Oldenburg
Urteil vom 11. Januar 1993 – 13 U 133/92
Allein der Umstand, daß ein Teil eines Btx-Dialogsystems sexuellen Inhalt hat, macht die Leistung noch nicht sittenwidrig. Die Partei eines Zivilprozesses, die eine Sittenwidrigkeit oder Gesetzeswidrigkeit wegen Verstoßes nach § 184 Abs. 1 StGB geltend macht, muß die Tatsachen vortragen, die eine solche rechtliche Bewertung zulassen.

[Leitsatz 77] Landgericht Freiburg i. Br.
Urteil vom 7. April 1992 – 9 S 139/90
Auf dem Bildschirm dargestellte Allgemeine Geschäftsbedingungen müssen kurz, klar gegliedert und problemlos abrufbar sein.

[Leitsatz 78] Amtsgericht Stuttgart-Bad Cannstatt
Urteil vom 20. Dezember 1991 – 2 C 1925/91
1. Das Vertragsverhältnis zwischen einem Anbieter im Btx-Dienst und dem Teilnehmer kommt dadurch zustande, daß der Teilnehmer auf der Tastatur seines Geräts das vom ihm gewählte Programm abruft.
2. Jeder Abruf einer vergütungspflichtigen Leistung via Btx ist als ein gesonderter Vertragsschluß zu bewerten. Von einem einheitlichen Vertrag kann nur dann ausgegangen werden, wenn die Vergütung nur einmal anfällt.

[Leitsatz 79] Landgericht Bielefeld
Urteil vom 30. Oktober 1991 – 1 S 174/90
(Vorinstanz AG Minden: 20 C 472/90)

1. Ein Vertrag über die Nutzung einer Btx-Datenbank hat Dienstvertragscharakter.
2. Ein auf den Abschluß eines Nutzungsvertrags einer Btx-Datenbank gerichtetes Angebot ist nicht nach § 1b AbzG widerrufbar, da das AbzG nur auf Kaufverträge anwendbar ist.
3. Über Bildschirm wahrnehmbare Allgemeine Geschäftsbedingungen werden Vertragsbestandteil, wenn auf sie auf dem Bestellbildschirm hinreichend deutlich hingewiesen wird, die Möglichkeit ihres Abrufs durch Bestätigung der zu wählenden Tastenkombination in verständlicher Weise dargestellt wird und die AGB nicht unzumutbar lang sind.
4. Bei der Zumutbarkeit der Länge der AGB ist nicht die Anzahl der benötigten Btx-Seiten entscheidend, sondern die »objektive inhaltliche« Länge.

vgl. AG Minden: Urteil vom 9. Oktober 1990 – 20 C 472/90

[Leitsatz 80] Landgericht Frankenthal (Pfalz)
Urteil vom 9. Oktober 1991 – 2 S 167/91
(Vorinstanz AG Frankenthal (Pfalz): C 431/90)

1. Beschränkt sich ein Btx-Anbieter auf das Zurverfügungstellen von Programmseiten, so liegt eine mietvertragsähnliche Rechtsbeziehung zwischen ihm und dem Nutzer vor.
2. Läßt sich der Gesamtpreis dem Angebot auf Abschluß eines Nutzungsvertrags nicht oder nur erschwert entnehmen, so fehlt es an einer Einigung über den zu zahlenden Mietzins und damit an einem wirksamen Vertragsschluß.

[Leitsatz 81] Landgericht Ravensburg
Urteil vom 13. Juni 1991 – 2 S 6/91

1. Allgemeine Geschäftsbedingungen brauchen dem Besteller nicht in körperlicher Form vorzuliegen.
2. Die Möglichkeit der Kenntnisnahme über Bildschirm reicht grundsätzlich aus.
3. Der Anbieter muß den Besonderheiten der elektronischen Medien in besonderer Weise Rechnung tragen.
4. Umfangreiche Klauselwerke, die aus mehreren Btx-Seiten bestehen, können grundsätzlich nicht in zumutbarer Weise (§ 2 AGBG) über den Bildschirm zur Kenntnis genommen werden.

[Leitsatz 82] Landgericht Dortmund
Urteil vom 24. April 1991 – 1 S 466/90
(Vorinstanz AG Dortmund: 128 C 6942/90)

1. Werden die Nutzungsgebühren eines Btx-Anbieters aufgrund § 3 AGBG nicht Vertragsbestandteil, so fehlt eine wirksame Vereinbarung über eine Hauptleistungspflicht. Ein Vertrag kommt insoweit nicht zustande.
2. Nutzungsgebühren eines Btx-Anbieters, die erst aufgrund der Allgemeinen Geschäftsbedingungen des Anbieters bestimmbar sind, werden gemäß § 3 AGBG nicht Vertragsbestandteil.

vgl. AG Dortmund: Urteil vom 11. September 1990 – 128 C 6942/90

[Leitsatz 83] Landgericht Aachen
Urteil vom 24. Januar 1991 – 6 S 192/90
(Vorinstanz AG Geilenkirchen: 5a C 206/90)

1. Über Bildschirmtext abrufbare Allgemeine Geschäftsbedingungen werden nur dann Vertragsbestandteil, wenn sie gemäß § 2 Abs. 1 Nr. 2 AGBG vom Nutzer in zumutbarer Weise zur Kenntnis genommen werden können.
2. Diese Voraussetzung ist aufgrund der Besonderheit des Bildschirmtextes nur dann erfüllt, wenn die Allgemeinen Geschäftsbedingungen lediglich aus kurzen Sätzen bestehen.

[Leitsatz 84] Landgericht Duisburg
Urteil vom 22. November 1990 – 2 S 161/90
(Vorinstanz AG Oberhausen: 35 C 20/90)

§ 656 BGB findet auf das Angebot eines Btx-Anbieters, der mit der Vermittlung von sexuellen Kontakten in mehr oder weniger festen Partnerschaften wirbt, entsprechende Anwendung.

vgl. AG Oberhausen: Urteil vom 21. März 1990 – 35 C 20/90

[Leitsatz 85] Landgericht Wuppertal
Urteil vom 16. Mai 1990 – 8 S 21/90
(Vorinstanz AG Solingen: 14 C 366/89)

Allgemeine Geschäftsbedingungen eines Btx-Anbieters, die neben den auf der Antragsseite angegebenen Gebühren weitere Gebühren enthalten, sind ungewöhnlich im Sinne des § 3 AGBG, da ihnen ein Überraschungs- und Übertölpelungseffekt innewohnt, und werden nicht Vertragsbestandteil.

vgl. AG Solingen: Urteil vom 17. Januar 1990 – 14 C 366/98

[Leitsatz 86] Amtsgericht Saarbrücken
Urteil vom 6. März 1990 – 4 C 731/89

Bei mittels Btx geschlossenen Verträgen ist es ausreichend, wenn auch die Allgemeinen Geschäftsbedingungen dem Vertragspartner über Btx übermittelt werden.

[Leitsatz 87] Landgericht Bielefeld
Urteil vom 20. Februar 1990 – 18 S 295/89
(Vorinstanz AG Bünde: 5 C 42/89)

1. Bei einem Vertragsschluß über Bildschirmtext muß sich der Kunde die nötigen Informationen über laufenden Bildwechsel verschaffen. Ein synoptischer Vergleich ist – anders als bei gedruckten Textseiten – nicht möglich. Dieser Umstand muß bei der Frage, ob der Kunde in zumutbarer Weise (§ 2 AGBG) von den Allgemeinen Teilnahmebedingungen Kenntnis nehmen konnte, berücksichtigt werden.
2. Bei entgeltlichen Angeboten muß der Kunde durch Klartext über die Kosten der Bestellung unterrichtet werden. Ein bloßer Hinweis auf die AGB reicht hierzu nicht aus.

[Leitsatz 88] Amtsgericht Kassel
Urteil vom 16. Februar 1990 – 81 C 5096/89 – »Btx-Kontaktanzeigen«

1. Ein Angebot via Btx ist auch dann im Sinne des § 145 BGB bestimmt, wenn auf der Antragsseite auf weitere Seiten verwiesen wird, deren Inhalt Vertragsbestandteil werden soll.
2. Eine sich daraus ergebende Unübersichtlichkeit hat technische Gründe und ist hinzunehmen.

[Leitsatz 89] Oberlandesgericht Köln
Urteil vom 1. Dezember 1989 – 6 U 10/89
(Vorinstanz LG Aachen: 43 O 65/88)

1. Wer mit modernen Kommunikationssystemen arbeitet, mit denen er nicht vertraut ist, trägt das Risiko, daß ihm Willenserklärungen nicht rechtzeitig zur Kenntnis gelangen.
2. Eine Erklärung geht in dem Augenblick zu, in dem sie theoretisch hätte abgerufen werden können.

[Leitsatz 90] Amtsgericht Ludwigsburg
Urteil vom 8. Januar 1988 – 4 C 2763/87

Klagt ein Btx-Anbieter gegen einen Nutzer einen Zahlungsanspruch ein, kann dahinstehen, ob sich dieser aus einem Kaufvertrag oder einem Werklieferungsvertrag ergibt.

Zu Kapitel »7. Rechtsstreit«

[Leitsatz 91] Landgericht Düsseldorf
Urteil vom 17. September 1997 – 34 O 118/97 – »cartronic.de«

1. Störer im Sinne des Marken- und Wettbewerbsrechts ist derjenige, der an der marken- und wettbewerbswidrigen Handlung willentlich adäquat mitgewirkt hat und die Möglichkeit besitzt, die Handlung tatsächlich zu verhindern.
2. Ansprüche aus Gründen der Rechtsscheinhaftung scheiden insoweit bei Marken- und Wettbewerbsstreitigkeiten aus.

vgl. LG Düsseldorf: Beschluß vom 7. August 1997 – 34 O 119/97

[Leitsatz 92] Landgericht Braunschweig
Urteil vom 5. August 1997 – 9 O 188/97 – »deta.com«

1. Ist die sachliche und örtliche Zuständigkeit eines deutschen Gerichts nach § 140 I, II MarkenG gegeben, so ist das Gericht auch international zuständig, wenn die Interessenkollision zwischen den Parteien zumindest auch in der Bundesrepublik gegeben ist.
2. Der aus dem Grundgesetz folgende Justizgewährungsanspruch und der Anspruch auf effektiven Rechtsschutz verlangen, daß der Inhaber einer deutschen Marke gegen einen inländischen Verletzer vorgehen können muß.
3. Die Registrierung eines Domain-Namens (hier: deta.com) bei der Vergabestelle IANA (Internet Assigned Numbers Authority) in den USA steht daher einer Zuständigkeit der deutschen Gerichte nicht entgegen.
4. Für die Berechnung des Streitwertes einer auf die Unterlassung der Benutzung eines Domain-Namens gerichteten Klage ist die wirtschaftliche Bedeutung für den Kläger maßgebend.
5. Die wirtschaftliche Bedeutung ist objektiv zu bestimmen. Den Streitwertangaben der Parteien kommt nur eine indizielle Bedeutung zu.
6. Zu berücksichtigen sind die Größe des Klägers, der Umfang der unter dem Namen oder der Marke getätigten Umsätze, die Dauer der Marktpräsenz und die zunehmende Bedeutung des Internet.

[Leitsatz 93] Landgericht Bochum
Urteil vom 24. April 1997 – 14 O 33/97 – »krupp.de«

Für Klagen aus dem Markenrecht ist örtlich jedes Gericht zuständig, in dessen Bezirk die Verletzungshandlung begangen wurde.

[Leitsatz 94] Landgericht Düsseldorf
Urteil vom 4. April 1997 – 34 O 191/96 – »epson.de«

1. Der Begehungsort einer Marken- oder Wettbewerbsverletzung ist nicht nur der Ort des Erscheinens – für ein Internet-Angebot etwa der Standort des Server –, sondern jeder Ort, an dem das Medium Dritten bestimmungsgemäß und nicht bloß zufällig zur Kenntnis gebracht wird.

2. Für die Verwendung einer Domain mit der zugehörigen Top-Level-Domain ».de« ist das bestimmungsmäßige Verbreitungsgebiet das der gesamten Bundesrepublik.
3. Das Territorialprinzip des materiellen gewerblichen Rechtsschutzes wird durch die örtliche Zuständigkeit gemäß den prozeßrechtlichen Vorschriften des § 32 ZPO und des § 24 UWG nicht tangiert.

[Leitsatz 95] Kammergericht (Berlin)
Urteil vom 25. März 1997 – 5 U 659/97 – »concert-concept.de/concert-concept.com«
(Vorinstanz LG Berlin: Urteil vom 20. November 1996 – 97 O 193/96)

1. Die internationale Zuständigkeit eines deutschen Gerichts ist gegeben, wenn das Gericht örtlich zuständig ist. Dieser Grundsatz gilt auch, wenn sich die Klage gegen ein US-amerikanisches Unternehmen richtet.
2. Werden Verletzungen von Firmen- und Namensrechten geltend gemacht, so ist die örtliche Zuständigkeit des Gerichts gemäß § 32 ZPO zu bestimmen.
3. Als Erfolgs- und damit Tatort ist jeder Ort anzusehen, an dem die Homepage unter der streitigen Domain bestimmungsgemäß abgerufen werden kann.
4. Wird die internationale Zuständigkeit des erstinstanzlichen Gerichts gerügt, so steht § 512a ZPO einer erneuten Überprüfung der Zuständigkeit durch das Berufungsgericht nicht entgegen.
5. Wer sich die geschützte Firmenbezeichnung eines anderen im Internet als Domain-Namen reservieren läßt, verletzt dessen Namensrecht und ist – unabhängig von einer etwa auch gegebenen Haftung der Vergabestelle – als Störer passiv legitimiert.

vgl. LG Berlin: Urteil vom 20. November 1996 – 97 O 193/96

[Leitsatz 96] Landgericht Nürnberg-Fürth
Urteil vom 29. Januar 1997 – 3 O 33/97 – »Steuerberaterwerbung«

Eine Präsentation im Internet kann überall dort, wo sie abrufbar ist, zu Wettbewerbsverstößen führen. Gemäß § 24 Abs. 2 Satz 1 UWG, § 32 ZPO ist das Gericht des Ortes zuständig, in dem der Wettbewerbsverstoß gerügt wird.

[Leitsatz 97] Landgericht Berlin
Urteil vom 20. November 1996 – 97 O 193/96 – »concert-concept.de/concert-concept.com«

1. Wird ein Wettbewerbsverstoß durch die Nutzung einer Domain gerügt, so ist deutsches Recht unabhängig davon anwendbar, ob die Reservierung in den USA vorgenommen worden ist.
2. Deutsches Recht ist auf Wettbewerbsstreitigkeiten dann anwendbar, wenn der Tatort des Wettbewerbsverstoßes in der Bundesrepublik Deutschland liegt.

3. Zur Begründung der örtlichen Zuständigkeit nach § 24 Abs. 2 Satz 1 UWG genügt es, wenn irgendein Tatbestandsmerkmal der gerügten Wettbewerbsverletzung am Gerichtsort erfüllt ist. Dies gilt auch dann, wenn der streitige Domain-Name in den USA reserviert wurde.

[Leitsatz 98] Landgericht München I
Urteil vom 17. Oktober 1996 – 4 HKO 12190/96 – »Schmähkritik«
Durch die Verbreitung im Internet ist eine Verletzungshandlung und damit eine örtliche Zuständigkeit gemäß § 24 UWG Abs. 2 Satz 1 überall dort gegeben, wo das Angebot abrufbar ist.

[Leitsatz 99] Landgericht Berlin
Urteil vom 21. Mai 1996 – 16 O 171/96 – »Jobstar«
1. Wettbewerbsverletzungen, die sich gegen ein Angebot über einen Online-Dienst richten, können nach § 24 Abs. 2 Satz 1 UWG im Gerichtsstand des Begehungsortes gerügt werden, d. h. überall dort, wo das Angebot abrufbar ist.
2. § 24 Abs. 2 Satz 2 findet dann keine Anwendung, wenn der Kläger nicht als Gewerbetreibender im Sinne des § 13 Abs. 2 Nr. 1 UWG, sondern als unmittelbarer Wettbewerber klagt.

[Leitsatz 100] Amtsgericht München
Urteil vom 13. Juli 1993 – 161 C 4781/93 – »Rainbow BBS«
1. Eine Rechtsstreitigkeit, in der eine Verletzung eines Rechts an einem eingetragenen Warenzeichen durch den Betreiber einer Mailbox unter diesem Warenzeichen geltend gemacht wird, ist eine Warenzeichenstreitsache.
2. Der Kläger hat gemäß § 33 WZG das Wahlrecht, den Gerichtsstand nach § 24 UWG oder nach §§ 12 ff. ZPO zu bestimmen.

[Leitsatz 101] Landgericht Stuttgart
Urteil vom 27. März 1991 – 10 KfH O 191/90
1. Ein Verein, der satzungsmäßig seine »Mitglieder bei Problemen rund um Btx« berät, steht nicht umfassend der Allgemeinheit als Verbraucherverband zur Verfügung. Er ist daher nicht im Sinne des § 13 Absatz 2 Nr. 2 passivlegitimiert.
2. Ein Verein, der gleichermaßen Btx-Nutzer wie Anbieter berät, ist kein Verband, der die Interessen der Verbraucher im Sinne des § 13 Absatz 2 Nr. 2 wahrnimmt.

Glossar wichtiger Internet-Begriffe

Account
dt.: Konto. Bezeichnet die »Zugangsberechtigung« für die Benutzung eines Rechners oder Internet-Zugangs und besteht aus einer Benutzerkennung und einem Paßwort.

Administrator
Verwalter eines Rechners oder Computernetzes. Er hat uneingeschränkte Zugriffsrechte.

Adresse
Entweder der eindeutige Name einer Seite im World Wide Web (auch: URL) oder eine E-Mail-Adresse.

Affenschaukel
Siehe »Klammeraffe«.

ANSI-Zeichensatz
Erweiterung des ASCII-Zeichensatzes durch das »American National Standards Institute« (die Standardisierungsbehörde der USA). Er wird von Windows benutzt und ist nicht deckungsgleich mit dem IBM-Zeichensatz.

Archie
Suchsystem im Internet, das alle laufend erreichbaren FTP-Server anwählt und die Namen der auf ihnen gespeicherten Dateien in einer Datenbank verwaltet. Archie ist eine gute Möglichkeit, eine Datei im Internet zu finden, wenn man die genaue Bezeichnung der Datei kennt.

ASCII
»American Standard Code for Information Interchange.« Eine von zwei klassischen Codierungen von Zeichen (Buchstaben, Zahlen, Satzzeichen) in einem Code, der die ersten sieben Bit eines Bytes benutzt. Umlaute sind nicht vorgesehen. In amerikanischen Mailboxen und im Internet werden Texte normalerweise im ASCII-Code dargestellt. Aufbauend auf ASCII existieren verschiedene erweiterte Zeichensätze mit nationalen Sonderzeichen, zum Beispiel der ANSI-Zeichensatz. Auf IBM-Großrechnern war lange eine andere Codierung namens EBCDIC verbreitet.

Attachment
dt.: Anlage. Bezeichnung für eine Datei, die an eine E-Mail angehängt wird. Sie kann in einem beliebigen Format gespeichert sein, beispielsweise Word und Excel.

Backbone
dt.: Rückgrat. Fest installiertes Leitungsnetz mit hoher Kapazität, an das kleinere Netze angeschlossen sind.

Bandbreite
Eigentlich die Differenz zwischen der niedrigsten und der höchsten Frequenz, die auf einem Übertragungskanal möglich ist. Beispiel: Das Telefonnetz hat eine Bandbreite von 3100 Hertz, da es Frequenzen von 300 bis 3 400 Hertz übertragen kann. Bei der Datenübertragung mit dem Computer wird unter Bandbreite die Menge an Daten verstanden, die innerhalb eines bestimmten Zeitraums einen Übertragungskanal passieren kann. Die Bandbreite wird meist in »Bits per Second« (bps) ausgedrückt und auch als maximale Datenübertragungsrate verstanden.

Benutzerkennung
Die Benutzerkennung ist der Name, mit dem sich der Benutzer einem Host gegenüber identifiziert. Dies ist je nach Host der tatsächliche Name, ein selbstgewähltes Pseudonym, eine Abkürzung oder eine automatisch vergebene Kombination aus Buchstaben oder Ziffern.

Benutzeroberfläche
Benutzeroberfläche, auch GUI (engl.: Graphical User Interface), bezeichnet die Bedien- und Anzeigeelemente eines Programms oder Betriebssystems, die dem Anwender die Benutzung ermöglichen.

Betriebssystem
Als Betriebssystem bezeichnet man das Programm, das die Steuerung und Verwaltung aller internen Komponenten und Funktionen eines Computer übernimmt. Auf PCs sind drei Betriebssysteme verbreitet: Unix, Windows/DOS, MacOS. Aktuelle Betriebssysteme bieten in der Regel zumindest einfache Netzwerk-Funktionen.

Bookmark
Siehe »Lesezeichen«.

Bounce
Eine wegen fehlerhafter Adressierung an den Absender zurückgesendete (»abgeprallte«) E-Mail.

Breitbandnetz
Ein Kommunikationsmedium mit einer sehr großen Bandbreite. Es kann mehrere Signale auf einmal transportieren, indem es die Gesamtbandbreite auf mehrere Kanäle mit geringerer Bandbreite aufteilt. Jeder Kanal eines Breitbandnetzes arbeitet in einem bestimmten Frequenzbereich. Ein Schmalbandnetz dagegen kann nur ein Signal auf einmal verarbeiten.

Browser
Von »to browse«, dt.: schmökern, blättern, umherstreifen. Allgemeine Bezeichnung für ein Programm zum grafischen Zugriff auf das World Wide Web. Die bekanntesten Browser sind Netscape Navigator und Internet Explorer.

Byte
Bezeichnung für eine Gruppe aus acht Bit. Ein Byte ist die kleinste Einheit der Datenverarbeitung, die eine Information trägt. Da ein Byte aus acht Bit besteht, gibt es also 2^8 oder 256 mögliche Zahlenwerte, die dieses Byte darstellen kann. Mit den acht Bit eines Bytes sind Zahlenwerte zwischen 0 und 255 darstellbar. Je nach Art der Daten kann ein und dasselbe Byte aufgrund seines Zahlenwerts als Textzeichen, als Bildpunkt einer Grafik oder als Computerbefehl interpretiert werden.

Cache
Schneller Zwischenspeicher, der Daten aus dem Arbeitsspeicher oder von der Festplatte aufnimmt und bei Bedarf wieder zur Verfügung stellt. Die Arbeitsgeschwindigkeit wird dabei erhöht, da die im Cache festgehaltenen Daten nicht erneut angefragt werden müssen und der Cache eine wesentlich höhere Zugriffsgeschwindigkeit bietet als der normale Arbeitsspeicher.

CERN
»Centre Européen de Recherches Nucléaires« (dt.: Europäisches Kernforschungszentrum) in Genf, an dem Dr. Tim Berners-Lee 1991 die Grundlage für das World Wide Web entwickelte.

CGI
»Common Gateway Interface« (dt.: allgemeine Datenaustausch-Schnittstelle). Schnittstelle, über die WWW-Server Daten mit externen Programmen austauschen können, beispielsweise zum Bearbeiten von Datenbankabfragen.

Charta
Usenet-Jargon für die Kurzbeschreibung des Themas einer Newsgroup.

Chat
Mehrere Internet-Teilnehmer können über das sogenannte Internet Relay Chat (IRC) online diskutieren. Dabei wird nicht das gesprochene, sondern das »getippte Wort« übertragen. Ein Diskussionsleiter kann Teilnehmer zulassen oder aussperren. Einige Chats finden regelmäßig statt, andere nur zu bestimmten Themen bzw. Ereignissen.

Client
1. Rechner, der auf einen Server zugreifen muß, um Anwendungen oder Dokumente zu nutzen.
2. Programm, das auf eine bestimmte Server-Anwendung zugreift, um die angebotenen Dienste zu nutzen. Beispiel: Ein »Front-End« für eine Datenbank-Server-Anwendung. Der Client bietet eine Benutzeroberfläche für die Eingabe, Bearbeitung und Abfrage von Daten. Die eigentliche Arbeit mit den Daten erledigt die Server-Anwendung.
3. Im Internet wird unter einem Client ein Programm verstanden, daß alle Regeln und Verfahren kennt, um auf bestimmte Internet-Dienste zugreifen zu können.

Client/Server
Methode, um in einem Netzwerk den Abruf von Daten aller Art auf zwei Programme zu verteilen. Ein Server nimmt Anfragen eines Clients entgegen und sendet die Daten über das Netz.

Clipart
Vorgefertigte Grafiken oder Bilder, die zur Illustrierung verwendet werden.

Content-Provider
Content-Provider (wörtlich: Inhaltsanbieter) stellen qualifizierte Inhalte im WWW zur Verfügung. Beispiel hierfür sind Verlage (Zeitschriften, Tageszeitungen). In der derzeitigen Aufbauphase werden Inhalte meist noch unentgeltlich angeboten.

Cookie
dt.: Krümel, Keks. Eine kleine Datei, mit der verfolgt werden kann, welche Web-Seiten ein Nutzer in welchem Ausmaß besucht.

CPU
»Central Prozessing Unit«, der Prozessor des Computers.

Cracker
Ein Cracker ist eine unberechtigt in einen Rechner eindringende Person. Wird häufig mit »Hacker« verwechselt.

Crossposting
Crossposting ist Usenet-Jargon für das Verschicken eines Artikels in mehrere Newsgroups. Im Usenet nicht besonders beliebt.

Cyberspace
Cyberspace ist ein Kunstwort aus dem Roman »Neuromancer« des amerikanischen SF-Autors William Gibson, das von »Cybernetics« (Kybernetik) abgeleitet ist. Bezeichnet »die Welt der Computer und die in dieser Welt herrschende Kultur«; mittlerweile wird der Begriff auch synonym für das Internet gebraucht.

Datenkompression
Eine Technik, um in Datenpaketen redundante Informationen zu reduzieren und dadurch ihre Größe zu verringern.

Datenverschlüsselung
Die Verschlüsselung von Informationen dient dem Ausschluß Dritter aus einem Kommunikationsprozeß. Das Prinzip der Datenverschlüsselung ist sehr einfach: Zwei Kommunikationspartner vereinbaren eine Regel, Informationen so zu verändern, daß kein Unbefugter den Sinn dieser Informationen erschließen kann.

DE-NIC
»Deutsches Network Information Center«. Es ist am Rechenzentrum der Universität Karlsruhe angesiedelt und hat folgende Aufgaben: Verwaltung der Vergabe von Domains in der Top-Level-Domain *.de*, Koordination der Vergabe von IP-Adressen und Betrieb des primären Name-Server für die Domain *.de*.

DFÜ
»Datenfernübertragung«. Allgemeine deutschsprachige Bezeichnung für Datenübertragung mit einem Modem oder anderen geeigneten Geräten.

DNS
Siehe »Domain Name System«.

Domain Name System
Benennungsschema für Rechner im Internet. Ein Rechnername ist nach folgendem Prinzip aufgebaut: *hostname.subdomain.domain.toplevel_domain*. Das gesamte Internet ist in eine Reihe von Bereichen aufgeteilt, die den Namen »Domain« bzw. »Top-Level-Domain« tragen. Beispiele für Top-Level-Domains sind ».com« für kommerzielle Organisationen und Firmen, ».net« für Netzwerkbetreiber und Online-Dienste und standort- bzw. länderorientierte Top-Level-Domains wie ».uk« für Großbritannien oder ».de« für Deutschland.

Download
dt.: Herunterladen. Übertragung von Daten von einem anderen Rechner auf den eigenen.

EFF
»Electronic Frontier Foundation«. Eine US-amerikanische Organisation, die sich den sozialen und rechtlichen Auswirkungen der Telekommunikation mit Computern auf die Gesellschaft widmet.

E-Journal
Auch »E-Zine«. Internet-Jargon für eine Zeitschrift, die nur innerhalb des Internet (oder anderer Netze) erscheint.

Electronic Banking
Erledigung von Bankgeschäften per PC und Datenleitung.

Electronic Cash
Zahlungssysteme für Geschäfte in Online-Diensten und dem Internet.

E-Mail
»Electronic Mail«. Elektronische Post direkt an einen bestimmten Benutzer. Über E-Mail können nicht nur Text, sondern auch Dateien aller Art verschickt werden. Siehe auch »Attachments«.

Emoticon
Emoticon ist ein Kunstwort aus »Emotion« und »Icon«. Mit Emoticons versuchen E-Mail-Nutzer, die Mimik und Gestik eines persönlichen Gesprächs nachzuahmen. Dabei wird der Blickwinkel auf die Schriftzeichen im Uhrzeigersinn um 90 Grad gedreht. Beispiele:
:-) User ist glücklich.
:-(User ist traurig.
;-) User ist ironisch.
:-O User ist schockiert.

Ethernet
Gebräuchlichste Technik für die Verbindung lokaler Netzwerke. Standard ist eine Übertragungsrate von 10 Mbps. »Fast Ethernet« wird üblicherweise in Backbone-Systemen benutzt und gewährleistet Übertragungsraten bis zu 100 Mbps.

FAQ
»Frequently Asked Questions«. Dokument mit allgemeinen und häufig gestellten Fragen zu einem bestimmten Thema.

Feed
Der Host, von dem ein Rechner seine News bezieht.

Finger
Name eines Dienstprogramms für das Internet. Es kann überprüfen, ob ein bestimmter Anwender auf einem Rechner als Benutzer eingetragen und zur Zeit eingeloggt ist.

Firewall
Einem lokalen Netz vorgeschalteter Rechner, über den Zugriffe auf das Internet laufen. Beispiel: Wenn ein Anwender im lokalen Netz auf ein Angebot im Internet zugreift, läuft dieser Zugriff über den Firewall-Rechner, der als einziger mit dem Internet verbunden ist. Dieser greift dann auf das Internet zu und lädt die Daten. Firewalls können von Firmen oder Organisationen benutzt werden, um den angeschlossenen Rechnern den Zugang auf das Internet zu erlauben, das Netz aber komplett vor Zugriffen aus dem Internet abzuschirmen.

Flame
Mitteilung, in der ein/e User/in angemeckert wird, weil er/sie sich wirklich oder vermeintlich daneben benommen hat. Im Usenet gibt es für Schimpfwütige spezielle *.flame Newsgroups.

Followup
Artikel in einer Newsgroup, der auf einen vorhergehenden Artikel antwortet.

Footer
Usenet-Jargon für eine Zeile, die von einem Programm automatisch an das Ende eines Artikels eingefügt wird. Eine Reihe von Newsreadern fügen an jeden Artikel eine Zeile mit dem Programmnamen und der Versionsnummer ein. Ist in den RFC-Dokumenten, die den News-Verkehr regeln, nicht vorgesehen und im Usenet sehr unbeliebt.

Frame
Rechteckiger Teil eines Browser-Fensters, der auch sichtbar bleibt, wenn andere Seiten aufgerufen werden.

Freeware
Kostenlose, frei verfügbare Programme, die urheberrechtlich geschützt sind. Jeder darf sie kopieren und weitergeben, sie dürfen aber üblicherweise nicht verändert werden. Bei einzelnen Freeware-Programmen ist auch der Weiterverkauf verboten.

FTP
»File Transfer Protocol«. Datei-Übertragungsprotokoll des Internet. Überall auf der Welt gibt es Rechner (»FTP-Server«) mit frei zugänglichen Bereichen auf der Festplatte, von denen man Informationen aller Art, Public-Domain- und Shareware-Programme für verschiedene Betriebssysteme kostenlos laden kann, wenn man sich als User »Anonymous« einloggt. Dazu braucht man ein FTP-Programm (»Client«), das die Verbindung zum Server herstellt und die Daten überträgt.

Gateway
Übergangsrechner zwischen zwei Netzen.

Gopher
Weltweit verteiltes, hierarchisches, menüorientiertes Informationssystem im Internet, das den Zugang auf textbasierte Informationen aller Art bietet.

Gopherspace
Internet-Jargon für alle mit Gopher erreichbaren Daten.

Hacker
Ein Hacker ist eigentlich ein Software-Entwickler, häufig auch fälschlich benutzt für Personen, die sich unerlaubt Zugang zu Computersystemen verschaffen.

Header
»Briefkopf«. Verwaltungsinformationen, die einem Datenpaket vorausgehen. Sie enthalten in der Regel unter anderem die Quell- und die Zieladresse und Informationen zur Fehlerprüfung. Mail und News besitzen ebenfalls Header, die unter anderem die E-Mail-Adresse des Senders und des Empfängers sowie eine Themenzeile enthalten.

Homepage
Startseite einer Web-Site. Sie enthält meistens eine Art Inhaltsverzeichnis und verzweigt zu weiteren Seiten.

Host
dt.: Gastgeber. Großrechner und Server, an denen Arbeitsstationen (Workstations) angeschlossen sind. Host heißt im Internet auch »Node« (Knoten) und ist ein mit einem Netz verbundener Rechner, auf den man mit Programmen zugreifen und/oder mit dem man (z. B. über Telnet) per Fernsteuerung (Remote Access) arbeiten kann.

HTML
»Hypertext Markup Language«. Seitenbeschreibungssprache für die Darstellung von Seiten im World Wide Web.

HTTP
»Hypertext Transfer Protocol«. Protokoll für die Übertragung von Informationen im World Wide Web.

HTTP-Server
Siehe »Web-Server«.

Hyperlink
Verweis auf einen anderen Text oder einen anderen Textteil, der »aufgelöst« werden kann. Das bedeutet: Ein Mausklick auf einen besonders hervorgehobenen Begriff zeigt Informationen zu diesem Begriff an. Ein Hyperlink kann die Funktionen von »Querverweis« und »Fußnote« übernehmen und außerdem als strukturierendes Element eingesetzt werden.

Hypertext
Nicht-lineare Strukturierung von Text. Im Hypertext sind bestimmte Kernbegriffe markiert und verweisen auf andere Stellen im Hypertext. Diese Verweise können durch einen Mausklick auf den markierten Kernbegriff angezeigt werden.

IAB
»Internet Architecture Board«. Ein technisches Gremium, das sich der Weiterentwicklung der Internet-Protokolle widmet. Es besteht aus zwei Vereinigungen: IETF und IRTF.

Icon
Piktogramm, grafisches Symbol.

IETF
»Internet Engineering Task Force«. Große, lockere Vereinigung aus Netzwerkexperten, Herstellern, Programmierern und Wissenschaftlern, die das Internet technisch weiterentwickeln.

IMAP
»Internet Message Access Protocol«. Internet-Protokoll zum Zugriff auf zentrale Mail-Server, die E-Mail für andere Rechner bereithalten – z. B. für solche mit SLIP-Verbindung.

Internet
1. Allgemein ein Netzwerk, das nicht aus einzelnen Rechnern, sondern aus Netzwerken besteht. In englischen Texten wird »Internet« im allgemeinen Sinne in Kleinbuchstaben geschrieben, um es vom Internet zu unterscheiden.
2. Rechnernetz, das aus einer Reihe großer internationaler und nationaler Netze sowie einer großen Zahl regionaler und lokaler Netze in aller Welt besteht. Alle Unternetze des Internet benutzen ein einheitliches Adressierungsschema sowie die TCP/IP-Protokolle. Das Internet ist ein weltweites Rechnernetz mit zahlreichen Diensten wie E-Mail, Diskussionsgruppen, Plauderecken, Datenbanken, Online-Publikationen, Online-Spielen, Kommerzangeboten und so weiter.

Intranet
Internes Netzwerk in Organisationen und Unternehmen auf Basis der Internet-Protokolle, das oft auch zusätzlich mit dem Internet verbunden ist.

IP
Siehe »TCP/IP«.

IP-Adresse
Eine 32-Bit-Adresse, die in dezimaler Notation mit Punkten zwischen den Bytes im Klartext angegeben wird.

IRC
»Internet Relay Chat«. Spezieller Dienst im Internet, bei dem sich Personen per Tastatur in Echtzeit unterhalten können. Siehe auch »Chat«.

IRTF
»Internet Research Task Force«. Vereinigung von Programmierern und Wissenschaftlern, die über Netzwerkprotokolle für das Internet forschen. Siehe auch »IAB«.

ISDN
»Integrated Services Digital Network«. Dienstintegrierendes Digitalnetz. Soll auf lange Sicht das analoge Telefonnetz ersetzen. Ein ISDN-Basisanschluß besteht aus zwei Datenkanälen (B-Kanäle) und einem Steuerkanal (D-Kanal). Die Datenübertragungsrate im B-Kanal ist dauerhaft 64 Kbps. Bei Bündelung der B-Kanäle sind 128 Kbps möglich, beim Primärmultiplexanschluß mit 30 B-Kanälen sogar 2 Mbps. Der Aufbau einer ISDN-Verbindung ist wesentlich schneller als im Telefonnetz und dauert nur noch etwa eine Sekunde. Die Tonqualität einer Telefonverbindung ist höher als im analogen Netz. Neben der höheren Geschwindigkeit für Datenkommunikation bietet ISDN Anwenderdienste wie Rufnummernvorschau, Anklopfen, Anrufweiterleitung, Konferenzschaltungen und die Übertragung von Gebühreninformationen.

ISOC
»Internet Society«. Eine Non-Profit-Organisation, die sich den Aspekten Technische Entwicklung, Internet-PR und Anwendungsentwicklung widmet. Sie hält eine jährliche Konferenz ab und gibt einen vierteljährlich erscheinenden Newsletter heraus.

ISO-Zeichensatz
Die ISO ist die Genfer »International Standards Organisation« und hat für verschiedene Regionen eigene Zeichensätze mit nationalen Sonderzeichen definiert. Die in Mitteleuropa üblichen Zeichen sind in ISO-8859-1 (Latin-1) enthalten, ISO-8859-2 (Latin-2) stellt die Buchstaben für osteuropäische Sprachen mit lateinischen Buchstaben zur Verfügung.

ISP
»Internet-Service-Provider«, Anbieter von Internet-Diensten. Unter einem ISP (oft auch kurz »Provider«) wird meist eine Firma verstanden, die Endkunden den Zugang zum Internet anbietet. Präziser heißt ein solcher Dienstleister eigentlich Internet-Access-Provider (Internet-Zugangs-Anbieter).

Java
Von Sun Microelectronic Inc. ausdrücklich für die Internet-Umgebung entwickelte objektorientierte Programmiersprache.

JPEG
»Joint photographic Experts Group«. Standard zur Komprimierung von Standbildern.

Kanal
engl.: Channel. Andere Bezeichnung für Internet-Abos. Channels können Nachrichten oder Programmupdates übertragen. Im Usenet bezeichnet »Channel« einen Chatroom.

Kennwort
Zwischen dem Betreiber eines Rechners und dem Benutzer vereinbarte Zeichenfolge, die nur dem Benutzer Zugriff auf den Rechner gewährt. Bei vielen Netzen können Sie kein eigenes Kennwort festlegen, sondern müssen ein vom Systemverwalter erzeugtes benutzen. Falls Sie ein eigenes verwenden: Achten Sie darauf, daß es nicht allzu leicht zu erraten ist – die Ziffern Ihres Geburtstages oder der Name des (Ehe-) Partners bieten keinen echten Schutz vor Zugriffen Unbefugter.

Klammeraffe
Deutscher Name für das At-Zeichen »@«. Es bedeutet »bei« oder »am Ort«. Das @ ist Bestandteil jeder E-Mail-Adresse. Vor @ steht jeweils die Kennung des Adressaten (z. B.: »mueller«, »schmidt« oder »hostmaster«), die man als Postfachname ansehen kann. Nach @ steht der »Ort« (Computer, Host), auf dem dieses Postfach verwaltet wird.

LAN
»Local Area Network«. Lokale Netzwerke innerhalb eines relativ kleinen geografischen Gebiets.

Lesezeichen
Mit Hilfe eines Browser läßt sich ein Lesezeichen (engl.: bookmark), auch »Favorit« genannt, anlegen, das die Adresse einer Web-Seite speichert und so das schnelle Wiederfinden erleichtert.

Link
Kurzform von Hyperlink. Verknüpfung von HTML-Dokumenten. Klicken auf eine solche Hypertext-Verknüpfung führt zu anderen Web-Seiten. Über solchen Stellen ändert sich der Mauszeiger des Browsers in ein Handsymbol. Die Technik ähnelt den Verweisen in Windows-Hilfen. Dadurch wird Surfen im Internet erst möglich.

Logfile
In einer Logdatei werden alle erfaßbaren Daten der Nutzer einer Web-Site mit IP-Adresse, Datum und Uhrzeit des Zugriffs, Browsers-Type, Namen der angeforderten Dateien usw. eingetragen. Vergleichbar mit einem traditionellen Schiffs-Logbuch, werden somit alle Bewegungen auf einer Web-Site dokumentiert.

Login
Anmelden auf einem Host. Üblicherweise bestehend aus einer Benutzerkennung und einem Paßwort.

Mailbombing
Versenden von großen Datenmengen per E-Mail an eine Person, die im Usenet Verärgerung ausgelöst hat. Verstopft so die Inbox des Betroffenen mit Datenmüll. Selten angewandte, aber härteste Strafe im Usenet.

Mailbox
»Briefkasten«, das Verzeichnis, in dem ankommende Mail landet.

MIME
»Multipurpose Internet Mail Extensions«. Erweiterung der textbasierten E-Mail um Verfahren für den Versand von Binärdateien, Grafik, Video- und Audiodaten oder Faxen.

Mirror
Server, der regelmäßig komplette Datenbestände anderer, meist weit entfernter Server kopiert, um Langstreckenverbindungen zu vermeiden und das Internet zu entlasten.

Modem
Kunstwort aus »Modulator/Demodulator«. Bezeichnung für ein Gerät zum Datenaustausch über eine Telefonleitung. Dabei werden die Daten in Wellenfunktionen »moduliert«, die als Pfeifgeräusche hörbar sind und über das Telefon verschickt werden können.

Multimedia
Integration von Informationen aus verschiedenen Medien wie Standbildern, Video und Audio.

Name-Server
Rechner im Internet, der Adressen nach dem Domain-Name-System in IP-Adressen umwandeln kann. Alle Clients für Internet-Dienste benutzen den nächstgelegenen Name-Server, um die IP-Adresse eines Zielrechners zu ermitteln. Ein Name-Server kann nur Adressen aus seiner näheren Netzumgebung ermitteln. Üblicherweise gibt es pro Domain einen Name-Server, der einen Name-Server der nächsthöheren oder der benachbarten Domain kennt. Für weiter entfernte Rechner wird die Anfrage so lange weitergereicht, bis entweder irgendein Name-Server die Adresse auflösen kann oder bis ein Name-Server erreicht wird, der einen Teil der Adresse als fehlerhaft oder nicht existierend erkennt. Auf dem Rechner, der auf den ersten Name-Server zugegriffen hat, erscheint im Fehlerfall die Meldung »Could not resolve hostname«.Dies ist ein Zeichen dafür, daß die Adresse falsch geschrieben war, nicht existiert oder Probleme im Netz aufgetaucht sind.

NCSA
»National Center for Supercomputing Applications«. Institut an der University of Illinois, das den Browser Mosaic entwickelt hat.

Netiquette
»Network Etiquette«. Bezeichnung für die geschriebenen und ungeschriebenen Verhaltensregeln im Internet.

Netzwerk-Provider
Auch Netzwerk-Betreiber stellen Netzwerke zur Verfügung. Dies gilt nicht nur für das Internet, sondern z. B. auch für Firmennetzwerke. Die für ein internationales Netzwerk benötigten Standleitungen werden teilweise bei anderen großen Netzwerk-Betreibern angemietet. Kunden der Netzwerk-Provider sind oft die Internet-Zugangs-Provider. Den Zugangs-Providern wird Netzbandbreite und Datenvolumen verkauft, den diese dann an Endkunden weiterverkaufen.

Newbie
Usenet-Jargon für einen neuen und unerfahrenen Benutzer.

Newsgroup
Fachliche, wissenschaftliche oder auch unterhaltsame Diskussionsforen, nach Themen geordnet. Auch Brett oder Area genannt.

Newsreader
Programm zum Lesen von News. Usenet-Jargon für ein Programm, das die Artikel auf einem Server für Netnews darstellen kann. Beispiele: tin, Trumpet Newsreader, Free Agent.

NFS
»Network File System«. Ein Protokoll, das von Sun Microsystems entwickelt wurde. Es erlaubt den Zugriff auf Dateien im Netz, als ob sie auf einer lokalen Festplatte gespeichert wären.

NNTP
»Network News Transport Protocol«. Protokoll für den Austausch von News-Artikeln zwischen Rechnern im Internet.

Offline
Siehe »Online«.

Offline-Reader
Programm, mit dem bestimmte Aufgaben (Schreiben von E-Mail oder Artikeln) ohne Verbindung zu einer Mailbox oder einem Online-Dienst erledigt werden können. Der Offline-Reader überträgt Mail/Artikel automatisch und lädt neu eingegangene Post und Artikel.

Online
Nach dem Login ist ein Computer in Echtzeit in ein Netz eingebunden, er ist »erreichbar«. Wird die Verbindung getrennt, ist der Rechner »offline«.

Online-Dienst
Ein Online-Dienst ist ein kommerzieller Dienstleister, der auf einem geschlossenen Rechnerverbund mit zentraler Leitung verschiedene Dienstleistungen wie E-Mail anbietet.

Paßwort
Kennwort oder Identifikation. Geheime Zeichenfolge, um sich bei einem Computer, einem Netz, einem Dienst (z. B. E-Mail) oder im Internet anzumelden. Es verhindert den Zugang von unberechtigten Personen.

Pack-Programm
Programm zur Kompression von Daten. Mit verschiedenen Kompressionsverfahren läßt sich das Datenvolumen bei gleichem Informationsgehalt reduzieren: Bekannt ist das ZIP-Format, mit dem häufig im Internet Shareware-Programme angeboten werden; Modems arbeiten mit Protokollen, die Daten komprimiert übertragen; für Grafiken werden oft die Formate GIF oder TIFF verwendet; für Videodaten z. B. das MPEG-Format.

Performance
»Leistung« eines Rechner, je mehr Operationen (Anwendungen) innerhalb einer bestimmten Zeit durchgeführt werden können, desto besser ist die Performance. Zwischen der objektiv meßbaren Performance und der empfundenen Leistung eines Rechners muß kein direkter Zusammenhang bestehen.

PIN
»Persönliche Identifikationsnummer«, die bei Geldautomaten und beim Home-Banking den Benutzer legitimiert.

Ping
Dienstprogramm für das Internet. Es kann überprüfen, ob ein Rechner per Netz erreichbar ist. Der Befehl wird üblicherweise eingesetzt, um die Verbindung zu einem Server zu überprüfen.

Plugin
Erweiterung für einen Browser, die bestimmte, nicht im HTML-Standard vorgesehene Daten darstellen kann, beispielsweise RealAudio.

POP
»Point of Presence«. Einwahlknoten zum Internet. Internet-Provider bieten Anschlüsse an mehrere, über eine Region verteilte POPs an.

POP
»Post Office Protocol«. Protokoll zum Zugriff auf Server, die E-Mail für andere Rechner bereithalten – zum Beispiel für Rechner mit SLIP-Verbindung. Es existieren die Versionen POP, POP2 und POP3, die nicht untereinander kompatibel sind.

Poster
Usenet-Jargon für den Absender eines Artikels in eine Newsgroup.

Posting
Usenet-Jargon für das Versenden eines Artikels in eine Newsgroup.

Postmaster
Verwalter eines Rechners im Internet, der für den Mail- und oft auch den News-Verkehr zuständig ist. Bei Problemen mit E-Mail oder News wirkt ein Brief an *Postmaster@Host.Domain.xx* oft Wunder. Dies gilt zum Beispiel für Beschwerden über Ketten- oder Werbebriefe von bestimmten Benutzern eines Rechners.

PPP
»Point to Point Protocol«. Ein Übertragungsprotokoll im Internet, das für Modem-Verbindungen benutzt wird. Microsoft verwendet es auch für Modem-Verbindungen zwischen zwei Rechnern mit Windows 95.

Protokoll
Verfahren zur kontrollierten Übermittlung von Daten. Sie werden meist in Blöcke zerlegt und um Prüfsummen ergänzt. Fehlerhafte Blöcke werden automatisch neu übertragen, ohne daß der Benutzer etwas davon merkt. Bei hoher Fehlerhäufigkeit wird meist die Blockgröße verkleinert. Beispiele für derart fehlergesicherte Protokolle sind XModem, ZModem oder V.42. Ungesicherte Protokolle dürfen nur bei Verbindungen verwendet werden, die auf andere Weise fehlergesichert sind.

Provider
Bezeichnung für einen Dienstleister, der einen Zugang zum Internet anbietet. Siehe auch ISP.

Proxy-Server
Rechner in einem lokalen Netzwerk, der bereits aus dem Internet abgerufene Daten zwischenspeichert. Beispiel: Ein Abruf von Seiten aus dem World Wide Web geht zunächst über den Proxy-Server. Findet die Proxy-Software die angeforderte Seite in ihrem eigenen Datenbestand, schickt sie sie an den Browser. Findet die Proxy-Software die Seite nicht, fordert sie sie beim WWW-Server an, speichert sie im eigenen Datenbestand und schickt sie dann an den Browser. Proxy-Server minimieren die Netzbelastung und die Kosten für Datenkontingente.

Prozessor
Anderer Begriff für »Central Prozessing Unit« (CPU).

Public-Domain
Kostenlos verteilte Software, die ohne Entgelt genutzt werden kann. Wird auch als Freeware bezeichnet.

Quote
Ein Quote ist ein Zitat aus einem Usenet-Artikel. Jede zitierte Zeile wird üblicherweise mit einem »>« eingeleitet. Überflüssige und umfangreiche Zitate sollten vermieden werden.

RAM
»Random Access Memory«, der Arbeitsspeicher eines Rechners.

Readme-Datei
dt.: »Liesmich-Datei«. Textdatei, die wichtige Informationen zu einem Programm enthält.

Reply
Antwort auf eine Mail oder einen Usenet-Artikel per E-Mail. In vielen Fällen wünschen die Poster von Artikeln eine Antwort per Mail.

RFC
»Request For Comment«, dt.: »Bitte um Stellungnahme«. Serie aus mittlerweile über 2 000 Dokumenten, deren erstes 1969 erschienen ist. Die RFCs beschreiben sämtliche Internet-Protokolle sowie Standards, Verfahren, Algorithmen, Regeln und Strategien der Kommunikations- und Netzwerktechnik. Ein RFC ist nur eine Empfehlung und wird nicht von einem förmlichen Gremium beschlossen. Er ist durch die Veröffentlichung im Internet zur Umsetzung in Hardware und Software freigegeben. Standards, die in RFCs formuliert wurden, haben sich üblicherweise in kürzester Zeit durchgesetzt.

ROT13
Verfahren, um ASCII-Texte zu kodieren. Die 26 Buchstaben des lateinischen Alphabets werden in einem Kreis angeordnet und um jeweils einen Halbkreis, also 13 Stellen, versetzt, so daß das A auf das N, das B auf das O, das N auf das A abgebildet wird usw. ROT13 wird oft bei Artikeln mit zweifelhaftem Inhalt verwendet, damit ein Leser den Artikel erst dekodieren muß und ihn nicht »aus Versehen« lesen kann.

Router
Internet-Rechner, der am Aufbau einer Verbindung im Internet beteiligt ist. Ein Router hat Verbindung zu Gateways und hat über diese Zugang zu mehreren Subnetzen und anderen Routern. Der Router ermittelt anhand der IP-Adresse, in welches Subnetz oder an welchen anderen Router er die Daten senden muß. Er entscheidet, welcher Weg für die Daten der günstigste ist.

Schmalbandnetz
Siehe »Breitbandnetz«.

Server
1. Rechner, der Anwendungen und Dokumente bereithält, auf die andere Rechner (Clients) zugreifen können.
2. Programm, das bestimmte Dienste anbietet, auf die mit Hilfe von speziellen Anwendungen (Clients) zugegriffen werden kann. Beispiel: Eine Datenbank-Anwendung, die die Daten speichert und Möglichkeiten zur Abfrage der Daten anbietet.
3. Programm, daß alle Regeln und Verfahren kennt, um bestimmte Internet-Dienste anbieten zu können (beispielsweise FTP-Server, HTTP-Server).

Shareware
Software, die gegen geringe Nutzungsgebühr vertrieben wird. Siehe auch »Freeware«.

Shell
Textorientierte Schnittstelle zum Betriebssystem. Unter DOS/Windows das Programm COMMAND.COM; für Unix gibt es verschiedene Shells, bekannt sind vor allem sh, csh und bash.

Shell-Account
Zugangsberechtigung für einen Rechner, die die Arbeit mit einer Shell erlaubt. Nur wenige Web-Space- und Internet-Provider bieten solche Zugänge an.

Signatur
Ein paar Zeilen Text, die unter einen Usenet-Artikel oder eine E-Mail gesetzt werden. Üblicherweise stehen dort Name, Beruf, Adresse(n), Telefon, Fax, E-Mail des Autors sowie ein lockerer Spruch. Eine Signatur sollte nicht länger als 4 Zeilen sein.

SLIP
»Serial Line Internet Protocol«. Ein Übertragungsprotokoll im Internet, das für Modem-Verbindungen benutzt wird.

Smiley
Siehe »Emoticons«.

SMTP
»Simple Mail Transport Protocol«. Internet-Protokoll für den Austausch von E-Mail zwischen Rechnern.

SNMP
»Simple Network Management Protocol«. Protokoll zum Warten von Rechnern über ein Netzwerk.

Spam
Usenet-Jargon für einen Artikel, der einzeln oder per Crossposting in mehrere hundert oder tausend News-Gruppen abgeschickt wird.

Suchsysteme
Dienst in einem Netzwerk, der die Orientierung in einem großen Datenbestand erleichtert. Grob werden menübasierte und abfragebasierte Suchsysteme unterschieden. Ein menübasiertes Suchsystem, auch »Katalog« genannt, strukturiert Informationen in einem hierarchischen »Baum« aus Begriffen und Unterbegriffen. Eine bestimmte Information wird durch Wahl eines »Pfades« in der Begriffshierarchie gefunden. Beispiel: Kunst > Musik > Soul > Motown > Stevie Wonder > Biographie. Die Tiefe der Begriffshierarchie hängt dabei von der Menge der zu stukturierenden Daten ab. Ein abfragebasiertes Suchsystem (»Suchmaschine«) strukturiert Informationen durch Einsortierung bestimmter Schlüsselbegriffe in eine Verweisdatenbank (Index). Eine bestimmte Information wird durch die Angabe eines Suchbegriffs gefunden. Das Suchsystem stellt Informationen zur Verfügung, auf die der Suchbegriff im Index verweist.

Surfen
Das Verfolgen von Links im WWW.

TCP/IP
»Transmission Control Protocol/Internet Protocol«. Basisprotokoll des Internet, auf dem alle anderen Protokolle basieren.

Telnet
Name für ein Protokoll und das Programm, das dieses Protokoll nutzt. Man kann damit die Ressourcen anderer Rechner online nutzen. Üblicherweise benötigt man dafür eine Benutzerkennung auf dem Zielrechner. Doch auch ohne diese kann man mit Telnet eine Reihe von Aufgaben erfüllen. Viele Rechner bieten per Telnet den Zugriff auf Online-Datenbanken, wie beispielsweise Bibliothekskataloge, an.

Terminal
Bedieneinheit eines Rechners. Ein Terminal ist eine Kombination aus Monitor und Tastatur ohne eigene Rechenkapazitäten, ohne Massenspeicher und lediglich soviel Hauptspeicher, um den Bildschirminhalt darzustellen.

Thread
dt.: Faden.
1. Gruppe von Usenet-Artikeln, die die gleiche Themenzeile besitzen. Zu einem Thread gehören der erste Artikel und der gesamte Followup.
2. Teil eines Programms, der unabhängig vom Rest ausgeführt werden kann, beispielsweise um zu drucken, während der Anwender weiter arbeitet.

Tool
dt.: Werkzeug. Meist kleineres Programm, das für ganz bestimmte Aufgaben erstellt wurde. Dazu gehören Programme, die in Textdateien ein bestimmtes Wort durch ein anderes ersetzen, die Systeminformationen abrufen oder größere Dateien auf Diskettengröße zerstückeln.

Traffic
dt.: Verkehr. Auslastung eines Netzwerks durch gleichzeitig aktive Anwender.

Transitnetz
Netz, das Datenpakete nicht nur an die eigenen Rechner, sondern auch an andere Netze weiterleiten kann.

UDP
»User Datagram Protocol«. Protokoll, das Daten zwischen zwei Internet-Rechnern überträgt, allerdings ohne die Integrität der Daten während der Übertragung zu gewährleisten. UDP basiert auf dem Internet Protokoll (IP). Es zerteilt die Daten in Pakete und garantiert weder, daß diese Pakete überhaupt ankommen, noch daß die Reihenfolge der ursprünglichen entspricht. UDP garantiert aber die Integrität der Daten, indem es jedem Datenpaket eine Prüfsumme hinzufügt, wodurch der Zielrechner Übertragungsfehler erkennen kann. Es ist für einige Anwendungen, beispielsweise mit der RealAudio-Technik, von Vorteil, da es bei einer guten Internet-Verbindung einen kontinuierlichen Datenstrom gewährleistet, der nicht durch die Fehlerkorrektur unterbrochen wird.

Übertragungsprotokoll
Siehe »Protokoll«.

Unix
Ein Betriebssystem. Es ist in der Standardausstattung multiuser- und multitaskingfähig und enthält die Software für den Zugriff auf das Internet. Unix existiert in vielen, zum Teil kostenlosen Varianten. Bekannt sind System V Release 4.2 (SVR4.2) und das 4.3BSD der Berkeley Systems Distribution. Für PC existieren die Freeware-Versionen 386BSD und Linux. Zu allen Unix-Varianten ist die Grafikerweiterung X-Window (Neueste Version: X11R6.1) frei erhältlich.

Upload
Datenübertragung vom eigenen Rechner auf einen anderen.

URL
»Uniform Resource Locator«. Eine Web-Adresse im Internet. Eine URL ist im Prinzip so aufgebaut: <Dienst/Protokoll>://<Domain-Adresse>/<Pfad zur Ressource>

Usenet
»Users Network«. Es besteht aus allen Rechnern, die am Austausch von Artikeln in einem weltumspannenden, nach Themen gegliederten, öffentlichen Mitteilungssystem teilnehmen. Da viele Usenet-Rechner auch dem Internet angehören, wird Usenet oft fälschlicherweise als Synonym für das Internet benutzt.

UUCP
»Unix To Unix Copy Protocol«. Übertragungsprotokoll zwischen Unix-Rechnern.

UUE-Kodierung
Verfahren zur Kodierung von Binärdateien als reiner ASCII-Text, abgeleitet von dem Programmen »uuencode« und »uudecode«.

VRML
»Virtual Reality Modeling Language«. Standard zur Darstellung räumlicher 3D-Daten im Browser. Erfordert ein Plugin.

Webhosting
Dienstleistung von Internet-Service-Providern, die speziell Speicherplatz auf Computern, E-Mail-Adressen und sonstige Dienstleistungen für eine Web-Präsenz (Homepages, virtuelle Server und eigene Internet-Domain) zur Verfügung stellen.

Web-Site
Zusammenhängende Sammlung von Web-Seiten, die üblicherweise mit der Homepage beginnt. Wird auch Web-Präsenz oder Internet-Präsenz genannt.

Web-Server
Software, mit deren Hilfe auf einem Internet-Rechner Web-Dokumente bereitgestellt werden. Der Web-Server beantwortet die Anfragen eines Web-Browser, d. h. er übermittelt HTML-Seiten oder andere Dateien. Umgangssprachlich wird fälschlich auch der Internet-Rechner als Web-Server bezeichnet.

Web-Space-Provider
Firmen, die auf Computern Speicherplatz, E-Mail-Adressen und Dienstleistungen für eine Web-Präsenz (Homepages, virtuelle Server und eigene Internet-Domain) zur Verfügung stellen.

Whois
Name eines Dienstprogramms für das Internet. Es erlaubt die Abfrage von Datenbanken mit Informationen über Personen, Organisationen, Netzwerke, Domänen und Rechner. Die Informationen enthalten unter anderem E-Mail-Adresse, Firmenadresse, Privatadresse, Telefon usw.

Winsock
Abkürzung für »Windows Sockets«, einem Standard zum Internet-Zugriff unter Windows 3.1, Windows 95 und Windows NT.

Workstation
dt.: Arbeitsstation. Bezeichnet den Rechner, der an einen Großrechner oder Server angeschlossen ist.

WWW
»World Wide Web«. Informationen werden im World Wide Web grafisch aufbereitet präsentiert und können neben Grafiken auch Audio- oder Videodaten umfassen. Siehe auch »HTTP«.

WWW-Server
Siehe »Web-Server«.

Abkürzungsverzeichnis

95/46/EG – Europäische Datenschutzrichtlinie
96/9/EG – Europäische Datenbank-Richtlinie
97/55/EG – Europäische Richtlinie zur vergleichenden Werbung
97/66/EG – Europäische Telekommunikations-Datenschutzrichtlinie
97/7/EG – Europäische Fernabsatzrichtlinie
AbzG – Abzahlungsgesetz
AFG – Arbeitsförderungsgesetz
AGBG – Gesetz über Allgemeine Geschäftsbedingungen
AktG – Aktiengesetz
AVB – Allgemeine Versicherungsbedingungen
BAG – Bundesarbeitsgericht (Kassel)
BDSG – Bundesdatenschutzgesetz
BVerfGE – Entscheidungen des Bundesverfassungsgerichts
BGB – Bürgerliches Gesetzbuch
BGBl. – Bundesgesetzblatt
BGH – Bundesgerichtshof (Karlsruhe)
BO – Berufsordnung
BRAO – Bundesrechtsanwaltsordnung
BÜ – Berner Übereinkunft
BVerfG – Bundesverfassungsgericht (Karlsruhe)
CISG – Wiener Abkommen über Verträge über den internationalen Warenkauf
EDI – Rahmenvertrag – Rahmenvertrag über Electronic Data Interchange
EGBGB – Einführungsgesetz zum Bürgerlichen Gesetzbuch
EU – Europäische Union
EuGH – Gemeinsamer Gerichtshof der Europäischen Gemeinschaften
EuGVÜ – Übereinkommen über die gerichtliche Zuständigkeit und die Vollstreckung gerichtlicher Entscheidungen in Zivil- und Handelssachen
FÜV – Fernmeldeverkehr-Überwachungs-Verordnung
GeschmMG – Geschmacksmustergesetz
GewO – Gewerbeordnung
GG – Grundgesetz
GjS – Gesetz über jugendgefährdende Schriften
GmbHG – GmbH-Gesetz
HGB – Handelsgesetzbuch
HWG – Heilmittelwerbegesetz
HWiG – Haustürwiderrufsgesetz

IuKDG – Informations- und Kommunikationsdienstegesetz
KunstUrhG – Urheberrecht an Werken der bildenden Künste und der Fotografie
LandesdatenschutzG – Landesdatenschutzgesetz
MarkenG – Markengesetz
MdStV – Staatsvertrag über Mediendienste
PAngV – Preisangabenverordnung
RabattG – Rabattgesetz
RBerG – Rechtsberatungsgesetz
RBÜ – Revidierte Berner Übereinkunft
SGB – Sozialgesetzbuch
SigG – Signaturgesetz
SigV – Signaturverordnung
StGB – Strafgesetzbuch
StPO – Strafprozeßordnung
TDDSG – Teledienstedatenschutzgesetz
TDG – Teledienstegesetz
TDSV – Teledienstedatenschutzverordnung
TKG – Telekommunikationsgesetz
TKV – Telekommunikations-Kundenschutzverordnung
TRIPs-Abkommen – Abkommen über handelsbezogene Aspekte der Rechte des geistigen Eigentums
UrhG – Urheberrechtsgesetz
UStG – Umsatzsteuergesetz
UWG – Gesetz gegen den unlauteren Wettbewerb
WiStG – Wirtschaftsstrafgesetz
WUA – Welturheberrechtsabkommen
WZG – Warenzeichengesetz
ZPO – Zivilprozeßordnung
ZugabeVO – Zugabeverordnung

Register